高等职业教育通用教材

现代实用礼仪

主　编　王瑞成　柏　莹

副主编　吴良勤　薛　南

　　　　朱　珠　丁　旻

东南大学出版社

·南京·

内容提要

礼仪是人类文化的结晶、社会文明的标志，是人生的必修课，是步入社会、走向成功的“通行证”。

全书分十个项目，内容包括：礼仪认知、形象塑造、日常交往礼仪、拜访与接待礼仪、宴会礼仪、商务仪式礼仪、求职礼仪、文书礼仪、涉外礼仪、相关礼仪常识。依据“实用、适用”的原则，本书采用了警示语、案例导入、实训任务、欣赏、例文等栏目的编写体例，配有大量的图片和礼仪工作程序表，有利于学习者知识的接受和运用。

本书可作为高职高专院校、中等职业学校、社会培训机构的教材，也可作为从事服务行业的工作人员的自学用书。本书兼具工具书的作用。

图书在版编目(CIP)数据

现代实用礼仪/王瑞成，柏莹主编. —南京：东南大学出版社，2011.8

ISBN 978-7-5641-2957-6

Ⅰ. ①现… Ⅱ. ①王…②柏… Ⅲ. ①礼仪—高等学校—教材 Ⅳ. ①K891.26

中国版本图书馆 CIP 数据核字(2011)第 172591 号

出版发行：东南大学出版社
社　　址：南京市四牌楼 2 号　　**邮编**：210096
出 版 人：江建中
网　　址：http://www.seupress.com
电子邮箱：press@seupress.com
经　　销：全国各地新华书店
印　　刷：兴化印刷有限责任公司
开　　本：787 mm×1092 mm　1/16
印　　张：15.25
字　　数：381 千字
版　　次：2011 年 8 月第 1 版
印　　次：2011 年 8 月第 1 次印刷
书　　号：ISBN 978-7-5641-2957-6
定　　价：28.00 元

前　言

礼仪是人类为维系社会正常生活而要求人们共同遵守的最起码的道德规范，它是人们在长期共同生活和相互交往中逐渐形成，并以风俗、习惯和传统等方式固定下来。

中国是具有五千多年历史的文明古国，素以“礼仪之邦”享誉世界。荀子说：“人无礼则不生，事无礼则不成，国无礼则不宁。”对一个人来说，礼仪是一个人思想道德水平、文化修养、交际能力的外在表现；对一个社会来说，礼仪是一个国家社会文明程度、道德风尚和生活习惯的反映。可见，礼仪是社会文明进步的载体，是人际关系和谐的基础，是各项事业发展的关键，是个人美好形象的标志，是家庭美满和睦的根基。一个懂礼仪、有教养的人，可以使外界对他产生好感，促进事业的成功；而一个不懂礼仪、粗俗的人，可能会因为某一行为举止不当而功亏一篑。

编者多年来应社会各界的邀请，对地方党政机关、企事业单位、社会团体等几十家单位进行过礼仪讲座和培训，深切感受到随着社会的进步和文明程度的不断提高，礼仪在人们工作生活中愈来愈得到重视，应用范围愈来愈广泛。根据工作生活的需要和礼仪实践的实际以及编者礼仪培训的体会，我们在编撰本教材时依据项目、任务式的学习模式，选取了礼仪中最实用、适用、必需的内容，包括礼仪认知、形象塑造、日常交往礼仪、拜访与接待礼仪、宴会礼仪、商务仪式礼仪、求职礼仪、礼仪文书、涉外礼仪、礼仪相关常识共十个项目。其中项目一、项目五、项目七由王瑞成编写，项目二由薛南编写，项目三由柏莹编写，项目四由丁旻编写，项目六、项目八由吴良勤编写，项目九、项目十由朱珠编写。王瑞成负责了全书的策划，并与柏莹共同对全书进行了统稿和修改。

本书将知识性、趣味性、实用性高度融合，所有项目采用了警示语、案例导入、实训任务以及例文、欣赏等栏目的编写体例，力求将理论知识与工作生活实践有机地融合于一体，学做结合，调动学习者的学习兴趣。本书搜集了大量鲜活的礼仪案例并做了分析，对实训任务提出了任务目标、操作步骤、考核要求。

在本书的编写过程中，参考并汲取了国内外的许多礼仪方面的专家、教授、学者的理论观点、著作和研究成果，借鉴了众多礼仪实际工作者的实践经验体会及总结，在此一并表示谢意。同时感谢扬州市职业大学、扬州工业职业技术学院、扬州环境资源职业技术学院、南京城市职业学院、南京工业职业技术学院、钟山学院、苏州市职业大学、东南大学出版社的领导和老师的帮助与支持。

由于编写经验不足，错误和不当之处在所难免，敬请读者批评指正。

编　者

2011 年 6 月

目 录

项目一
礼仪认知

警示语

◆ 人无礼则不生，事无礼则不成，国无礼则不宁。(《荀子》)

◆ 有“礼”走遍天下，无“礼”寸步难行。

◆ 一个人事业的成功，只有15%是他的专业知识，而70%则要靠人际关系和他的为人处世能力。(《卡耐基大全集》中国致公出版社 2010)

任务一　知晓礼仪的内涵

案例导入

第一印象十分重要

1992年12月，俄罗斯总统叶利钦首次对中国进行访问，当月17日上午，叶利钦的专机降落在北京机场，当时的外交部礼仪司司长鲁培新按照外交惯例在俄驻华大使的陪同下登上飞机，同叶利钦热情握手，并用俄语对他说：“热烈欢迎总统阁下首次访华，今天天气晴朗，天气也在欢迎您。”叶利钦听后很高兴地说：“这是我担任总统后首次访华，来到中国后，你是我见到的第一个中国官员，你流利的俄语让我感到很亲切，预示着我这次访问一定会圆满成功。”

当晚欢迎宴会后，江泽民同志又举行小型宴会招待叶利钦，他亲切地用俄语称呼叶利钦小名“鲍利斯”，叶利钦听后紧紧握着江泽民同志的手说：“这是我第一次听到一个外国领导人这样亲切地称呼我，我很激动，我们的关系多么亲密啊！”叶利钦的访问取得了丰硕的成果，我们恰到好处的外交礼仪给他留下了良好的第一印象。

【简析】礼仪渗透在人们的言谈举止中，礼仪是一种修养，是一种能力。

一、礼仪的含义

礼仪是人类在社会交往活动中形成的行为规范与准则，具体表现为礼貌、礼节、仪表、仪式、礼品等。礼仪既包括内在的内容，也包括外在的形式。它是一个系统，一种修养，一种能力。

狭义的礼仪是指仪式，表现在较大、较隆重的场合时，是一种规范化、程式化的仪式。如颁奖仪式、开幕式、闭幕式、欢迎仪式、签字仪式等。

礼貌指人们在相互交往过程中表示敬重友好的行为规范。它属于社会公德的重要组成部分,比较侧重内在修养。

礼节是在交际场合相互表示尊敬、祝颂、问候、致意、哀悼、慰问以及给予必要协助和照料的惯用形式,是交际中的行为、举止、仪表、语言的规范。礼节是礼仪的具体的、外在的表现形式,是内在美的一种外化,是表达对对方尊重和友好的最合理、最易被对方接受的形式。

仪表是礼仪在个人外在形象方面的体现,包括仪容、服饰、姿态等方面,它体现人的精神状态和文明程度。

仪式是交际活动中按礼宾要求,用特定的程序、方式表达的礼仪过程。大多是以组织形式出现的典礼形式,是礼仪比较外在、直观的部分。

礼品指为表达敬意、寄托情意的一些物品。

二、礼仪的特征

与其他行为准则相比,礼仪具有以下特点:

1. 共同性

礼仪是在人类共同生活的基础上形成的,是同一社会中,全体成员调节相互关系的行为规范。礼仪随着社会生产、生存环境和生活形态的变化而不断充实完善,逐渐成为社会各阶层共同遵守的行为准则。礼仪的内容大都以约定俗成的民俗习惯、特定文化为依据,集中地反映了一定范围内人们共同的文化心理和生活习惯,从而带有明显的共同性特点。礼仪又被应用于人们的社会交往之中,其范围和准则必须得到广泛的认可,才能在相当的范围内共同遵守,这也决定了礼仪的共同性特点。

2. 继承、发展性

礼仪是一种文化现象,中国是具有"礼仪之邦"之称的泱泱大国,礼仪文化源远流长。在礼仪发展的源流中,礼仪文化的发展是一个扬弃的过程,一个剔除糟粕、继承精华的过程。比如古代的磕头跪拜风早已被现代的握手、敬礼所替代,而那些"温良恭俭让"、"尊老爱幼"的行为规范则得到了弘扬。以往老人生日寿辰时,晚辈得行祝寿礼仪,置办寿辰酒宴以祝老人福寿无疆,万事如意,而如今的年轻人除了摆寿酒外,还送鲜花祝福长者年轻、健康、开心,有条件的还将整个祝寿过程拍成DV,留住美好时光。这种变迁不仅反映了人类礼仪的一脉相承,也反映了礼仪在继承过程中得到了丰富和发展,更突出了人类对那些代表礼仪本质东西的倾心向往。可见,礼仪变化的继承性必将随着人类历史的不断进步而发展。

3. 差异性

不同的文化背景,产生不同的礼仪文化,不同的地域文化决定着礼仪的内容和形式。礼仪作为一种约定俗成的行为规范,其运用要受到时间、地点和环境的约束,同一礼仪会因时间、地点或对象的变化而有所不同。

(1) 民族差异。不同民族的礼仪多姿多彩,各具特色。各民族的习俗礼仪都凝结着本民族本地区人民的文化情结,人们严格遵循,苦心维护,难以改变。比如同是见面礼,不同的民族有着不同的表现形式。

(2) 个性差异。每个人因其地位、性格、资质等因素的不同,在使用同样的礼仪时会表现出不同的形式和特点。

(3) 时代差异。它随着社会的进步而不断发展、丰富和完善。礼仪总是体现着时代要求和时代精神,因而会随着时代发展而产生差异。世界各国都很重视礼仪改革,现代礼仪发展变化的趋势是使礼仪活动更加文明、简洁和实用。

(4) 等级差异。对不同身份地位的对象施以不同的礼仪。同样是宴会就会因招待对象的身份地位高低的差别而有所不同，身份和地位高的，可能就会受到更高级的款待。

4. 自律性

礼仪是社会生活中约定俗成的习惯和规则，礼仪对人们的各种行为规范都有着广泛的约束力，但这种约束力不是强制性的。礼仪不像法律那样威严，也不像道德那样肃然，礼仪的实施无须别人的督促和监督，有人冒犯了礼仪规范，也不会受到法律的制裁。因此，礼仪的实施，主要是依靠人们自觉地利用礼仪规范来约束自己的行为，这就是礼仪的自律性。礼仪的这一特点，要求人们在实施礼仪的过程中，不断提高自我约束、自我克制的能力，在人际交往中自觉地遵守礼仪规范。不注意礼仪的人在社会生活中会处处碰壁，孤独、尴尬、失意总是难以摆脱，而自觉地注重礼仪，会有助于人际交往，受人尊重。

5. 互动性

古语曰：来而不往，非礼也。说的就是礼仪的互动性，当一方向另一方做出表示尊敬的行为时，如致意、问候、握手等，需要对方做出一定的回应。了解礼仪的互动性，掌握礼仪的对等性，就会取得"敬人者，人恒敬之"的效果，做到不媚不骄、不卑不亢、豁然大度、风度翩翩。

任务二　认知礼仪的原则

案例导入

程门立雪

杨时是北宋时一位很有才华的才子，中了进士后，他放弃做官，继续求学。程颢、程颐兄弟俩是当时很有名望的大学问家，北宋理学的奠基人。杨时仰慕二程的学识。

杨时到洛阳投奔在程颢门下，拜师求学，4 年后程颢去世，又继续拜程颐为师。这时他已 40 岁，仍尊师如故。一天，大雪纷飞，杨时碰到疑难问题，便冒着凛冽的寒风，约同学游酢一同前往老师家求教。来到老师家，他们见老师正坐在椅子上睡着了，不忍打搅，就静静地侍立门外等候。老师一觉醒来，他们的脚下已积雪一尺深了，身上落满了雪。老师忙把杨时等两人请进屋去，为他们讲学。

后来，杨时回到南方传播程氏理学，且形成独家学派，世称"龟山先生"。

"程门立雪"成了广为流传的尊师典范。

【简析】案例中杨时二人的行为充分体现了敬人和真诚的礼仪原则。

礼仪的核心是"尊敬"。礼仪主要起规范作用，规范则有标准和尺度；礼仪水平的高低反映出个体或群体的修养和境界。礼仪的原则归纳起来有以下几条：

1. 遵守原则

礼仪规范是为维护社会生活保持稳定而形成和存在的，实际上是反映了人们的共同利益要求。社会上的每个成员不论身份高低、职位大小、财富多少，都有自觉遵守、应用礼仪的义务，都要以礼仪去规范自己的一言一行、一举一动。如果违背了礼仪规范，会受到社会舆论的谴责，交际就难以成功。

2. 敬人原则

孔子说:“礼者,敬人也”,敬人是礼仪的一个基本原则,礼最重要的要求就是尊重,尊重上级是一种天职,尊重同事是一种本分,尊重下级是一种美德,尊重客人是一种常识,尊重对手是一种风度,尊重所有人是一种教养,当然,我们强调的尊重不仅仅是尊重他人,也包括自尊。

3. 宽容原则

宽容就是要求人们既要严于律己,又要宽以待人,要多容忍他人,多体谅他人,多理解他人,而不能求全责备,斤斤计较,过分苛求,咄咄逼人。惟有宽容才能排除人际交往中的各种障碍。

4. 适度原则

凡事过犹不及,人际交往要因人而异,要考虑时间、地点、环境等条件。如果施礼过度或不足,都是失礼的表现。比如见面时握手时间过长,或是见谁都主动伸手,不讲究主次、长幼、性别;告别时一次次地握手,或是不住地感谢,让人觉得厌烦。礼仪的施行只是内心情感的表露,只要情感表达出来,就完成了礼仪的使命。

5. 真诚原则

苏格拉底(Socrates,公元前469—公元前399)曾言:“不要靠馈赠来获得一个朋友,你须贡献你诚挚的爱,学习怎样用正当的方法来赢得一个人的心。”可见在与人交往时,只有真诚待人才是尊重他人,只有真诚尊重,方能创造和谐愉快的人际关系。

真诚和尊重是相辅相成的。真诚是对人对事的一种实事求是的态度,是待人真心实意的友善表现。真诚和尊重首先表现为对人不说谎、不虚伪、不骗人、不侮辱人,所谓“骗人一次,终身无友”;其次表现为对于他人的正确认识,相信他人、尊重他人,真诚的奉献,才有丰硕的收获,只有真诚尊重方能使双方心心相印,友谊才能地久天长。

任务三 体会礼仪的功用

案例导入

细节

一位先生要雇一个没带任何介绍信的小伙子到他的办公室做事,先生的朋友挺奇怪。先生说:“其实,他带来了不止一封介绍信。你看,他在进门前先蹭掉脚上的泥土,进门后又先脱帽,随手关上了门,这说明他很懂礼貌,做事很仔细;当看到那位残疾老人时,他立即起身让座,这表明他心地善良,知道体贴别人;那本书是我故意放在地上的,所有的应试者都不屑一顾,只有他俯身捡起,放在桌上;当我和他交谈时,我发现他衣着整洁,头发梳得整整齐齐,指甲修得干干净净,谈吐温文尔雅,思维十分敏捷。怎么,难道你不认为这些细节是极好的介绍信吗?”

【简析】案例中小伙子的言行举止表现出他是一个有修养的人,教养体现于细节,细节展示素质,细节决定成败。

孔子认为礼仪是一个人“修身养性、持家立业、治国平天下”的基础。

荀子说：人无礼则不生，事无礼则不成，国无礼则不宁。

礼仪的功能主要体现在以下几个方面：

1. 教化功能

礼仪具有教化作用，主要表现在两个方面：一方面是礼仪的尊重和约束作用。礼仪作为一种道德习俗，它对全社会的每个人，都有教化作用。另一方面，礼仪已成为社会传统文化的重要组成部分，世代相传。

礼仪通过评价、劝阻、示范等教育形式纠正人们不正确的行为习惯，倡导人们按礼仪规范的要求协调人际关系，维护社会正常生活。礼仪蕴含着丰富的文化内涵，体现着社会的要求与时代的精神，潜移默化地熏陶着人们的心灵，促使人们提升修养。

2. 调节功能

礼仪是人们在生活和社会交往活动中逐渐形成的行为规范与准则。礼仪指导人们如何立身处世，人们在社会交往中，只要双方都能自觉地遵守礼仪规范，就容易沟通感情，从而使交往容易成功。只要人们注重礼仪规范，就能够互相尊重，友好合作，从而缓和和避免不必要的冲突和障碍。

3. 美化功能

礼仪使美好的心灵与美丽的外表、优雅的举止形成一个有机的整体，促使内在美和外在美趋于一致，使人们注重塑造良好的形象，尊重他人并受到他人尊重。

4. 维护功能

礼仪是社会文明发展程度的反映和标志。人们知礼、守礼，讲文明，守纪律，有助于家庭的和睦，有利于社会的和谐稳定。

实训任务

礼仪观察

实训要求与操作说明：

1. 每小组 3～4 人，选择商场、市民广场、酒店、校园等公共场所，观察人们的言行举止。
2. 观察时做好记录，注意不要侵犯他人肖像权。
3. 小组成员共同整理观察资料，归类并分别列出符合礼仪要求和不讲礼仪的现象，分析其原因。
4. 学员利用业余时间独立写出观察报告。
5. 教师用 1 课时点评。

【示例】下面一张来自京报网的照片，图中人的行为……

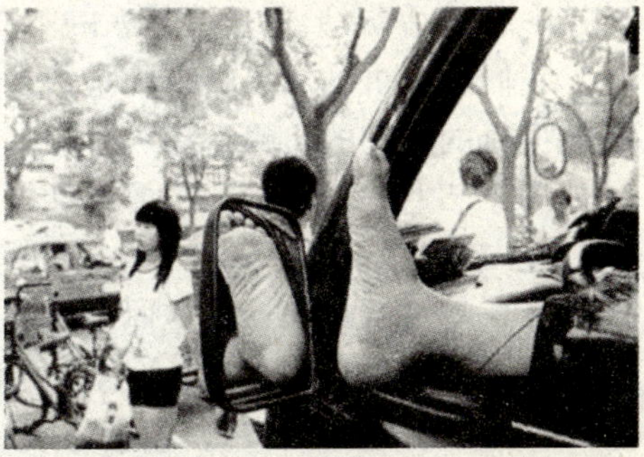

项目二

形象塑造

◆ 你永远没有第二次机会给别人留下美好的第一印象。
◆ 举止是映照每个人自身形象的镜子。
◆ 一个人即使默默无语，从他的着装也可以了解到他的过去。

警示语

任务一　认知形象塑造

案例导入

黑色皮裙

一外商考察团来某企业考察投资事宜，企业领导高度重视，亲自挑选了庆典公司的几位漂亮女模特来做接待工作，并特别指示她们穿着紧身的上衣，黑色的皮裙，领导说这样才显得对外商的重视。

但考察团上午见了面，还没有座谈，外商就找借口匆匆走了，工作人员被搞得一头雾水。后来通过翻译才知道，考察团通过接待人员的着装，认为这是一个工作态度及管理制度极不严谨的企业，根本没有合作的必要。

【简析】根据接待工作的要求，接待人员着装应大方得体，与职业及工作任务相称。该企业接待人员在形象设计上出了问题。

一、形象塑造的含义与特征

形象塑造本质上是人类特有的实践活动，它是人对自然界、社会、人自身的改造活动。人塑造了万物的形象，也塑造了自身的形象。从某种意义上讲，人类的一切实践活动莫不是塑造形象的活动，形象塑造是人的本质力量的体现和确证。

我们这里讲的形象塑造则是指人在自觉的形象意识指导下以公众利益为核心，借助传播所进行的一切的实践活动。

形象塑造的基本特征主要包括以下几个方面。

1. 形象塑造是主体对形象的自觉追求

形象塑造有赖于形象主体的自觉能动性。随着社会分工、市场竞争的国际化，形象越来越成为一个组织或个体在社会生活（主要是市场生活）中进行交往、合作、竞争的有效工具和手段，形象的“眼球效应”、“注意力效应”、“名片效应”、“光环效应”以及由此给个体或组织带来的刺激与影响日益显著。

2. 形象塑造是主体自觉地以客体(公众)利益为核心开展的社会活动

个体或社会组织的形象不是由自己来评判和决定的,而是由其相关的社会公众来评判和决定的,主体塑造形象的价值和效果最终只有在相关公众那里才能得以显现和检验。在现代社会,人与人、组织与组织之间的依存关系越来越紧密;社会分工的日益细化使某一个体或社会组织只能成为一个局部的结点或环节,任何个人或组织都不可能成为万能的并且单独存在的主体。因此,主体自觉地以客体(公众)为对象开展形象塑造活动,这是现代社会的客观现实要求。

3. 形象塑造的中介是个体或社会组织的传播沟通活动

没有传播沟通,主客体之间的关系就不会存在,个体或社会组织的形象也就无从张扬。传播沟通是连接形象主体和客体的桥梁。从一定意义上说,形象塑造活动就是以传播沟通为主要手段的一种个体或社会组织与相关公众的交往、互动行为。

形象塑造有个体形象塑造和组织形象塑造,我们这里讲的主要是个体形象塑造。

二、个体形象塑造的基本内容

个体形象塑造的内容包括其内在形象塑造和外在形象塑造两个方面。

(一) 个体内在形象塑造的基本内容

1. 气质

气质是与人的脾气有关的人格特征。在日常生活中,我们可以看到,有的人脾气暴躁,易动感情,喜怒哀乐形于色;有的人冷静沉着,情绪平和,不动声色;有的人行动敏捷,活泼好动;有的人反应迟钝,行动缓慢稳重。这些都属于个体的气质特征。气质在很大程度上受制于先天的遗传因素,因而具有稳定、不易改变的特点。传统的气质类型有四种,即:多血质、胆汁质、黏液质、抑郁质。个体在塑造自身形象时,要弄清楚自己所属的气质类型,要善于发扬其所长,避免不利的方面。

2. 性格

性格是指个体对现实的态度和习惯化了的行为倾向。如善良、诚实、坚毅、害羞、大胆、乐观、忧郁、奸险、粗野、热情、内向等都是对一个人的性格特征的描述。个体良好性格的塑造途径主要是:首先,要树立正确的人生目标。正确的人生目标和崇高的追求是性格自我修养的航标。根据这个航标,个人才能通过自我分析、自我激励、自我导向、自我监控等措施来完成自我修养的计划。其次,要不断地强化自我修养的决心。形成良好性格和克服不良性格都非一朝一夕之事,只有坚持不懈,持之以恒,方能奏效。再次,在困难中磨炼自己。自我教育不会一帆风顺,要改造自己已形成的不良性格会遇到许多困难,而最大的困难是自己的惰性。因此应时时在意,处处留心,在每一件小事上一点一滴地约束言行,逐步改造不良的性格。

3. 自我意识

自我意识既是个体形象塑造的重要方面,同时它对个体形象塑造具有重要的调节、监控作用,个体形象塑造的方向以及在塑造过程中存在的偏差、欠缺都需要运用自我意识予以把握和矫正,使所塑造的形象能得到他人或社会的认同。

4. 意志品质

意志是人们为了实现预定目的,在困难、挫折面前不断调控自己的行为的心理品质和心理过程。意志品质是意志行动稳定的表现形式。良好的意志品质不仅有助于个体做好任何工作,而且有助于个体获得他人或社会的认同。

5. 能力

能力是个人能胜任某种工作或完成某项任务所必须具有的人格特征。这种人格特征可以是由先天因素决定,例如:某些经过遗传而获得的基本素质;也可以是经过学习训练而获得,例如解决某个专业领域的问题或某种处理实际问题的能力。不论能力主要是来自先天或是后天,如果它是指当时已经具备而不需进一步训练的,这种人格特征即为实际能力。在当今社会里,从事任何一项活动的人,都需要具备一定的能力。

6. 道德品质

所谓道德,说到底,也就是关于有利或有害社会与他人以及自己的行为应该如何的规范,简言之,亦即利害人己的行为应该如何的规范。在社会生活中,人们为了维护共同的利益和协调彼此的关系,制定了共同遵守的行为规范。人们按照这些行为规范来支配和调节自己的言行,并以此来要求和评价他人的举止。道德品质简称为品德,是道德的个体化。指个体依据道德规范在一系列行为中表现出来的比较稳定的心理特征和倾向。

7. 价值观

价值观是人区分好坏、美丑、益损、正确与错误,符合或违背自己意愿等的观念系统。价值观系统包含多种因素,如需要、兴趣、态度、政治价值观、理论价值观、道德价值观、职业价值观等等,这些因素并不是杂乱的、相互矛盾的,而是互相联系成为一个整体的。不同的国家、不同的民族、不同的时代、不同的阶级、不同的职业等文化背景下的人们的价值观是不同的。

8. 知识修养

知识修养对于个体的价值在于:在现代社会,个体知识修养的高低,日益成为决定其事业成功以及其在社会中的生存能力与发展能力的关键因素。有道是"腹有诗书气自华",特别是在人类已跨入知识经济时代的当今,知识对个体的生存发展越来越具有决定性的意义。丰富自己的知识,提高自己的知识修养,是全面提高个体素质的重要途径。知识修养从根本上制约着人的形象塑造。

(二)个体外在形象塑造的基本内容

1. 容貌

容貌是指包括一个人的头发、脸庞、眼睛、鼻子、嘴巴、耳朵等在内的全体外观,无衣物掩饰的手部,包括手掌、手臂等也列入其内。个体的容貌对个体的形象起着非常重要的作用。

2. 形体

在自然界里,人体结构是最完备、最协调、最富有生机和力量的。漂亮的服装,穿在身材匀称、形体健美的人身上,就如锦上添花,光彩照人。形体美是外在美的基础,只有获得形体上的健美,再加上精心设计的服装和良好的气质,才能突出个体良好的形象。

3. 服饰

服饰是指人的服装穿着、饰品佩戴、美容化妆几个方面的统一,有时也单指衣着穿戴。在人们的眼中,美的形象实际上是由人与服饰共同构成的。服饰在一定程度上反映着一个人的个性、爱好、职业、文化素养、经济水平和社会地位,同时还体现着民族的习俗和社会的风尚。

4. 行为举止

行为举止是人体在空间活动、变化的动作，是人们在日常生活中和社会交往中的形体姿态。如坐、立、行、走、神色、表情等都属于这一范畴。它以小见大的体现着一个人的思想和感情，通过它可以见微知著地洞察每一个人的喜、怒、哀、乐等心理变化和活动。行为举止有时比一个人的容貌、衣着打扮给人的印象更深刻。

5. 语言

日常生活中，人们运用语言进行交谈，表达思想，沟通信息，交流感情，从而达到建立、调整和发展人际关系的目的。中国人讲究“听其言，观其行”，把语言谈吐作为考察人品的一个重要内容。常言道“言为心声”，说明语言谈吐能够反映一个人的内心世界，品德修养、文化水平及其个人志趣等均可以通过言谈表现出来。

总之，一个人的形象是有多方面构成的，我们追求的是美好形象。追求美而不误解美、亵渎美，这就要求我们每一个热爱美、追求美的人都要从生活中领悟美的真谛，把美的外貌和美的气质、美的德行与美的语言结合起来，展现出人格、气质、外表的一个完整的美好形象来。

任务二　设计服饰

案例导入

这里不招运动员

一位颇有才华的大学生，看见某大酒店招聘经理助理的广告，就像运动员冲刺那样跑去应聘。然而，他万万没有想到，经理室的大门还没有跨进去，就被一名公关小姐拦住，她开玩笑地说：“这里不是体育馆，不招聘运动员。”这位大学生摸摸自己光秃秃的头，才恍然大悟，再看看自己那身运动装，哪里像是去酒店应聘，难怪被人拒之门外。

【简析】造成这种状况的原因，主要是因为他的着装问题，忽视了仪表这一人际吸引的重要因素。

佛靠金装，人靠衣装。人在社会生活交际场合中穿戴是最有讲究的。莎士比亚说：“服装可以表现人格。”人们往往会从一个人的穿戴打扮上判断一个人的内在修养和品位。服饰礼仪与社会信任密不可分，穿衣之道在于符合身份与场合。

二、服饰原则

(一) 适体性原则

一个人的自身条件主要指年龄、体形、职业等，它是衡量一个人着装是否得体的重要因素。

1. 适合年龄

服装的穿着必须要适合自己的年龄，不同年龄段的人对着装应有不同的要求。年轻人一般应穿得鲜艳、活泼、随意一些，青年女性的服装款式一般应新颖、符合潮流，显示出青年人朝气向上的青春之美。中年人服装的颜色一般应逐步转入灰色、褐色系列，甚至黑色系列，给人以坚实、诚信的感觉。老年人的着装一般要注意持重、深沉、理性，体现出稳重。

2. 适合体形

在设计和选择服装时应从自己的体形出发，量体选裁，做到合身、合体，采取垂直方向的上升或下降以造成高度上的错觉，或采取外观上横向的空间扩展或收缩，来协调形体的宽窄，寻求形体与自然和谐美的效果。在服装色彩的选择上同样要注意形体差异。体胖者宜穿深色类的收缩色，收缩色有收敛作用，使人显瘦；体瘦者宜选用浅色和暖色，这种色调属于扩张色，使人显得丰腴一些。

3. 适合职业

穿着打扮应与穿着者职业相协调。服装除了具有保暖和美观的作用外，更能体现出一个人的身份、修养和风度。从事某些行业的人士，比如医生、空中乘务员或酒店服务生，都有一定的职业制服，让人一眼就能从其穿着的服装辨别其职业身份。恰当的着装礼仪有助于体现其职业风范和个人风度。

（二）个性原则

个性原则是指社交场合树立个人形象的要求。不同的人由于年龄、性格、职业、文化素养等各方面的不同，自然就会形成各自不同的气质，我们在选择服装进行服饰打扮时，不仅要符合个人的气质，还要突现出自己美好气质的一面，为此，必须深入了解自我，正确认识自我，选择自己合适的服饰，这样，可以让服饰尽显自己的风采。要使打扮富有个性，还要注意：首先不要盲目追赶时髦，因为最时髦的东西往往是最没有生命力的。其次要穿出自己的个性，不要盲目模仿别人。如看人家穿水桶裤好看，就马上跟风。而不考虑自己的综合因素。

（三）TPO 原则

TPO 原则最早是由日本男装协会（MFU）于 1963 年提出来的。TPO 是 Time（时间）、Place（地点）、Objective（目的）三个英文单词的缩写。这个原则的基本含义是要求人们在服装穿着、饰品佩戴和配件使用等方面，不但要与自己的个性、风格、生理条件相适宜，而且还必须适应具体的时间、地点和目的的要求。

TPO 原则中的“T”代表时间，在这里泛指早晚、四季和时代性。着装要考虑这些因素，注重时间变化。如在西方，服装因时间不同分为晨装、日装和晚装，男士午前或整个白天不能穿小礼服，夜晚不能穿晨礼服。着装要根据四季的变化，掌握服饰的基本标准。因此，服装可分为春装、夏装、秋装和冬装，切不可“要风度，不要温度”，只顾美丽而成“冻人”。着装要有时代性，是说服饰应顺应时代发展的主流和节奏，不可超前，亦不可过于滞后。

“P”代表地点，主要指服饰穿戴者要根据所处场所或地方的不同，着装应有所不同。根据 TPO 原则，可以把自己所处的具体环境分为上班、社交和休闲三大类型，然后据此决定自己的穿着打扮。上班时的穿着要“正统”，适合穿制服、套装、套裙、连衣裙，饰品佩戴遵循“以少为佳”的原则，少至不戴，最多不要超过三件。社交时的穿着打扮则讲究时尚，展现个性。休闲时的穿着要求最低，只要舒适得体即可，无所拘束。通常人们把上班、社交的场合称为正式场合，并把在正式场合的穿着称之为正装，即正式、规范的装束；而把休闲的场合叫非正式场合，并把非正式场合的穿着称之为便装，即轻松、随便的装束。

“O”代表目的，这里主要是指根据不同的目的进行着装，通过穿着打扮给别人留下好的印象，以便于商务活动顺利开展。如穿着西式套裙去上班，是为了显示自己的成熟稳重；穿着旗袍去赴宴是为了展示自己所独有的女性风采；穿上牛仔装与朋友一道去登山踏青，则是为了轻松与随便。

另外，在服饰选择时还要考虑文化背景，我国与西方社会的文化背景不同，风俗习惯、审美观念也都不同，不能简单模仿西方的穿着打扮。在一些庄重严肃的场合，如上班、洽谈、参加大型会议等，女士的着装不能“薄、透、露”。

一个人着装后的状态，不仅表现了着装者的社会地位、趣味、修养、个性及外在形体美，而且也将影响外界对其的印象和评价。因此，我们在服装的穿着方面不仅要符合服饰的审美标准，也要符合服饰礼仪的要求。要达到此目的，就必须遵循服饰的原则，恰到好处地塑造自己的形象。

二、服饰色彩搭配

色彩，是服装留给人们记忆最深的印象之一，而且在很大程度上也是服装穿着成败的关键所在。色彩对他人的刺激最快速、最强烈、最深刻。

1. 服饰色彩的象征效应

一般来讲，不同色彩的服饰在不同的场合所产生的效果是不同的。要使服饰的色彩主调和搭配能够合乎礼仪的标准和要求，首先就应对色彩本身的特性以及它的象征意义有所了解。

黑色象征神秘、悲哀、静寂、死亡，或者刚强、坚定、冷峻，用于服装可以显示一种高雅、沉稳的风格。

白色象征纯洁、朴素、高雅等。

黄色是阳光的色彩，象征光明、希望、高贵、愉快。

红色象征活力、热烈、激情、奔放、喜庆、福禄、爱情，容易使人联想起太阳、火焰、鲜血和生命，给人以兴奋和快乐感。

紫色象征优美、高贵、尊严、孤独、神秘，在封建社会里，紫色是达官贵人所用之色。

绿色是大自然的色彩，誉为生命之色，象征生命、新鲜、青春、新生、自然、朝气。

蓝色象征纯洁、清爽、梦幻、自信、沉静、平静、深邃，给人以安静、清冷和智慧的感觉，是人们普遍喜爱并运用较多的色彩。

灰色象征中立、和气、文雅，标志着稳重和可靠，给人以平凡、朴实之感。

人们在穿着服装时，在色彩的选择上既要考虑个性、爱好、季节，又要兼顾他人的观感和所处的场合。所以明代卫泳在《缘饰》中说：春服宜清，夏服宜爽，秋服宜雅，冬服宜艳；见客宜重装；远行宜淡服；花下宜素服；对雪宜丽服。

2. 服饰色彩的互感效应

在现实生活中，人们的服饰大多不是单一的，而是几种色彩的相互搭配和调和。服饰色彩没有好坏，就是要搭配出理想的视觉效果，只有色彩搭配得当才会协调、美观。服饰色彩的搭配应从服饰美学角度出发，力求色彩的调和，以简单大方为始，也以简单大方为终。

服饰色彩在搭配和组合的方法上基本有三种：

第一，同色搭配。同色搭配是以同一种颜色为基色，用其不同饱和度及深浅度的色彩来进行的配色方法，意在以简洁的配色来创造一种和谐的美感。在服装的同色搭配与组合中，通常采用“由深入浅”的方法，也可采用“由浅入深”的方法。如浅灰色的上衣配深灰的裤子。在同色搭配中，要注意同色系中深浅程度不同的颜色之间的衔接与过渡，力求自然、平稳，避免生硬和明度差异太大，以免给人以断裂、失衡的感觉。

第二，近色搭配。近色搭配是用色谱上相邻及相近的颜色进行搭配和组合的方法。如黄配绿、绿配蓝、白配灰等。运用这种配色方法，必须遵守服饰礼仪的“三色原则”，即不要用色太杂，一般用色不要超过三种色，而且其中最好有一种白色。如在正式场合所使用的服饰，包括西服套装、衬衫、领带、腰带、鞋袜等在内的一切服饰的配色，都应不超过三种颜色。

第三，对比搭配。对比搭配是用相互对应、相互排斥的对比色进行搭配与组合的方法。如红与蓝、黄与蓝、黄与紫、绿与紫、黑与白等。对比色如运用得当，既可不失各自的特色，又可相映生辉，给人以清新、明快、耳目一新的感觉。色彩对比搭配有三种形式，第一种形式是将两种对比色加以搭配，以一种主色调的颜色去压住另一种颜色，如红配绿、黄配紫，等等；第二种形式是将相邻的颜色对比搭配，如红与紫的搭配；第三种是三种颜色对比搭配，如红、黄、蓝、橙、绿、紫，等等。在对比搭配运用中，应采用较为柔和、平稳的颜色为主色，主色应突出，配色应为鲜明的饱和色，且愈少效果愈好，少则可以点缀，多则显得俗气。

在服饰颜色的搭配上，切忌上下身都采用鲜明的颜色，否则会显得刺眼，令人不舒服。

3. 服饰色彩与肤色效应

除了服饰本身的色彩搭配外，人们在选择着装色彩时，还应该考虑到个人的皮肤颜色，就是说要根据自己的肤色来选择合适的着装，因为人的肤色会随着所穿服装的颜色而发生微妙的变化。一般来说，皮肤较白的人配衣比较方便，对颜色的选择性不那么强，只需根据自身气质及环境特点、工作性质选择适当款式就行。偏黄或干性皮肤的人忌蓝、紫色等亮度大的服饰。肤色偏暗，要避免穿戴褐、黑、暗紫色等暗色服饰，面色略红粉的人不宜穿戴蓝、绿色系的服饰。同样，面色苍白、发青或肤色不甚健康的人不宜穿戴粉红、浅绿、嫩黄等娇艳色彩的服饰，以免呈病态。皮肤偏黑的人可以选择色彩明朗的、图案小而柔和、面料悬垂感好的服饰。红脸膛的人适宜选择含白色或浅调的服饰。浅色小花纹、浅米色上衣适合于各种肤色的人。

三、体形与服饰

(一)男士体形与服饰

男士的服装款式和色彩状态稳定，讲究的是款式本身的造型和穿着的效果。在现实中男士的身材高、矮、胖、瘦各不相同，这就需要根据各人的具体情况，通过服装的设计及造型加以修饰。

1. 身材较高男士

上衣应适当加长，配以低圆领或蓬松袖子的衬衣，可以给人以“矮”的感觉。服装的颜色最好选择深色、单色或柔和的颜色。

2. 身材矮小男士

上衣应稍短一些，突出腿长，服装款式以简单直线为宜，上下身颜色应保持一致。不宜穿大花图案或宽格条纹的服装，最好选择浅色的套装。

3. 身材肥胖男士

在衣服的款式上力求简洁，中腰略收，以后背扎一中缝为好，不宜穿垫肩较厚、领口窄小的服装和高领上衣。最好是选择适度宽敞的开门式领形，以“V”形领最佳，且以冷色或直纹的面料为宜。

4. 身材纤瘦男士

可用加垫肩的外套，使人显得丰满，且有宽度。穿着便装应避免圆领、尖领、无领、无袖的衣服和短裤。在款式上应选择尺寸宽大、上下分割花纹、有变化的、较复杂的、质地不太软的衣服，切忌穿紧身衣裤，也不要穿深色的衣服。

5. 窄肩或溜肩男士

不宜穿无袖或连袖的上衣，可通过垫肩、肩袢等增高或加宽肩部。

6. 腰节低、臀部过于突出的男士

宜穿下摆松宽、没有腰身的上衣，以掩饰突出的臀部。下装可采用竖直、窄长裆较短的造型，来增加下肢的长度，使肢体显得匀称。

(二) 女士体形与服饰

女士的服装不论是在款式还是色彩上都比男士服装丰富多彩。女士在服装选择时，首先要遵循个性化原则，使款式和色彩符合自己独有的个性，无论从实用还是从美观的角度，都应将自己的体形特点作为服装选择的基本参照物，这是不同体形女士在服装选择时所必须注意的问题。

1. 身材高大女士

身材高大的女性在选择服装衣料时应力求质地柔和、洁爽、飘逸，选用横条纹、斜条纹、大块面浪漫配色，可显示高大身材女性的美丽风采。在款式上可选择裙摆大而飘逸的长裙或圆裙，并可在腰部装饰小束或在裙子上做大花样变化的装饰，以减少由于身材高大而引起的压抑感或沉重感。若上身较长可选用有趣味的宽皮带；若腿较短，可选择宽松的上衣来平衡你的全身。

2. 身材矮小女士

矮小身材的女性在选择服饰时应注意，尽量统一全身的颜色，包括皮鞋和丝袜，否则将会让你的身材弱点暴露无遗，可选用紧身裙或细长的紧身裤，给人以高大感。不宜穿衣领开口过大、多皱褶的衣服和裙子，宜穿戴线条简单、图案小巧的服饰。配件的款式以简单为原则，不宜太多或太鲜艳夺目。不要穿太长的裙子或过低腰的衣服，也不宜穿太笨重的鞋子，因为这种穿着会使人们的视线往下降，使你显得更矮。

3. 体形很胖女士

过于肥胖的女性，在选择服装时应特别注意。宜选择薄厚适中、质地较好的衣服。不可穿紧身衣裤或系宽腰带，不宜穿喇叭裙和大摆裙、无袖上衣和无袖连身裙，不宜穿大花、横条纹及大格子的服装，尽量挑选那些既有线条又宽松的款式，腰身可长一点，但不可太紧，服装外形垂直线条越多，越有苗条感。裙子的长度以中等为宜，太长使人显得矮。全身装饰应保持一种色系，以创造一个修长的错觉，不要选大型的装饰，如肩章、荷叶边、蝴蝶结、喇叭袖、大翻领等。

4. 体形很瘦女士

苗条的女性服装选择的范围很大，但如果偏瘦就要注意所选的衣服尽量使自己丰满为好。应选择织纹较粗大及较厚的衣料，以便使服装的造型线条清晰起来。上衣宜宽松，不宜紧身，更不宜穿有伸缩性的紧身衣服，上衣的领子可适当加些扇形饰物。

5. 上身过长女士

上身过长的女性，势必给人以腿短的印象，为了掩饰这种体形上的缺陷，可采取提高腰际线、增加腿部修长感等方法加以弥补。应选择肩高的衣服，把腰际线提高 3 厘米，可以使用较为宽大的皮带；宜穿紧身长裤或下摆收缩的服装、腰际线较高的连身裙或较长的裙子；还可以穿无横袢的高跟鞋，着淡色长筒丝袜，让脚面与腿部连成一气，增加腿部的修长感，让他人的错觉来掩饰你下身过短的缺陷。

6. 臀部肥大女士

臀部肥大的女性，严重地影响女性的曲线美。这类体形的女性在选择服装时，应注意上衣下摆不要过于宽松而应收缩；避免选择多褶裙、百褶裙，裙子不宜过长，宜穿西装裙，否则将使你的臀部更显肥大；应选择柔软而不贴身的衣料。

四、服装类别与穿着技巧

（一）礼服

1. 男士礼服礼仪

(1)中式男礼服

中式男礼服即中山装。穿着时，应将前门襟、风纪扣、袋盖扣全部扣好；口袋内不宜放置杂物，以保持平整挺括；配漂亮的黑色皮鞋。成年男子穿上一套合身的中山装，会显得庄重、神气、稳健、大方，富有中国男子气派，可以出席各种外交、社交场合。

(2)西式男礼服

西式礼服分日间礼服和晚礼服两种。在穿着的时间上，日、晚礼服有明显的区别，一般日落后是穿着晚礼服的时间，忽视了时间而胡乱穿着各式礼服是失礼的。

① 晨礼服通常上装为灰色或黑色，剑领，后摆为圆弧形，衣长与膝齐，胸前仅有一粒扣，配白色衬衫，系灰色、驼色领带；下装为深灰色、黑条裤，一般用背带，穿黑袜子、黑皮鞋；可戴黑礼帽。晨礼服是白天穿着的正式礼服，适合参加各种典礼、婚礼及星期日上教堂做礼拜时穿用。

② 小礼服又称无尾礼服，也称便礼服。这是晚间集会最常用的礼服，其上衣与普通西服相同，通常为黑色或深蓝色的短上衣(在东南亚及其他热带国家和夏日避暑地，也有着白色上衣的)，衣领为圆领或剑领，并镶缎面，与白衬衫、黑领结、黑皮鞋、黑袜子搭配，一般不戴帽子和手套。裤子颜色与上装相同，多为黑色，并饰有缎带，裤脚不卷起，使用背带。小礼服是晚上 6 点钟以后穿用的服装，适用于较正式的晚宴、晚会、音乐会、观看歌舞剧等场合。

③ 大礼服也称燕尾服，西式晚礼服的一种。深色高级衣料制成；前身较短，后身较长而下端张开像燕子尾巴；翻领上镶缎面；裤腿外侧有丝带；通常系白色领结；配黑色皮鞋，黑丝袜；戴白手套。燕尾服是晚间最为正式的礼服，用于隆重庄严的场合，适用于参加婚礼晚宴、观歌舞剧、授勋仪式、授奖仪式、舞会、招待会、递交国书等活动。

近年来，各国穿晨礼服、大礼服的情况越来越少，大有穿普通西服可以参加所有活动的趋势。一些稍正式的活动，男性只要穿颜色偏深的西服便无可非议。

2. 女士礼服礼仪

(1) 中式女礼服

最常用的中式女礼服为旗袍。旗袍有各种不同的款式和花色，作为礼服的旗袍最好是单一的颜色，一般常在绸缎面料上刺绣或饰物。紧扣的高领、贴身、衣长过膝、两旁开衩、斜式开襟，这些都是旗袍的特点。在礼仪场合穿着的旗袍，其开衩不宜太高，以到膝关节上方 1 寸至 2 寸为最佳，旗袍的长度最好是长至脚面。着旗袍应配穿高跟鞋或半高跟鞋，或配穿高级面料、制作考究的布鞋或绣花鞋。

(2) 西式女礼服

① 常礼服也称晨礼服，主要在白天穿着，通常由质料、颜色相同的上衣和裙子搭配而成，也可以是单件连衣裙。一般以长袖为多，避免领口开得过大或臂膀过于裸露，可佩戴手套和帽子。常礼服适用于游园会、会见、引见、拜谒、结婚典礼、正式访问、午宴及欢迎外宾所举行的仪式等场合。

② 小礼服也称小晚礼服，为长至脚面而不拖地的露背式单色连衣裙，其衣袖有长有短；着装者可根据衣袖的长短选配长短适当的手套，通常不戴帽子或面纱。小礼服适合于参加晚上 6 点钟以后举行的宴会、音乐会或观看歌舞剧时的穿着。

③ 大礼服也称大晚礼服，为袒胸露背的、单色拖地或不拖地的、无袖的连衣裙，并配戴相同颜色的帽子和长纱手套，以及各种饰物。近来，其款式、用料及颜色等正向着自由化发展。大礼服是一种最正式的礼服，主要适用于在晚间举行的最正式的各种活动，如官方举行的正式宴会、酒会、观看首场演出、大型正式的交际舞会等。

女性的礼服已趋向自由化，各种各样的装束已被社交场合认可，只需要与同行的男性所穿的服装协调即可。

(二) 西服

1. 男士西服着装礼仪

西装是一种国际性的服装，是世界公认的男士正统服装。它造型美观，且有开放式的领形和宽阔而舒展的肩部，腰部略收，穿起来方便，也有风度，给人以落落大方的感觉。西装款式的选择及穿着方面都有一定的讲究和礼仪要求。

(1) 西装的款式与选择

男士西装的款式可分为欧式、美式、英式三大流派。其中，欧式又有意式(意大利式)和法式(法国式)等小的流派。

欧式西装即欧洲型西装，面料厚，剪裁贴身，腰身中等，胸部收紧突出，袖笼和垫肩较高，领形狭长，注重外形，多为双排扣。

美式西装即美国型西装，使用的面料薄、有弹性，造型自然，腰部稍微收缩，胸部不过分收紧，垫肩适度，领形宽度适中，一般多为单排扣。

英式西装即英国型西装，其轮廓与欧式西装相似，但垫肩较薄，穿上别有特色，绅士派头十足。

现在男士们所穿的西装无外乎是两大类：一类是平驳领、圆角下摆的单排扣西装；另一类是枪驳领、方角下摆的双排扣西装。在选择西装时，要充分考虑自己的身高和体形，力求合体。其上装的肥瘦，应以内穿一件羊毛衫且有适当松度为宜；长度适中，其袖长以至腕关节为宜。款式的选择应因人而异，中等身材且比较单薄的男士穿着单排扣西装则可显得俊逸、挺拔；身材高大的男士穿着双排扣西装则可显现雄健端庄。

图 2-1　男士西服

(2) 西装的款式与场合

西装有套装和单件上装的区别，套装也有两件套和三件套之分。两件套指的是用同色、同料裁制的，相互配套的西装上衣和裤子;三件套指的是在两件套的基础上再加上一件同色、同料的背心。套装以深色为主可作礼服,一般宜在宴会、招待会、酒会、正式会见、工作会议、庆典仪式、出访、迎宾等各种正式场合穿着,但三件套多在春秋季穿着。穿着正规的套装,必须系领带,这不仅是出于服饰的配套需要,更重要的是出于礼仪上的需要。在半正式场合,如办公室、午宴、一般性会见、访问等,宜选择较明亮的深色、中性冷色或浅色调的西装,也可穿着单色、条纹及暗色小格的套装,最好也应系领带。在非正式场合,如外出游玩、参观、逛街、购物、探亲访友或餐厅聚餐,最好穿休闲西装或普通的单件西服便装,可以不系领带。

(3) 西装穿着的基本要求

① 选好和穿好衬衣

衬衣是西装最为重要的配件之一,主要对西装起衬托作用。与西装配套的,一般为有着硬质的"V"形领衬衣,其颜色有白色、浅色或竖条、方格等。在社交场合和日常生活中,最受欢迎、效果最好的衬衣是白色和纯色。在纯色中,一般又以浅蓝色最佳,不宜穿杂色或格子衬衣。选择衬衣,除应注意与西装颜色搭配外,还应注意根据自己的脖子粗细选好合适的领围尺码。合适的领围应是以在穿着后能伸进两个手指为宜。此外,脖子较短较粗者不宜选用宽领衬衣,脖子较长者不宜选用窄领衬衣。一件与西装上衣搭配合适的衬衣,其领口应比西装领子高出 1 厘米左右,袖子应比西装长出 2 厘米左右。衬衣的穿着,不论是长袖还是短袖,硬领衬衣都必须扎进西裤的腰内,软领衬衫则可不扎。凡与西装上衣配穿的衬衣必须将袖口的扣子扣起,凡系领带的不论是否与西装配穿也都必须将领口和袖口的扣子扣好,不能挽起袖子。

② 系好领带

领带也是西装最为重要的配件之一,在整套西装中作点睛之笔。因此,凡在正式或比较庄严的场合,穿着西装必须系结领带。领带应系在硬领的衬衫上,其结应位于"V"形领的中间部位。各类 T 恤衫、圆领衫、"V"形软领衫等都不能系领带。所系领带的长度,应视裤子的立裆长度而定,如穿立裆短的裤子,领带尖一般在腰带扣的上方;如穿立裆长的裤子,领带尖可盖住腰带扣。如在衬衣与西装外套之间还穿着背心或羊毛衫等,要注意领带一定要放在这些衣服的里面,而决不能放在这些衣服的外面。系领带并非一定要用领带夹,如用领带夹,其位置应在衬衣的第四与第五纽扣之间。

常见的领带系法:四手结(Four-in-hand,又叫单结)、王子结(Prince Albert)、半温莎结(Half-Windsor)、温莎结(Windsor),如图。

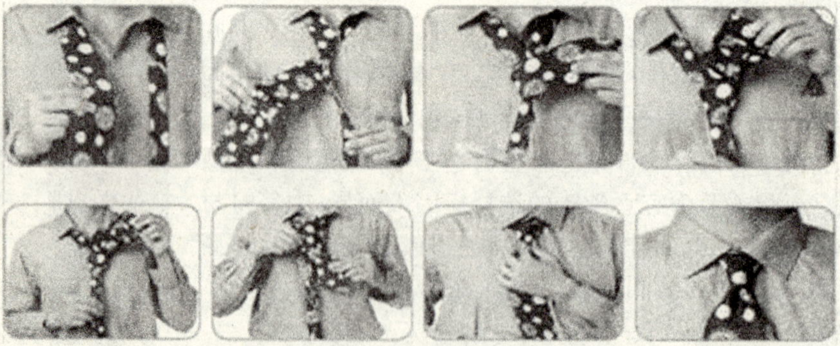

图 2-2-1 四手结 / 单结(Four-in-hand)

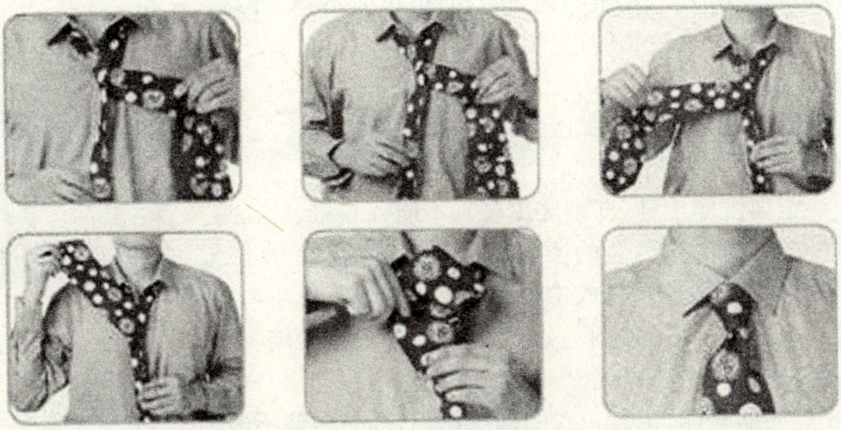

图 2-2-2　王子结(Prince Albert)

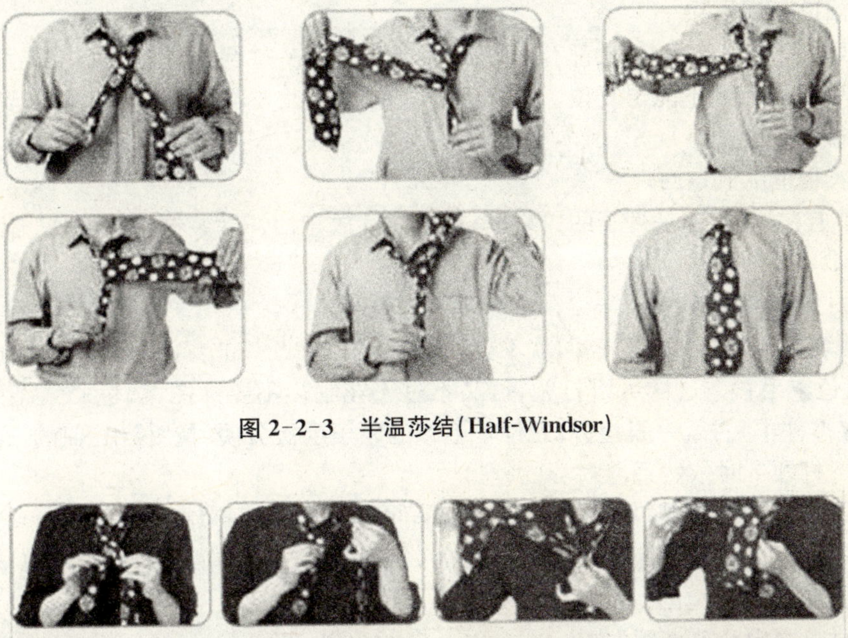

图 2-2-3　半温莎结(Half-Windsor)

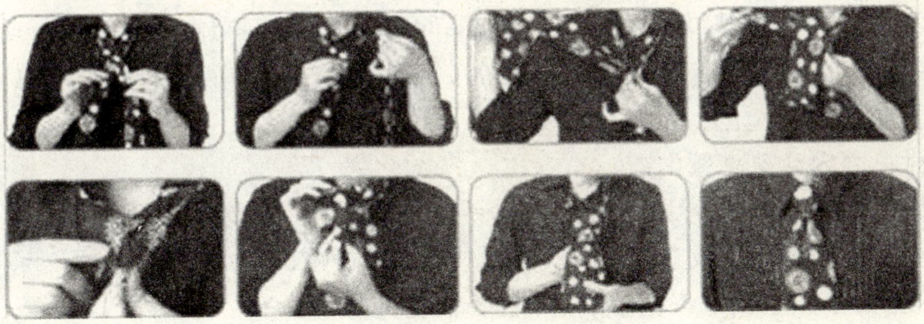

图 2-2-4　温莎结(Windsor)

领带上的“酒窝”

领带上的“酒窝”流行了很长时间，目前依然很受欢迎。这个“酒窝”就是在领带的结头下形成的一个小凹状。

③ 处理好西装纽扣

穿双排扣西装，在正规场合所有的纽扣都应扣好，只有在家或独自一人在办公室里才可将怀敞开。穿单排扣西装，其纽扣无须全扣，也可以不扣。两粒扣的只需扣上面一粒；三粒扣的，只需扣中间一粒。

④ 裤缝必须挺直

无论是穿套装还是单件西服便装，裤缝都必须挺直。

⑤ 注意皮鞋及袜子的配套

穿西装一定要配穿皮鞋(即硬底皮鞋)，不能穿布鞋、旅游鞋或雨鞋。皮鞋的颜色应与西装的颜色相配套，一般都应深于或近于西装的颜色。凡穿着深色或中性色西装，宜与黑色皮鞋搭配。穿皮鞋还应配上合适的袜子。男士的袜子一般也宜略深一些，使它在西装与皮鞋之间显现出一种过渡。严格一些讲，白色的运动袜、半透明的丝袜、带有花式的锦纶袜等，都与西装不般配。

图 2-3 领带的系法

(4) 穿西装的五戒

西装在穿法上大有讲究，穿西服的人，务请不忘以下五戒：

① 戒袖口商标不除

名牌西装上衣的左袖上，大都有一个商标，有的还有一个纯羊毛标志。它与酒瓶瓶口的封纸一样，一旦启封便不能再复位。在穿上身之前即应拆去，不然就有卖弄自己穿的是"真家伙"的嫌疑。

② 戒衣袋里乱放东西

不论是上衣、背心还是裤子的口袋里，都不能乱放东西。除装饰性手帕外，什么钢笔、眼镜、手机等都不要放进去。

③ 戒内穿多件羊毛衫

要将西装穿得有"形"、有"韵"，就不要内穿羊毛衫。万一非穿不可，也只能穿一件薄型"V"领的素色羊毛衫。这样可以打领带，又不过于花哨。不要穿图案、色彩繁杂的羊毛衫。千万不要穿多件羊毛衫，一眼望去，几件羊毛衫的领子层次分明，像"梯田"似的。

④ 戒不打领带时依然系着衬衫的领口

一般说来，穿西装套装就得打领带，而穿单件西装上衣不打领带休闲时，内穿的衬衫领扣则应当不系。不打领带时，把衬衫领子翻到西装上衣的领子之外，也是挺时髦的。

⑤ 戒衬衫之内穿着高领内衣

穿西装时，可直接将衬衫贴身而穿。若为了御寒而在衬衫里面再加一件内衣，一定要选"U"领或"V"领的。要是内穿高领内衣，打好领带后，在衬衫领口上面依然露出一段"花絮"，那着装就不美观了。

2. 女士西装套裙礼仪

女性穿着西装套裙，可使其变得精神，不仅会使着装者显得精明、干练、洒脱和成熟，还能烘托出女性所独具的韵味，显得优雅、文静、娇柔与妩媚。

一套正规的西装套裙是由女式西装上衣与同色同料的西装裙组合而成。其形式基本上可分两种，一种是两件套，即仅是上装与一条半截裙所构成；另一种是三件套，即在两件套的基础上，加上一件背心。在日常生

图 2-4 西装套裙

活中，两件套西装套裙是最为常见的形式。

（1）西装套裙的选择

① 面料的选择

正统西装套裙所选用的面料应是质地上乘，上衣与裙子应使用同一种面料。除女士呢、薄花呢、人字呢、法兰绒等纯毛料外，也可选用丝绸、亚麻、府绸、麻纱、毛涤等面料，但要注意面料的匀称、平整、滑润、光洁、丰厚、柔软、挺括，其弹性一定要好，且不起皱。

② 色彩的选择

西装套裙的色彩选择应注意两个方面，一是力求色调淡雅、清晰、庄重，不宜选择过于鲜亮、刺眼的色彩。二是标准的西装套裙的色彩，应注意与穿着者所处场所的环境要协调，应能体现出穿着者的端庄与稳重。一般而言，西装套裙的色彩应以冷色、素色为主，如藏蓝、炭黑、烟灰、雪青、黄褐、茶褐、蓝灰、紫红等颜色，都是西装套裙色彩的较好选择。此外，各种带有明暗分明、或宽或窄的格子与条纹图案以及带有规则圆点图案的面料也大都适宜选用，但其中格子图案的面料效果最好。

③ 造型的选择

西装套裙的造型与其他一般套裙不同，主要在于它的上衣为女式西装。传统的西装套裙的造型，强调的是上衣不宜过长，裙子不宜过短，尤其对裙子的长度要求较严，通常以至膝下小腿肚最为丰满处为标准，太短了不雅，太长了没神。现代女性却从穿着的视觉效果出发，对西装套裙的造型采用四种形式，即上长下长、上短下短、上长下短、上短下长。并根据身材和体形，对上衣选用紧身式或松身式，配以宽窄适度的裙子，展现着装者的风姿。体形苗条者或过瘦者，则应以紧身式上衣与喇叭裙搭配以显示其女性的线条美；肥胖者则可选择松身式上衣与筒裙搭配，以掩饰肥胖的身躯和过于突出的臀部，使之显得优雅。其上衣的领形，除可采用常规的枪驳领、平驳领、一字领、V 字领、U 字领外，还可根据自己的身材高矮、胖瘦、脸形和脖长等情况，选用青果领、披肩领、蟹钳领、燕翼领、圆领等。上衣的衣扣也可根据上衣的造型选择单排扣或双排扣，衣扣数量可根据领形确定，多则 6 粒，少则 1 粒。在选择与西装上衣相搭配的裙子时，也必须充分从自己的实际出发，除选用正统的西装裙外，还可选用围裹裙、一步裙、筒裙、百褶裙、人字裙、喇叭裙、旗袍裙等。但凡作西装套裙的裙子，一般不宜添加过多的花边或饰物。

（2）西装套裙穿着的基本要求

西装套裙不仅是女性喜爱的职业服装，而且是女性的礼服之一，宜于在正式场合下穿着。如何使穿着者能显示出美丽动人的风采，体现出西装套裙本身的韵味与魅力，应注意的问题主要有以下几点：

① 要合身得体

穿着的西装套裙不能过大或过小。其上衣最短可齐腰，裙子最长不能超出小腿中部，否则将给人以勉强和散漫的感觉。同时，也不能肥大或过于包身，以免给人不正经之嫌。穿着西装套裙决不允许露臂、露肩、露背、露腰、露腹，不要“捉襟见肘”。

② 衣扣要到位

穿着西装套裙必须按规矩将上衣的扣子全部扣好，尤其在正式场合更要注意，即便在再忙、再热的情况下，也不允许敞怀。不允许当着他人将上衣脱下来。

③ 内衣不可外现

穿着西装套裙必须内穿一件款式及领口适宜、不透明的衬衫，内衣的领口一定要内隐在衬衫的领口内。否则内衣领外露或透过衬衫显现内衣，都会使穿着者有失身份。

④ 注意配穿衬裙

穿着西装套裙，特别是在穿薄型面料或浅色面料的西装套裙时，一定要注意内穿一条衬裙，否则将有失大雅。

⑤ 不可自由搭配

标准的西装套裙应是西装上衣与半截裙的搭配组合，而不能与牛仔裤、健美裤、裤裙等搭配，在上班等正式场合一定要按此规矩穿着，不可自由搭配。此外，在半截裙中，一般不可以将“黑色皮裙”与西装上衣配搭。因为，在国外“黑色皮裙”是“街头女郎”的工作服，不属正统装，故职业女性应慎穿，以免让知情者耻笑。

⑥ 讲究鞋袜配套

在正式场合穿着西装套裙，宜穿黑色或白色无袢的高跟或半高跟的皮鞋，并配以肉色的丝袜。丝袜的长度必须与裙子的长度相适应，一般来讲，过膝的长裙应穿中筒袜；到膝盖的裙子宜穿长筒袜；到膝上的裙子宜穿连裤袜。在非正式场合，腿部肤色较黑的女性可穿浅色袜子；腿上有疤痕者可穿暗色或有纹理的袜子，但它不适合在正式场合穿；在任何场合也不可以穿色彩艳丽、图案繁多的低筒袜。穿着西装套裙不可穿布鞋、凉鞋、旅游鞋或拖鞋。

(三) 旗袍

旗袍，是东方女性最适合的服装，因为它采用紧扣的高领，显得雅致端庄，上下结构严谨。看上去没有任何重叠的衣料和不必要的带袢与口袋装饰，显得简洁明快、干净利落。旗袍两旁开着高高的衩口，穿着者跨步方便，给人以活泼而轻快的感觉。尤其是贴身合体、线条流畅，即使是“燕瘦环肥”的体形，也能体现出女性婀娜多姿的特性。

女士在一些涉外重要场合穿旗袍不但能显示女性的美，而且更具有民族风格。但是旗袍也不是随便拿来就可以穿的，因为旗袍有好多种，这要根据个人的体形来决定。就粗而短的脖子来说，应选择无领形的旗袍。这种款式具有连衣裙开敞领形的特点，中式斜襟，保留着东方女服的风格。如果领形开得略为深一些，微微袒胸，可以对圆而胖的脸形起到引长的作用，既可以避免立领妨碍脖子的活动，又可以掩饰脸过圆的缺陷，还可以在端庄之中表现出几分浪漫的气息。不过，脖子细长的女子仍以立领为美。

图 2-5 旗袍

旗袍的开襟样式，目前是变化多端。有开得浅短的，有开得深长的，有正有斜，不胜枚举。身体不太高的女士，可以选用旗袍中间一道竖的线条，给人在视觉上产生修长感。这个款式把旗袍的长度延伸到脚面，再穿上一双高跟或半高跟皮鞋，看上去更加显得修长了。上体贴身束腰突出线条，而下体略加宽绰形长裙，既富有民族风度，又具有西方礼服的风采，增强时代感。如时值隆冬，可选用紫红金丝绒面料，在夜晚灯光的照射下，衬托着白嫩的脸庞，艳如盛开的牡丹，光彩照人。如果外出活动，再加一件浅色的披肩，既起护体的作用，又增添轻盈的美感。

旗袍是合身要求极高的服装。首先，穿着旗袍前，必须准确测量出自己的“三围”；然后试穿，并观察“三围”是否贴体舒适；其次，还必须检查领子、衣身、袖长等细节之处，以求精准，一丝不苟。谨记，旗袍尺寸大小的选购不同于连衣裙等服装，要求十分严格，否则将会失去旗袍的独到之处。

（四）便装

便装是相对于正式场合所穿的制服、礼服一类的正式服装来说的。穿便装没有什么严格的限制或规定，只要使人感到轻松、随便就可以了。便装主要有夹克衫、太空衫、牛仔装、T恤衫、运动装、西短裤等。在家里穿的家居装、卧室装，也是便装。选择便装时，必须认真考虑适用场以及正确搭配等方面的问题。

1. 什么场合穿便装

一般在非正式的场合或某些特定的情况下穿便装。休闲场合是人们在工作之余的个人自由活动的时间。比如，在家休养、外出度假、运动健身、旅游观光、逛街散步、购物等，都是休闲活动。只有在工作之余的个人自由活动的时间里穿便装，才是合适的。在一些特定的情况下，工作人员有时也被允许穿着便装。主要是在便装销售时，销售员可以身着便装，充当模特，以身示范。工作性质较为特殊、身着正装不便时，像一些游泳陪练，在工作时只能身着泳装。某些单位统一将某种便装规定为本单位的正装，比如，夹克衫、背带裤都是常见的便装，如果一个单位将他们定为全体员工的制服，那就被称为夹克衫式制服和背带裤制服了。当本单位没有统一的正装，而又规定上班必须身着正装上班的时候，最好不要自作主张穿便装。

2. 选择合适的便装

选择便装时必须认真考虑是否合适。便装的戒条较少，但也绝对不能过于随便。需要注意一下自己的性别、年龄和身材特点。

总体来说，便装的性别特征不太明显。就像衬衫、T恤、夹克衫、羊毛衫、运动衫、牛仔裤、西短裤等便装，偏于“中性化”，男女可以混穿。也有许多便装都是老少皆宜的，像夹克衫、T恤衫、牛仔裤等，一般对着装者的年龄限制不多，各种年龄者都可以穿着。

另外，每个人的身材各不同，选择时要力求和自己的身材相协调，扬长避短。比如，腿部不好看的人就不适合穿迷你裙。

3. 便装的搭配技巧

在现代生活里，人们对于穿着打扮问题给予了普遍的重视。和正装的穿着相比，便装在有关搭配方面的讲究要少得多，而且本着舒适、随意、自由的基本要求，可以任人发挥。

所选的便装在风格上应协调一致。牛仔装的奔放，运动装的矫捷，乞丐装的错位等，都是自成一体的主要特征。穿着便装应力求风格完美一致。不要让自己同时所穿的多件便装风格上相差太大。例如，要是上穿运动衫时，下配睡裤，必然会引来众多奇怪的眼光。

便装的面料选择余地也比较大。除了棉、麻、丝、混纺等常规选择外，毛、皮、各类化纤织物等，都可以选用。如果需要提高档次，一定要对面料进行适当的考虑。不仅要对舒适与否、外观美感给予重视，还要和所穿的其他便装在面料上大致相同。

对便装进行组合搭配时要注意搭配的惯例。比如，穿牛仔裤时最好配皮鞋或运动鞋，而不要穿布鞋或凉鞋。穿短裤、凉鞋时不必穿袜子，女士尤其不要穿长筒袜或连裤袜。穿夹克衫时，通常不穿短的西裤。穿短袖T恤衫时，不用再在里面穿衬衣。

（五）不同场合的穿着礼仪

不同的场合要穿不同的衣装，一定要使自己的着装与场合的特点和要求相协调，这是一个人必须知道的礼仪常识。

1. 喜庆场合穿戴礼节

喜庆场合一般是指节日纪念、开业典礼，以及其他联欢晚会等，这些场合大都气氛热烈、温馨、愉快、轻松。所以，要求人们在服饰上也相应地"热烈"一些，明快活泼一些。如男士除了在正规的喜庆场合一般应穿中山装、西装或自己民族的服装以外，其他的喜庆场合可以着各种便装，如夹克、牛仔服、两用衫等，但要穿得大方、整洁，千万不要穿皱巴巴的衣裤。女士的服装款式则更为多样，裙子、旗袍、牛仔服等均可，同时也可适当化妆，佩戴一些美丽的饰物，但如出席婚礼，穿着不宜超过新郎、新娘，也不要打扮得过于怪异。

2. 庄重场合穿戴礼节

庄重场合主要是指庆典仪式、正式宴会、商务谈判、会见外宾等。这种场合的服饰要以庄严、端正、整洁为主要基调。如果请柬上规定来客一律穿礼服，那么男女宾客都应服从，而不可别出心裁。男士宜穿毛呢的中山装、西服或民族服装作为礼服；女士可以按季节与活动性质、场合的不同，分别穿各式套装、旗袍、晚礼服或连衣裙等。作为正式礼服的穿戴，都要严格遵循穿着规范。严肃、庄重的场合，一般不宜穿着夹克衫、牛仔裤等便装，更不能穿着短裤或背心。女士不能穿超短裙。男士进入室内不要戴墨镜；在室外遇有隆重仪式或迎送场合，也不应戴墨镜。

3. 悲哀场合穿戴礼节

悲哀场合主要是指殡葬仪式、吊唁活动、扫墓等场合，这种场合的气氛比较悲沉、肃穆。所以，要求人们在服饰上应注意以黑色或其他深色、素色为主，切忌穿红着绿，也不宜穿有花边、刺绣或飘带之类装饰物的服装，以免显得轻佻、不尊重。服装的款式要尽量选择比较庄重、大众化一些的，不要穿各类新潮时髦、显得怪异和轻飘的服装，以免冲淡庄严肃穆的气氛。丧服的原则是不露肌肤，所以不能穿大领圈、无袖的服装。女士不宜过分打扮、抹口红、佩戴装饰品；男士在举行追悼仪式时不要忘了脱帽，也不要袒胸露臂。

五、服饰佩戴礼仪

服饰有陪衬服装、衬托仪表、美化形象的妙用。服饰是无声的语言，它可以显示你的教养和品位，又有暗示作用，能展现你的身份和阅历。正确的选配、佩戴服饰，能与服装相得益彰，反之则会弄巧成拙。选择、佩戴服饰一定要注重扬长避短，讲究高雅品位，形成独特的风格。

1. 帽子

帽子不仅具有防寒、防晒功能，而且也是服饰搭配中的组成部分。帽子的选择一定要依自身条件、服装与场合而定。因此，帽子的式样、颜色的选择非常讲究，只有在其风格、色彩、造型等方面与其所搭配的其他服饰浑然一体，才能达到服饰的整体效果。

帽子的式样较多，常用的有鸭舌帽、棒球帽、圆帽、礼帽、贝雷帽等。在其选用上应考虑脸形、身材、年龄、职业与身份，以及与服装的配套。圆脸形及宽脸形者宜戴棒球帽，不宜戴圆顶帽和高沿阔边的帽子；尖脸形和长脸形者宜戴圆帽，不宜戴棒球帽及小帽或高筒帽。身材高大者选用的帽形宜大不宜小；身材瘦小者选用的帽形宜小不宜大。高个子不宜戴高筒帽；矮个子不宜戴阔沿帽。穿西装礼服应戴礼帽，不能戴棒球帽，更不能戴遮阳帽；穿中山装宜戴圆顶帽；穿夹克衫等服装时可戴贝雷帽等帽子。

在正式社交场合是否戴帽子，必须依不同场合和规定。参加正式宴会而穿晚礼服时，绝对不能戴帽子；在正式的午餐或招待会上，有时规定必须戴帽子；出席鸡尾酒会可以随意选戴各式与服饰相配的帽子。

2. 箱包

箱包不仅可以盛放东西，而且是不可忽视的装饰物。男士外出应携带一个手提箱或公文包，男士的箱包在质量上以皮质为首选，在颜色上则以深咖啡色为最好，黑色或灰色次之，在款式上宜选择手提式。女士外出，特别是出入正式场合应随身携带一个精致、漂亮的皮包，以显示女性的魅力。但对箱包的颜色和款式选择，必须注意同衣服和其他饰物相匹配。

女性的手袋和肩包的选择比较讲究。首先，要注意其颜色应与服装的色彩相协调，最好选用中性色，如黑色、白色、棕色，以便与各种色彩衣服搭配。其次，要注意应与自己的体形相协调，体形苗条的女性宜选用小巧玲珑的；体形矮胖的女性应选用体积小、造型不能过于秀巧的；体形高胖的女性，应选用体积稍大的。再就是应注意与自己的年龄相适应，年轻的宜选用色彩鲜艳、造型美观的羊皮或缎面小包；中年女性宜选用黑色天鹅绒或黑色丝绒的小提包。参加鸡尾酒会携带的手包可随意些，以色彩鲜艳、轻巧为佳。在社交场合，肩包可挂在桌子底下或座椅背上，手袋可放在桌子上或腿上。

3. 围巾

围巾是服装的装饰部分，也是活泼部分，其质料多种，有羊毛、棉织、混纺等。选择时应考虑个人的爱好、肤色、年龄及服装的款式。在其颜色选择上，重在对服装颜色的衬托，一般选用服装的对比色，即采用冷色与暖色、深色与浅色的搭配。如青年人身穿咖啡色的上衣，围一条乳白色的围巾，会显得格外英俊；身穿乳白色的外套，配上一条鲜红色的围巾，又会显得分外热情和优雅。老年人穿一件深灰色大衣，围上一条浅色围巾，定会很有风度。男性围巾的围着方式多为交叉式，而女性围巾的围着方式比较多，有古典矩形式、阔领式、肩形式和古典式等。同一套衣服，配以不同围巾装饰，可以起到不同的着装效果，因此，女性要特别注意围巾的搭配，这样可使你的衣服变得多样化起来。

4. 手套

装饰性手套，曾是西方社会的一种时髦装饰。男士的装饰性手套多为专业性服装的组成，其颜色多为白色，如礼宾仪仗队、乐队、饭店的迎宾员等的服装全配以白色手套，一般在执行任务或在岗时与服装配套戴用。女士戴用的手套一般为白色或黑色，也可选用其他颜色，但应选用颜色淡雅、朴素一点的，以衬托衣服的颜色。

5. 眼镜

一副合适的眼镜，可以强调个性，是现代人修饰脸形的重要饰物。在选择眼镜时，首先应考虑镜架与脸形是否相宜：脸形窄长者宜选圆形或偏方形的宽边镜架，以缓和人们对长脸的印象；脸形较圆者，宜选方形的宽边镜架，增加脸形的力度感；三角形或瘦脸形者，宜选圆形或偏圆形的镜架，可使脸部饱满。其次要考虑眼镜的颜色和大小要与面部脸色和脸形大小相协调。在选择眼镜的外观造型、颜色、质地等方面也要考虑到职业和身份。年轻人不宜戴过于厚重深暗、造型古板的眼镜；有身份的年长者，不宜戴过于新奇轻巧的眼镜。知识分子应选择精致大方的眼镜；外事工作者可戴精美华贵的眼镜。

此外，应注意眼镜的佩戴场合。在正式场合，即便在室外如无特殊原因，也不应戴颜色深的太阳镜；在与地位或年龄明显高于自己的人交谈时，也不宜戴深色太阳镜；与女士做较正式接触时或在与人握手谈话时，亦不宜戴太阳镜。如有特殊情况或不方便将眼镜摘下时，应向对方说明。

6. 胸花

胸花是一种纯装饰性的饰品，适用于春秋季节，在对其选择时也应考虑自身的脸形、年龄、场合和服饰的整体效果。做到与脸形协调，长脸形者宜选用圆形或弧度较多的胸花，圆脸形者则不宜。与年龄相适应，青年人宜选用小型精致的胸花；老年女性则宜佩戴各种深色的、造型传统、做工精细的胸花。与所处的场合相符合，喜庆场合宜佩戴艳丽的胸花；追悼会等丧葬场合只能戴白花；出席宴会等正规社交场合，宜选配较大型的胸花。与服饰的整体色调相协调，应采用对比手段，使之“素中带艳”、“艳中带素”，对服饰整体起到“画龙点睛”的效果。

7. 戒指

戒指是首饰家族中最古老而又经久不衰的一员，一般由黄金、白金、白银制成，其款式多种多样，有长形戒指、方形戒指、椭圆形戒指、V 字形戒指、榄尖形戒指、梨形戒指、嵌宝戒指、花纹戒指等多种。戒指是爱情的信物、富贵的象征、吉祥的标志，西方许多国家都把它视为希望、快乐和同心的象征。戒指选戴的讲究很多，主要应注意以下几个方面：

(1) 戒指要与指形相配

女性的指形一般可分为四种形态，即修长型、丰满型、肥短型、纤秀型。修长型手指宜佩戴宽阔的指环、单粒宝石或粗线款式，如方戒、榄戒及钻戒；丰满型手指宜选择圆形、梨形和心形的戒指，且应注意戒指的分量要相对加重，否则会使手掌显得更大；肥短型手指宜戴细小的指环或梨形、椭圆形的单粒宝石的戒指，可使肥短的手指显得修长；纤秀型手指则适合佩戴任何类型的戒指。男性按其指形选戴戒指的要求则与女性有所不同，手指短粗肥胖者，宜戴花纹、榄尖、V 形等款式戒指；手指修长者宜戴造型较为饱满的戒指，如方戒、宝石戒等。

(2) 戴戒指应与场合、季节相适应

男士赴宴或参加典礼，身着礼服应佩戴一枚镶嵌有珠宝的戒指；在一般场合，身穿便服时，则可戴上比较简单而普通的戒指。不论是男性，还是女性，在日常生活中都不宜戴过多的戒指，尤其是女性不要把四个手指都戴上戒指，应选择一枚自己喜欢的做重点，再用另一个作陪衬；切忌同时戴两个款式完全不同、风格各异的戒指。戴戒指要注意季节变化，在夏季衣服单薄的情况下，宜戴小巧别致的戒指。

(3) 戴戒指应注意约定俗成的习惯

戒指的佩戴也是一种无声语言的表达，暗示着佩戴者的婚姻和择偶状况。人们习惯将戒指戴在左手手指上，但具体戴在哪个手指上是大有讲究的。

在西方，将戒指戴在食指上表示无偶或正在求婚(对原已婚者而言是守寡之意)；戴在中指上表示已有意中人并正在热恋中；戴在无名指上表示已婚；戴在小指上则表明奉行独身主义；大拇指一般是不戴戒指的。因此，在人际交往中的男女要讲究戒指的戴法，以免造成误会。

8. 项链

项链也是深受女性青睐的主要饰品之一，其种类很多，但根据质地基本上可以分为两大系列，一种是以金银等贵重金属制成的金属项链系列，一种是钻石、玛瑙、水晶、珍珠等为材料制成的珠宝项链系列。按其项链的长短，可分为三种：一是短项链，即长为 12 英寸的项链;二是长项链,即长为18英寸的项链;三是特长项链,即长度为22英寸、24英寸、30英寸的加长项链。不同系列、不同长度的项链,适合不同对象,因此在选择和佩戴项链时,必须注意以下几个方面:

(1) 选戴项链应与自己的年龄和脸形相适应

选戴项链应根据自己的年龄。年轻女性宜佩戴细型、花色丰富的项链,如金银项链中的三套链和双套链或珠宝项链系列中的象牙链、珍珠链,可使之显得秀美和文静;中年女性宜佩戴粗形、传统设计的项链,如珠宝项链系列中的翡翠链、绿松石项链,可使之显得年轻而庄重;年龄较大的女性,宜佩戴金银项链系列中的马鞭链。

选戴项链还应根据自己的脸形。脖子长的人宜戴颗粒大的短项链或佩戴方丝链,不宜戴过长的项链,以从视觉上减少脖子的长度,显示其玲珑娇美;脖子短的人选择项链的尺寸应大些,宜戴颗粒小而长的项链,不宜戴多层或短而宽的项链,以增加脖子的长度;圆脸又矮小的女性,最好戴细长而有坠子的项链。

(2) 选戴项链应与服装的色彩、款式、质地相协调

一般而言,衣着较薄时以金银项链为佳;穿着柔软、飘逸的丝绸衣裙,宜佩戴精致、细巧的项链;穿单色或素色服装,宜戴色泽鲜艳的项链;穿着低领口衣服宜选用短项链;穿着套装或衣裙宜选用长项链;衣服的衣领较高时,项链的尺寸不宜过长,否则挂件不易露出;穿高领羊毛衫、绒线衫时项链应戴在衣服外面。

黑色的长袖连衣裙,佩以一条金项链,会显得耀眼光辉,别有风韵;红色套装配以象牙色的项链,将会异常醒目雅致;玫瑰红西装套裙配以象牙色项链,则会显得高贵而文雅;墨绿色的露背装配以钻石项链,定会显得含蓄和高贵。

(3) 项链佩戴应根据场合选择

女性项链的选戴应适应所处场合。在一般正式、隆重场合,身着女式礼服,宜选择金银、钻石的特长项链,可以增添华贵高雅的气质;休闲或旅游场合,宜选择仿金、贝壳、陶质等项链,可更显轻松活泼;职业女性应选择质地轻松、体积不大、较细致的项链,以给人轻松明朗的感觉;舞会场合宜选择精巧细致、发光发亮的项链。此外,男性的项链应以大方得体为宜,不要过于花哨繁杂,否则会显得俗气。

9. 耳环

耳环是女性的主要首饰之一,佩戴者较普遍,使用率仅次于戒指。耳环的形式多样,有螺丝型、摘针型、弹簧型、搭扣型等。耳环的材料有黄金、白金、银等贵重金属,还有金刚石、玛瑙、翡翠、珍珠等宝石。但最常用的耳环是插孔型,供有耳孔的女性选用,另一种是螺丝型,供没有耳孔的女性选用。佩戴耳环时,应注意的问题如下:

(1) 与脸形相协调

圆形脸的女性宜佩戴长方形、叶形、"之"字形等款式的长耳环及有坠耳环,利用耳环的垂挂所形成的纵长度,给人以脸形变长的错觉,不宜戴纽扣形或圆圈形等使脸部变得更圆的耳环。瓜子脸是一种比较理想的脸形,适合佩戴各种造型的耳环,尤以扇形、奶滴形耳环更显秀丽妩媚,佩戴大耳环或有坠耳环显得俏丽多采,佩戴大纽扣形、大圈形的耳环,可使脸部增宽而显得更加秀气。方脸形的女性应选择精致细巧、造型柔和的中小型耳环,宜戴富有卷曲线条或圆形、纽扣形、螺丝形耳环,使脸形具有曲线之美。三角形脸的女性宜佩戴星点状的贴耳式耳环,这样可使头部的发型更加生动,使下颌的宽度不太显眼。

（2）与脖子及肤色相协调

脖子长的女性不宜戴小长坠子的耳环，耳朵纤细瘦小的人应戴小巧玲珑的耳环。肤色偏黑的女性宜选用色调柔和的白色、浅蓝、天蓝、粉红色耳环，以银色耳环最佳；肤色白皙的女性，适合戴淡红色、暗红色、绿红、翡翠绿等色彩鲜艳的耳环；肤色黄者，宜戴白色或铜色耳环较合适。金色耳环适合各种肤色的女性。

（3）与服装相协调

耳环的佩戴必须同整体服饰协调一致，服装色调鲜艳的，选配的耳环应色泽淡雅或同色调，以映衬服装的色彩。如身穿暖色调的米黄或浅棕色衣服，宜佩戴黄色、象牙白的耳环；身穿冷色调如蓝、白、灰等服装，宜戴银、白金耳环。

（4）与所处场合相协调

在各种比较正规的社交场合，如参加宴会、婚礼、庆典仪式的，应尽量选用高档的耳环，如钻石、翡翠、宝石镶嵌的耳环，宝石色彩要鲜艳一些，以增加喜庆气氛。

10. 手镯

手镯是中国古老而传统的首饰之一，古代女性佩戴手镯不是为了好看，而是为了表示主人的身份。因此，在新娘的聘礼中，即使再穷的姑娘也有一副或金或银或玉或铜的手镯。而现代女性佩戴手镯，不是为了表示华贵和富有，只是作为装饰品，以增加美感和气质。如何使手镯选戴得体，同样存在方法问题，其要领如下：

（1）手镯一般只戴在右手上，只有成对的手镯才同时戴在两个手腕上。

（2）宝石镶的手镯应紧贴在手腕上部。

（3）短胖的手形不宜戴手镯；戴手表时不应同时戴手镯。

（4）手臂细长者可佩戴宽畅或多个细线形的镯子；手臂短粗的，可佩戴细一点的手镯。

（5）穿什么颜色的衣服，宜佩戴什么样的手镯。

任务三　打造仪容

案例导入

松下幸之助

日本松下电器产业株式会社创始人松下幸之助年轻时，有过一次难忘的经历。一次他到银座的一家理发厅去理发。理发师对他说："你毫不重视自己的容貌修饰，就好像把产品弄脏一样，你作为公司代表都如此，产品还会有销路吗？"一席话说得他无言以对，以后他接受了理发师的建议，十分注意自己的仪表并不惜破费到东京理发。

【简析】在人际交往中，交往对象对自己发自内心的好恶亲疏，往往都是根据其在见面之初对于自己仪容的基本印象"有感而发"的，这种对他人仪容的观感除了先入为主之外，在一般情况下还往往一成不变，其作用可谓大矣。

一、仪容的含义

仪容是指人的容貌，它包括五官的搭配和适当的发型衬托。仪容是一个人仪表美的重要组成部分，在社交中占有举足轻重的地位。它往往能够反映一个人的精神面貌、文化水准、生活情趣和审美意识。良好的容貌使人看上去精神焕发、神采飞扬；而容颜不整、不修边幅则会使人看上去萎靡、疲倦、无精打采。

二、修饰仪容的基本要求

(一) 干净整洁

要做到仪容干净整洁，重要的是需要长年累月坚持不懈，不厌其烦地进行以下仪容细节的修饰工作。

1. 坚持洗澡、洗头、洗脸

洗澡可以除去身上的尘土、油垢和汗味，并且使人精神焕发。有可能的话要常洗澡，至少也要坚持每星期洗一次。在参加重大礼仪活动之前还要加洗一次。头发是人体的制高点，因为人们的发型多有不同，故此它颇受他人的关注。只有经常洗头，方可确保头发不粘连，不板结，无发屑，无汗馊气味。若面部不洁，难免会让人觉得此人又懒又脏。所以除了早上起床后、晚上睡觉前洗脸之外，只要有必要、有可能，随时随地都要抽出一点时间洗脸净面。

2. 去除分泌物

首先要清除眼角分泌物——“眼屎”，它给人的印象很不雅，所以应及时地将其清除；戴眼镜者还应注意，眼镜片上的多余物也要及时揩除。其次要注意去除鼻孔分泌物，在外出上班或出席正式活动之前，要检查一下鼻孔内有无鼻涕，若有要及早清除。再次要去除耳朵的分泌物——“耳残”，虽然它不易看到，但也不要忘记对其打扫。最后还要注意去除口部的多余物，这是指口角周围沉积的唾液、飞沫、食物残渣和牙缝间的牙垢，必须及时发现，及时清除。

3. 定时剃须

除了具有宗教信仰与风俗习惯者之外，男士不宜蓄胡须，因为在交际场合“美髯公”并不美，它显得不清洁，对交往对象不尊重，因此男性最好每天剃胡须，绝对不可以胡子拉碴地上班或会面。此外还要注意经常检查和修剪“鼻毛”，在人际交往中，偶尔有一两根鼻毛黑乎乎地“外出”，会破坏他人对自己的看法。

4. 保持手部卫生

在每个人的身上，手是与外界进行直接接触最多的一个部位，它最容易沾染脏东西，所以必须勤洗手。要常剪手指甲，绝不要留长指甲，因为它会藏污纳垢，给人不讲卫生的印象。手指甲的长度以不长过手指指尖为宜。

5. 注意口腔卫生

坚持每天刷牙，消除口腔异味，维护口腔卫生，是非常必要的。有可能的话，在吃完每顿饭以后都要刷一次牙。还要养成平日不吃生蒜、生葱和韭菜一类带刺激性气味的食物的良好习惯，免得在工作中说话“带味道”，使接近自己的人感到不快。

6. 保持发部整洁

首先应清洗头发。除了采用正确的方式方法之外，最重要的是要对头发定期清洗，并且坚持不懈。一般认为，每周至少应当对自己的头发清洗两三次。

其次是修剪头发。与清洗头发一样，修剪头发同样需要定期进行，并且持之以恒。在正常情况之下，通常应当每半个月左右修剪一次自己的头发。至少，也要确保每个月修剪头发一次。否则，头发便难有“秩序”可言。

最后是梳理头发。梳理头发是每天必做之事，而且往往应当不止一次。按照常规，在下述情况下皆应自觉梳理一下自己的头发。一是出门上班前，二是换装上岗前，三是摘下帽子时，四是下班回家时，五是其他必要时。

在梳理头发时，有三点应予注意：一是梳理头发不宜当众进行。作为私人事务，梳理头发时当然应当避开外人。二是梳理头发不宜直接下手，最好随身携带一把发梳，以备必要时梳理头发之用。不到万不得已，千万不要以手指去代替发梳。三是断发头屑不宜随手乱扔。梳理头发时，难免会产生少许断发、头屑等。信手乱扔，是缺乏教养的表现。

（二）化妆适度

在职业活动中，适当化妆，不仅是工作的需要，同时也是对他人尊重的一种表现。做任何事情都贵在适度，化妆也不例外，过分醉心于美容，妆容浓艳，不仅有损皮肤的健康，而且还有碍观瞻，因此，化妆适度是仪容美的基本要求。

1. 化妆的原则

美容化妆必须坚持美化、自然、协调的原则。

（1）美化原则。每一个化妆的人都希望化妆能使自己变得更美丽，但事实上，有些人以为把各种色彩涂抹在脸的相应部位就自然美了，这是错误的。要使化妆达到美的效果，首先必须了解自己脸的各部位特点，孰优孰劣要心中有数；还要清楚怎样化妆和矫正才能扬长避短，变拙陋为俏丽，使容貌更迷人。因此，化妆要在把握脸部个性特征和正确的审美观的指导下进行。

（2）自然原则。自然是化妆的生命，它能使化妆后的脸看起来真实而生动，不是一张呆板生硬的面具。自然的化妆要依赖正确的化妆技巧、合适的化妆品；要一丝不苟，井井有条；要讲究过渡、体现层次；要点面到位、浓淡相宜。

（3）协调原则。包括①妆面协调，即化妆部位色彩搭配、浓淡协调，所化的妆针对脸部个性特点，整体设计。②全身协调，脸部化妆还必须注意与发型、服装、饰物协调，如穿大红色的衣服或配了大红色的饰物时，口红可以采用大红色的，力求取得完美的整体效果。③身份协调，指化妆时要考虑到自己的职业特点和身份，采用不同的化妆手段和化妆品。作为职业人士，应注意化妆后体现端庄稳重的气质；作为专门从事各种关系建立和协调的从业人员出头露面的机会多，与有身份、有地位、有权力人打交道频繁，要表现出一定的人际吸引魅力，化妆就不能太艳俗或太单调，而应浓淡相宜，青春妩媚，适合人们共同的审美趣味。④场合协调，化妆要与所去的场合气氛要求一致。日常办公，妆可以淡一些；出入宴会、舞会场合，妆可以浓一些，尤其是舞会，妆可以亮丽一些；参加追悼会，素衣淡妆，忌使用鲜艳的妆容。不同场合不同的化妆，相得益彰，不仅会使化妆者内心保持平衡，也会使周围的人赏心悦目。

2. 化妆的方法

化妆大体上应分为打粉底、画眼线、施眼影、描眉形、上腮红、涂唇彩、喷香水等步骤。每个步骤均有一定之法，必须认真遵守，才能使妆容显得自然美丽。

（1）打粉底。又叫敷底粉或打底。它是以调整面部皮肤颜色为目的的一种基础化妆。在打粉底时，有四点应予特别注意：一是事先要清洗好面部，并且拍上适量的化妆水、乳液。

二是选择合适的粉底霜。通常，不同的肤色应选用不同的粉底霜。选用的粉底霜最好与自己的肤色相接近，而不宜使二者反差过大，看起来失真。三是打粉底时一定要借助于海绵，而且要做到取用适量、涂抹细致、薄厚均匀。四是切勿忘记脖颈部位。在那里打上一点儿粉底，才不会使自己面部与颈部“泾渭分明”。

(2) 画眼线。这一步骤在化妆时最好不要省掉。它的最大好处，是可以让化妆者的一双眼睛生动有神，并且更富有光泽。在画眼线时，一般应当把它画得紧贴眼睫毛。具体而言，画上眼线时，应当从内眼角朝外眼角方向画；画下眼线时，则应当从外眼角朝内眼角画，并且在距内眼角约1/3处收笔。应予重点强调的是，在画外眼线时，特别要重视笔法。最好是先粗后细，由浓而淡，要注意避免眼线画得呆板、锐利、曲里拐弯。画完之后的上下眼线，一般在外眼角处不应当交合。上眼线看上去要稍长一些，这样才会使双眼显得大而充满活力。

(3) 施眼影。其主要目的是强化面部的立体感，以凹眼反衬隆鼻，并且使化妆者的双眼显得更为明亮传神。施眼影时，有两大问题应予注意。一是要选对眼影的颜色。过分鲜艳的眼影，一般适用于晚妆，而不适用于工作妆。化工作妆时选用浅咖啡色的眼影，往往收效较好。二是要施出眼影的层次之感。施眼影时，最忌没有厚薄深浅之分。若注意使之由浅而深，层次分明，将有助于强化化妆者眼部的轮廓。

(4) 描眉形。一个人眉毛的浓淡与形状，对其容貌发挥着重要的烘托作用。任何有经验的化妆者，都会将描眉视为其化妆时的重中之重。在描眉时，有四点需要注意：一要先修眉，以专用的镊子拔除那些杂乱无序的眉毛。二是描出的眉形，必须要与性别、年龄及脸型协调。三是在具体描眉形时，要逐根眉毛进行细描，而忌一画而过。四是描眉之后应使眉形具有立体感，所以在描眉时通常都要在具体手法上注意两头淡，中间浓；上边浅，下边深。

(5) 刷腮红。在面颊处涂上适量的胭脂。上腮红的好处，是可以使化妆者的面颊更加红润，面部轮廓更加优美，并且显示出其健康与活力。在化工作妆时上腮红，需要注意四条：一要选择优质的腮红，若其质地不佳，便难有良好的化妆效果。二要使腮红与唇膏或眼影属于同一色系，以体现妆面的和谐之美。三要使腮红与面部肤色过渡自然。正确的做法是：以小刷沾取腮红，先上在颧骨下方，即高不及眼睛、低不过嘴角、长不到眼长的1/2处，然后才略作延展晕染。四是扑粉进行定妆。在上好腮红后，即应以定妆粉定妆，以便吸收汗水、皮脂，避免脱妆。扑粉时不要用量过多，并且不要忘记在颈部也要扑上一些。

(6) 涂唇彩。化妆时，唇部的地位仅次于眼部。涂唇彩，既可改变不理想的唇形，又可使双唇更加娇媚迷人。涂唇膏时要注意三点：一要先以唇线笔描好唇线，确定好理想的唇形。唇线笔的颜色要略深于唇膏的颜色。描唇形时，嘴应自然放松张开，先描上唇，后描下唇。在描唇形时，应从左右两侧分别沿着唇部的轮廓线向中间画。上唇嘴角要描细，下唇嘴角则要略去。二要涂好唇膏。以唇线笔描好唇形后，才能涂唇膏。选择唇膏时，既可以选彩色，也可以选无色。但要求其安全无害，并要避免选用鲜艳古怪之色。女性一般宜选棕色、橙色或粉色，男性则宜选无色唇膏。涂唇膏时，应从两侧涂向中间，并要使之均匀而又不超出之前以唇线笔画定的唇形。三是要仔细检查。涂毕唇彩后，要用纸巾吸去多余的唇膏，并细心检查一下牙齿上有无唇膏的痕迹。

(7) 喷香水。此举主要是为了掩饰不雅的体味，而不是为了使自己香气袭人，这一点很重要。喷香水要注意：一是不应使之影响本职工作，或是有碍于他人。二是应选择气味淡雅清新的香水,并使之与自己同时使用的其他化妆品香型大体上一致,而不是彼此"窜味"。三是切勿使用过量,产生适得其反的效果。四是应当将其喷在或涂抹于适当之处,如腕部、耳后、颌下、膝后等等,而千万不要将它直接喷在衣物上、头发上或身上其他易于出汗之处。

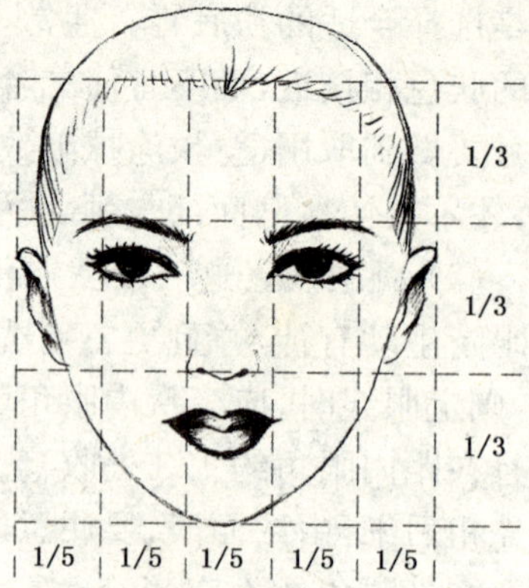

图 2-6　说明:标准脸型 三庭五眼

3. 化妆的礼节

(1) 化妆的浓淡视时间而定,白天工作场合化淡妆,夜晚化浓妆、淡妆都适宜。

(2) 不能在公共场所化妆,在众目睽睽之下化妆是非常失礼的。如有必要化妆或修饰的话,要在卧室或化妆间进行。工作时间不能化妆,否则易被他人当做不务正业的人。女士不要在男性面前化妆,否则会引起误会。

(3) 不要非议他人的化妆。由于民族、肤色和文化修养的差异,每个人的化妆不可能都是一样的。

(4) 男士化妆应适当,化妆品不宜使用太多,否则让人讨厌。

(5) 不要借用他人的化妆品,这样做,既不卫生又不礼貌。

(三) 发型美观

发型是构成仪容美的重要内容。美观的发型能给人一种整洁、庄重、洒脱、文雅、活泼的感觉。根据不同人的发质、服装、身材、脸型等选择合适的发型,就可以扬长避短,和谐统一,增加人体的整体美。

1. 发式与发质、服装

一般来说,直而硬的头发容易修剪得整齐,故设计发型时应尽量避免花样复杂,应以修剪技巧为主,做成简单而又高雅大方的发型。比如女士梳理成披肩长发,会给人一种飘逸秀美的悬垂美感;用大号发卷梳理成略带波浪的发型或梳成发髻等,会给人一种雍容、典雅的高贵气质。细而柔软的头发,比较服帖、容易整理成型,可塑性强,适合做小卷曲的波浪式发型,显得蓬松自然;也可以梳成俏丽的短发,能充分体现个性美。

在现代美容中,一个人的发式与服装有着十分密切的关系。什么样的服装应当有什么样的发式相配,这样才显得谐调大方。假如一个高贵典雅的发髻配上一套牛仔服系列就显得不伦不类,因此,只有和谐统一才体现美。

2. 发式与身材

高大身材的女士,一般留简单的短发为好,切忌花样复杂。烫发时,不应卷小卷,以免造成与高大身材的不协调。

身材高瘦者,适合留长发型,并且适当增加些发型的装饰性。如若梳卷曲的波浪式发型,会对于高瘦身材更有一定的协调作用。但高瘦身材者不宜盘高发髻,或将头发削剪得太短,以免给人一种更加瘦长的感觉。

身材矮小者,适宜留短发或盘发,因为露出脖子可以使身材显得高些,并可以根据自己的喜爱,将发式做得精巧别致些,追求优美秀丽。但矮小身材者不宜留长发或粗犷、蓬松的发型,那样会使身材显得更矮。

身材较胖者,适宜梳淡雅舒展、轻盈俏丽的发式,尤其是应注意将整体发势向上,将两侧束紧，使脖子亮出，这样会使人产生视错觉，感觉你瘦些。但若留长波浪，两侧蓬松，则会显得更胖。

另外，如果你的上身比下身长，或上下身等长，发式可选择长发以遮盖其上身；如肩宽臀窄，就应选择披肩发或下部头发蓬松的发式，以发盖肩，分散肩部宽大的视角；若颈部细长，可选择长发式，不适宜采用短发式，以免使脖颈显得更长；若颈部短粗，则适宜选择中长发式或短发式，以分散颈粗的感觉。

总之，进行发式选择时，必须根据自己的体型，选择一个与之相称的发型。

3. 发式与脸型

椭圆型脸：任何发式都与它相配。若采用中分头路，左右均衡、顶部略蓬松的发式，会更贴切，更显脸型之美。

圆脸型：接近于孩童脸，双颊较宽，因此应选择头前部或顶部略半隆的发式，两侧则要略向后梳，将两颊及两耳稍微露出，这样，既可以在视觉上冲淡脸圆的感觉，又显得端庄大方。圆脸型的人尤其适合梳纵向线条的垂直向下的发型或是盘发，使人显得挺拔而秀气。

长脸型：端庄凝重，但给人一种老成感。因此，应选择优雅可爱的发式来冲淡这种感觉，顶发不宜太丰隆，前额部的头发可适当下倾，两颊部位的头发适当蓬松些，可以留长发，也可以齐耳，发尾要松散流畅，以发型的宽度来缩短脸的视觉长度。若将头发做成自然成型的柔曲状，会更理想。

方脸型：前额较宽，两腮突出，显得脸型短阔。适宜选择自然的大波纹状发式，使整个头发柔和地将脸孔包起来，两颊头发略显蓬松遮住脸的宽部，使人的视觉由线条的圆润冲淡脸部方正直线条的印象。

“由”字型脸：应选择宜表现额角宽度的发型，中长发型较好。顶部的头发梳得蓬松些，两颊侧的头发宜向外蓬出以遮住腮，可以使人在视觉上减弱腮部的宽阔感。

“甲”字型脸：宜选择能遮盖宽前额的发型，一般而言，两颊及后发应蓬松而饱满，额部稍垂“刘海”，顶部头发不宜丰隆，以遮住过宽的额头。此脸型人适宜烫成波浪型的长发。

（四）护肤得法

护肤是仪容美的关键。皮肤尤其是面部皮肤的经常护理和保养，是实现仪容美的首要前提。

正常健康的人皮肤具有光泽，且柔软、细腻洁净、富有弹性；而当人处于病态或衰老的时候，其皮肤就会失去光泽、弹性，出现皱纹或色斑。对皮肤进行经常性的护理和保养有助于保持皮肤的青春活力。

皮肤一般分三种类型：干性皮肤、中性皮肤和油性皮肤。对于不同类型的皮肤需用不同的方法加以护理和保养。

干性皮肤红白细嫩，皮脂分泌较少，经不起风吹日晒，对外界的刺激十分敏感，极易出现色素沉着和皱纹。每天在洗脸的时候，可以在水中加入少许蜂蜜，湿润整个面部，用手拍干。坚持一段时间，就能改善面部肌肤，使其光滑细腻。

中性皮肤比较润泽细嫩，对外界的刺激不太敏感。这种皮肤比较易于护理，可以在晚上用水洗脸后，再用热水捂脸片刻，然后轻轻抹干。

油性皮肤肤色较深，毛孔粗大，油光满面，易生痤疮等皮脂性皮肤病，但适应性强，不易起皱。洗脸时可在热水中加入少许白醋，以便有效地去除皮肤上过多的皮脂、皮屑和尘埃，使皮肤富有光泽和弹性。

皮肤的护理是必要的，皮肤的保健更是十分必要的。精神愉快是最好的美容保健方法。应当避免过分的焦虑、忧愁和悲伤，当遇到困难和烦恼时，要善于排解，可以通过向他人述说的方法向外排解，也可以通过听音乐、看小说等等方法自我排解，乐观的人始终是美丽的。充足的睡眠是美容保健不可缺少的条件。在睡眠状态下，人体的器官能够自动休整，细胞加快更新，皮肤可以获得更多的氧。睡眠充足，精神才能振作，才能容光焕发。如果经常熬夜，时间长了皮肤会干涩无光。

合理的饮食是美容保健的根本。一项研究成果表明：美好容颜的养成，内在营养占80％，外在护理占20％。

人体需要多种养分，有了养分，皮肤才有自然健康的美。因此，我们在日常生活中应注意饮食上的多种多样，多吃富含维生素的食物，少吃刺激性食物，保持吸收、消化系统的畅通。

任务四　规范仪态

案例导入

今日忘了带钱　改日送来

很久很久以前，一个人走进饭店要了酒菜，吃完摸摸口袋，发现忘了带钱，便对老板说“店家，今日忘了带钱，改日一定送来。”老板连声说“不碍事，不碍事”并恭敬地把他送出门。这个过程给一个无赖看到了，他也走进饭店要了酒菜，吃完后摸了一下口袋，对老板说“今日忘了带钱，改日送来”。谁知老板脸色一变，揪住他，非剥他衣服不可。无赖不服，说“为什么刚才那人可以赊账，我就不行？”老板说：“人家吃菜，筷子在桌上找齐，喝酒一盅盅地筛，斯斯文文，吃罢掏手绢擦嘴，是个有德行的人，岂能赖我几个钱。你呢？筷子往胸前找齐，狼吞虎咽，吃上瘾来，脚踏上条凳，端起酒壶直往嘴里灌，吃罢用袖子擦嘴，分明是个居无定所、食无定餐的无赖之徒，我岂能饶你！”一席话说得无赖哑口无言，只得留下外衣，狼狈而去。

【简析】举止是映照每个人自身形象的镜子。人的体态每时每刻都在传达信息。因此，在社交中用优良的仪态礼仪表情达意，往往比语言更让人感到真实、生动。

无赖的举止粗俗不雅，是酒店老板判断其身份的重要依据。

一、仪态的含义

仪态，又称“体态”，是指人的身体姿态和风度。姿态是身体所表现的样子，风度则是内在气质的外在表现。人的一举手、一投足，乃至一颦一笑，并非偶然的、随意的，这些行为举止自成体系，像有声语言那样具有一定的规律，具有传情达意的功能。人们可以通过自己的仪态向他人传递自己的学识与修养，能够以此交流思想、表达感情。因此，在社交中用优良的仪态礼仪表情达意，往往比语言更让人感到真实、生动。

二、站姿

（一）标准的站姿

标准的站姿，从正面看，全身笔直，精神饱满，两眼正视（而不是斜视），两肩平齐，两臂自然下垂，两脚跟并拢，两脚尖张开60度，身体中心落于两腿正中；从侧面看，两眼平视，下颌微收，挺胸收腹，腰背挺直，中指贴裤缝，整个身体庄重挺拔。站姿的要领是：一要平，即头平正、双肩平、两眼平视。二要直，即腰直、腿直，后脑勺、背、臀、脚后跟成一条直线。三是高，即重心上拔，看起来显得高。

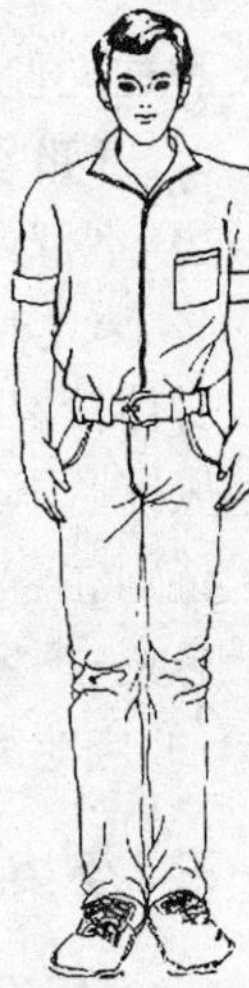

图 2-7 男士站姿

（二）不同场合的站姿

在升国旗、奏国歌、接受奖品、接受接见、致悼词等庄严的仪式场合，应采取严格的标准站姿，而且神情要严肃。

在发表演说、新闻发言、作报告时，为了减少身体对腿的压力，减轻由于较长时间站立双腿的疲倦，可以用双手支撑在讲台上，两腿轮流放松。

主持文艺活动、联欢会时，可以将双腿并得很拢站立，女士甚至站成"丁"字步。让站立姿势更加优美。站"丁"字步时，上体前倾，腰背挺直，臀微翘，双腿叠合，玉立于众人间，富于女性魅力。

门迎、侍应人员往往站的时间很长，双腿可以平分站立，双腿分开不宜超过肩。双手可以交叉或前握垂放于腹前；也可以背后交叉，右手放到左手的掌心上，但要注意收腹。

礼仪小姐的站立，要比门迎、侍应更趋于艺术化，一般可采取立正的姿势或"丁"字步。如双手端执物品时，上手臂应靠近身体两侧，但不必夹紧，下颌微收，面含微笑，给人以优美亲切的感觉。

图 2-8 女士站姿

图 2-9 女士站姿（足部的姿态）

注意纠正不正确的站姿：

1. 站立时歪脖、斜腰、屈腿，尤其是抱臂、挺腹，就会给人以轻浮，没有教养的感觉。

2. 头部不正，习惯性前伸、侧外等，显得身体松散下坠。抠胸、弓背、撅臀，胸部未能自然地向前方挺起，造成身体不够舒展。脊柱向侧歪，造成一肩高、一肩低，或身体左右倾斜。

3. 肩部紧张，形成端肩缩脖等。重心落在脚跟上，形成挺腹，这样不仅站立姿势不美，也不能持久、稳固站立。

4. 站立时习惯性的双手叉腰、双臂抱在胸前，两手插入裤袋或身体依靠其他物体。这些形态看上去都是不美的，影响了举止风度。

特别注意的是：女性不要分开两腿站立，男性两脚间距不要大于肩宽；不要交叉腿斜靠在马路旁的树干、招牌、墙壁或栏杆上；不可与他人勾肩搭背地站着。

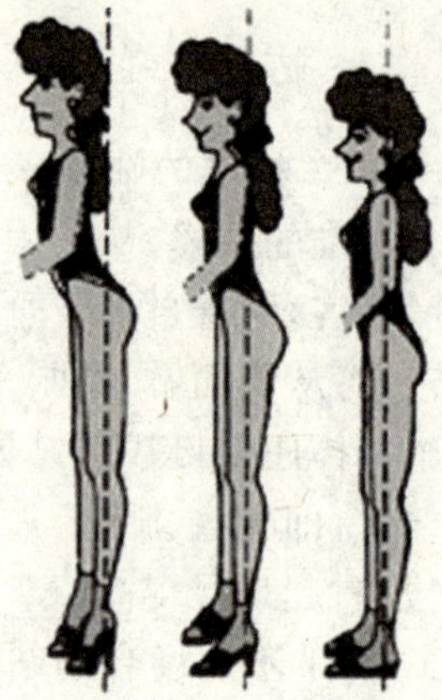

图 2-10 纠正不良站姿

三、坐姿

（一）标准的坐姿

首先站好，全身保持站立的标准姿态，两腿平行于椅子前面，弯曲双膝，挺直腰背坐下。落座时声音要轻，动作要缓。落座过程中，腰、腿肌肉要稍有紧张感。坐立时，上身正直而稍向前倾，头、肩平正，两臂贴身下垂，两手可随意摆放在大腿上，两腿外沿间距与肩宽大致相等，两脚平行自然着地。坐姿是一种可以维持较长时间的姿势。它既是一种主要的白昼休息姿势，也是一般的工作、劳动、学习姿势，还是社交、娱乐的常见姿势。正因为这个缘故，坐姿要求端正、大方、舒展。

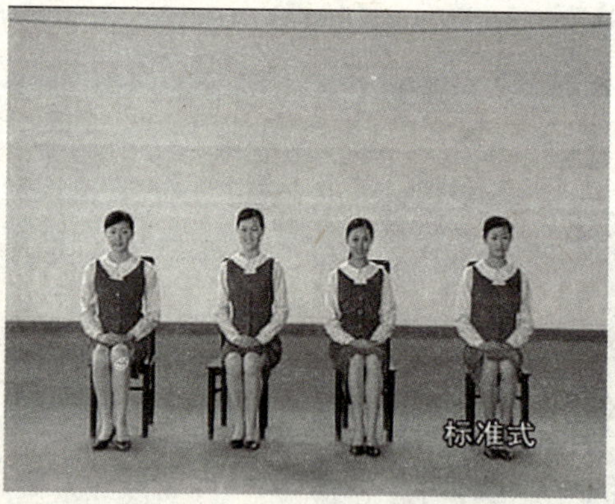

图 2-11 标准式坐姿

（二）不同场合的坐姿

谈判、会谈时，场合一般比较严肃，适合正襟危坐，但不要过于僵硬。要求上体正直，端坐于椅子中部，注意不要使全身的重量只落于臀部，双手放在桌上、腿上均可。双脚为标准坐姿的摆放。

倾听他人教导、传授知识、指点时，对方是长者、尊者、贵客，坐姿除了要端正外，还应坐在坐椅、沙发的前半部或边缘，身体稍向前倾，表现出一种谦虚、迎合、重视对方的态度。

在比较轻松、随便的非正式场合，可以坐得轻松、自然一些。全身肌肉可适当放松，可不时变换坐姿，以做休息。

（三）女士优雅坐姿

1. 双腿交叠的坐姿

右腿搭在左腿上，小腿靠紧。交叠的双腿之间不要留有缝隙，看起来腿会显得修长。双手轻搭，置于腿上，不可抱膝，以免背部弯曲。膝盖并拢，脚尖指向同一方向，脚尖下压。

2. 双腿斜放的坐姿

坐低矮的凳子时，若两腿较低除了看起来膝盖比腰还高显得吃力外，穿短裙时也不雅观。此坐姿的特点是上身挺直、自然、不呆板，双腿靠近，双脚并行或一前一后，腿、膝、脚必须在一个方向上。

3. 双腿交叠斜放的坐姿

上体要求同前，两脚在踝部交叉，脚外侧相靠，两腿稍斜放，这是一种较随意优雅的坐姿。

图 2-12　女士优雅坐姿

4. 小八字坐姿

上体要求不变，双脚微开，脚尖相向，双腿成小八字形，注意膝盖并拢。适用于不被别人注意的场合。

注意纠正不良的坐姿：

1. 头部不端

入座后不可将头靠在座背上，也不可低头注视地面或闭目养神、摇头晃脑。

2. 腿部位置不当

入座后，腿部切勿分开过宽。女性膝部以上一定要并拢，无论是裙装还是裤装。不可以将双腿直直地伸出去，更不可以抖腿。

3. 脚不安分

入座后不可将脚抬高，脚尖指向他人；不可后脚跟触地，脚尖翘起。更不可以当众脱鞋袜。

4. 手部摆放不当

入座后，不要双手抱臂，或将双手枕于脑后；不可双手抱膝或将手插在两腿间。

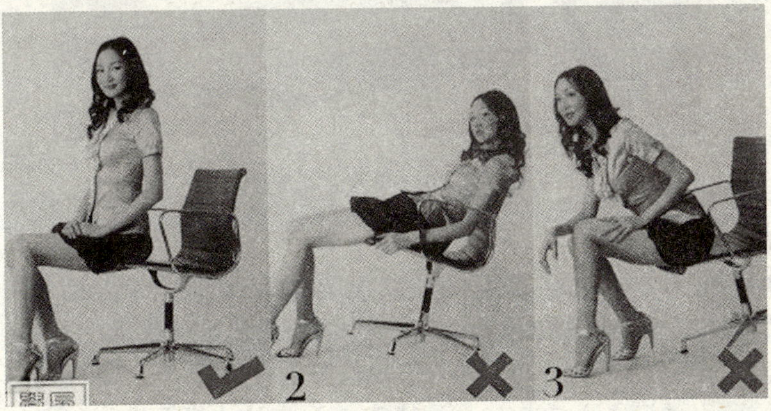

图 2-13　坐姿对比

四、走姿

(一) 标准的走姿

有人编了走路的动作口诀，体现了走姿的要领：双眼平视臂放松，以胸领动肩轴摆，提髋提膝小腿迈，跟落掌接趾推送。

标准的走姿为：上身基本保持站立的标准姿势，挺胸收腹，腰背笔直；两臂以身体为中心，前后自然摆动。前摆约 35 度，后摆约 15 度，手掌向内；起步时身子稍向前倾，中心落前脚掌，膝盖伸直；脚尖向正前方伸出，行走时双脚尽量踩在一条线上。

正确的行走，上体的稳定与下肢的频繁规律运动形成对比和谐，干净利落、鲜明均匀的脚步，形成节奏感，前后、左右行走动作的平衡对称，都会呈现行走时的形式美。

图 2-14　走姿的全过程

图 2-15　2011 年两会服务员走姿

(二) 不同场合的走姿

参加喜庆活动，步态应轻盈、欢快、有跳跃感，以反映喜悦的心情。

参观吊丧活动，步态要缓慢、沉重、有忧伤感，以反映悲哀的情绪。

参观展览、探望病人，环境安谧，不宜出声响，脚步应轻柔。

进入办公场所，登门拜访，在室内这种特殊场所，脚步应轻而稳。

走入会场、走向话筒、迎向宾客，步伐要稳健、大方、充满热情。

举行婚礼、迎接外宾等重大正式场合，脚步要稳健，节奏稍缓。

办事联络，往来于各部门之间，步伐要快捷又稳重，以体现办事者的效率、干练。

陪同来宾参观，要照顾来宾行走速度，并善于引路。

五、蹲姿

蹲是由站立的姿势转变为两腿弯曲和身体高度下降的姿势。蹲姿其实只是人们在比较特殊的情况下所采用的一种暂时性的体态。虽然是暂时性的体态，也是有讲究的。

正确的蹲姿：

(一) 高低式蹲姿

男性在选用这一方式时往往更为方便。其要求是：下蹲时，双腿不并排在一起，而是右脚在前，左脚稍后。右脚应完全着地，小腿基本上垂直于地面；左脚则应脚掌着地，脚跟提起，臀部向下。此刻左膝低于右膝，左膝内侧可靠于右小腿的内侧，形成右膝高左膝低的姿态。

(二) 交叉式蹲姿

交叉式蹲姿通常适用于女性，尤其是穿短裙的人员，它的特点是造型优美典雅。其特征是蹲下后以腿交叉在一起，其要求是：下蹲时，左脚在前，右脚在后，左小腿垂直于地面，全脚着地，左腿在上，右腿在下，二者交叉重叠；右膝由后下方伸向左侧，右脚跟抬起，并且脚掌着地；两脚前后靠近，合力支撑身体；上身略向前倾，臀部朝下。

图 2-16　正确的蹲姿

图 2-17　女性的两种蹲姿

（来源：http://hr.dxrc.cn）

(三) 半蹲式蹲姿(上左图)

半蹲式蹲姿多于行进之中临时采用。基本特征是身体半立半蹲，其要求是：在下蹲时，上身稍许弯下，但不宜与下肢构成直角或锐角；臀部向下而不是撅起；双膝略为弯曲，其角度根据需要可大可小，但一般均应为钝角；身体的重心应放在一条腿上。

(四) 半跪式蹲姿(上右图)

半跪式蹲姿又叫单跪式蹲姿。它是一种非正式蹲姿，多用于下蹲时间较长，或为了用力方便之时。它的特征是双腿一蹲一跪，其要求是：下蹲之后，改为一腿单膝着地，臀部坐在脚跟之上，而以其脚尖着地；另外一条腿脚尖踮起，小腿斜靠于另一条腿的大腿部，双腿应尽力靠拢。

女士们采取蹲姿时要注意：

1. 无论是采用哪种蹲姿，都要切记将双腿靠紧，臀部向下，上身挺直，使重心下移。

2. 女士绝对不可以双腿敞开而蹲，这种蹲姿叫“卫生间姿势”，是最不雅的动作。

3. 在公共场所下蹲，应尽量避开他人的视线，尽可能避免后背或正面朝人。

六、表情

面部表情是丰富且复杂的体态语的一个重要方面，它包括脸色的变化、肌肉的收展以及眉、鼻、嘴等的动作，面部表情在传情达意方面有着重要的作用。我们这里重点介绍眼神和微笑。

（一）眼神

俗话说：“眼睛是心灵的窗户”，它是人体传递信息最有效的器官，而且能表达最细微、最精妙的差异，显示出人类最明显、最准确的交际信号。据研究，在人的视觉、听觉、味觉、嗅觉和触觉感受中，唯独视觉感受最为敏感，人由视觉感受的信息占总信息的83%。在汉语中用来描述眉目表情的成语就有几十个，如“眉飞色舞”、“眉目传情”、“愁眉不展”、“暗送秋波”、“眉开眼笑”、“瞠目结舌”、“怒目而视”……这些成语都是通过眼语来反映人们的喜、怒、哀、乐等情感的，人的七情六欲都能从眼睛这个神秘的器官内显现出来。

眼神主要由注视的时间、视线的位置和瞳孔的变化等三个方面组成。

1. 注视的时间

据调查研究，人们在交谈时，视线接触对方脸部的时间约占全部谈话时间的30%～60%，超过这一平均值，可认为对谈话者本人比谈话内容更感兴趣；低于平均值，则表示对谈话内容和谈话者本人都不怎么感兴趣。不难想象，如果谈话时心不在焉、东张西望，或只是由于紧张、羞怯不敢正视对方，目光注视的时间不到谈话的1/3，这样的谈话，可能难以被人接受和信任。当然，必须考虑到文化背景，如南欧人注视对方可能会造成冒犯。

2. 视线的位置

人们在社会交往中，不同的场合和对象，目光所及之处也是有差别的。有的人在与比较陌生的人打交道时，往往因为不知把目光怎样安置而窘迫不安；已被人注视而将视线移开的人，大多怀有相形见绌之感；仰视对方，一般体现“尊敬、信任”的语义；频繁而又急速的转眼，是一种反常的举动，常被用作掩饰的一种手段。当然，如果死死地盯着对方或者东张西望，不仅是极不礼貌，而且也显得漫不经心。

3. 瞳孔的变化

瞳孔的变化即视觉接触时瞳孔的放大或缩小。心理学家往往用瞳孔变化大小的规律，来测定一个人对不同事物的兴趣、爱好、动机等。兴奋时，人的瞳孔会扩张到平常的4倍大；相反，生气或悲哀时，消极的心情会使瞳孔收缩到很小，眼神必然无光。所谓“脉脉含情”、“怒目而视”等都多与瞳孔的变化有关。据说，古时候的珠宝商人已注意到这种现象，他们能窥视顾客的瞳孔变化而猜测对方是否对珠宝感兴趣，从而决定是抬高价钱还是跌价。

在社交过程中，与朋友会面或被介绍认识时，可凝视对方稍久一些，这既表示自信，也表示对对方的尊重。双方交谈时，应注视对方的眼鼻之间，表示重视对方及对其发言感兴趣。当双方缄默不语时，就不要再看着对方，以免加剧因无话题本来就显得冷漠、不安的尴尬局面。当别人说了错话或显拘谨时，务请马上转移视线，以免对方把自己的眼光误认为是对其的嘲笑和讽刺。如果你希望在争辩中获胜，那就千万不要移开目光，直到对方眼神转移为止。送客时，要等客人走出一段路，不再回头张望时，才能转移目送客人的视线，以示尊重。

在谈判中也很讲究眼神的运用。一方让眼镜滑落到鼻尖上，眼睛从眼镜上面的缝隙中窥探，就是对对方鄙视和不敬的情感表露。一方在不停地转眼珠，就要提防其在打什么新主意。双目生辉，炯炯有神，是心情愉快、充满信心的反映，在谈判中持这种眼神有助于取得对方的信任和合作。相反，双眉紧锁、目光无神或不敢正视对方，都会被对方认为无能，可能导致对自己的不利结果。

眼神表达出异常丰富的信息，但微妙的眼神有时是只可意会，难以言传，只能靠我们在社会实践中用心体察、积累经验、努力把握，方能在社交中灵活运用眼神。

（二）微笑

想要给别人留下美好的印象，获得他人的好感，并非完全取决于一个人的长相，“人不是因为美丽而可爱，而是因为可爱而美丽”。一张笑眯眯的脸、一双神采奕奕的眼睛才是左右第一印象的关键。笑容是无声的语言，也是人际沟通的桥梁，真诚的笑容能够使初次会面的人解除防卫，“有笑容的脸”是成功的一大因素。公关人员在与公众打交道时，最常用的礼仪形式就是面带微笑。因为笑容传达出一种亲切、友善、鼓励的信息，对于第一次见面的人，向对方展示善意的微笑，也就是暗示可以在互相信赖的关系上进行沟通，双方就很容易进入谈话的情境。所以说笑容是人际关系最好的润滑剂。

微笑，是一种特殊的语言——“情绪语言”。它可以和有声语言及行动相配合，起“互补”作用，沟通人们的心灵，架起友谊的桥梁，给人以美好的享受。工作、生活中离不开微笑，社交中更需要微笑。

微笑还是世界通用的体态语，它超越了各种民族和文化的差异。微笑是人人都喜爱的体态语，正因为如此，无论是个人和组织，都充分重视微笑及其作用。

图 2-18　微笑

微笑是有规范的，一般要注意四个结合：

1. 口眼结合

要口到、眼到、神色到，笑眼传神，微笑才能打动别人。

2. 笑与神、情、气质相结合

这里讲的“神”，就是要笑得有情入神，笑出自己的神情、神色、神态，做到情绪饱满，神采奕奕；“情”，就是要笑出感情，笑得亲切、甜美，反映美好的心灵；“气质”就是要笑出谦逊、稳重、大方、得体的良好气质。

3. 笑与语言相结合

语言和微笑都是传播信息的重要符号，只有注意微笑与美好语言相结合，声情并茂，相得益彰，微笑方能发挥出它应有的特殊功能。

4. 笑与仪表、举止相结合

以笑助姿、以笑促姿，形成完整、统一、和谐的美。

尽管微笑有其独特的魅力和作用，但若不是发自内心的真诚的微笑，那将是对微笑语的亵渎。有礼貌的微笑应是自然的坦诚，内心真实情感的表露。否则强颜欢笑，假意奉承，那样的“微笑”则可能演变为“皮笑肉不笑”、“苦笑”。比如，拉起嘴角一端微笑，使人感到虚伪；吸着鼻子冷笑，使人感到阴沉；捂着嘴笑，给人以不自然之感。这些都是失礼之举。

【练一练】

模仿下面的图片，做练习。

图 2-19 练习微笑

图 2-20 微笑与眼神结合

七、手势

手是人体最富灵性的器官，如果说“眼睛是心灵的窗户”，那么手就是心灵的触角，是人的第二双眼睛。手势在传递信息、表达意图和情感方面发挥着重要作用。

手的“词汇”量是十分丰富的。据语言专家统计，表示手势的动词有近二百个。如招手致意、挥手告别、握手友好、摆手回绝、合手祈祷、拍手称快、拱手答谢(相让)、抚手示爱、指手示怒、颤手示怕、捧手示敬、举手赞同、垂手听命，等等。可见，丰富的手势语在人们交往中是不可缺少的。

在社会交往中，手势有着不可低估的作用，生动形象的有声语言再配合准确、精彩的手势动作，必然能使交往更富有感染力、说服力和影响力。

(一) 手势的区域

手势活动的范围，有上、中、下三个区域。此外，还有内区和外区之分。肩部以上称为上区，多用来表示理想、希望、宏大、激昂等情感，表达积极肯定的意思；肩部至腰部称为中区，多表示比较平静的思想，一般不带有浓厚的感情色彩；腰部以下称为下区，多表示不屑、厌烦、反对、失望等，表达消极否定的意思。

（二）手势的类型

人的手势一般可分为以下4种：

1. 情意性手势

主要用于带有强烈感情色彩的内容，其表现方式极为丰富，感染力极强。比如说“我非常爱她”时，用双手捧胸，以表示真诚之情。

2. 象征性手势

主要用来表示一些比较复杂的感情和抽象的概念，从而引起对方的思考和联想。例如把大军乘胜追击的场面，用右手五指并齐，并用手臂前伸这个手势来形容，象征着奋勇进发的大军，就能引起观众的联想。

3. 指示性手势

主要用于指示具体事物或数量，其特点是动作简单，表达专一，一般不带感情色彩。如当讲到自己时，用手指向自己；谈到对方时，用手指向对方。

4. 形象性手势

其主要作用是模拟事物的形状，以引起对方的联想，给人一种具体明确的印象。如说到高山，手向上伸；讲到大海，手平伸外展。

（三）运用手势的原则

手势语能反映出复杂的内心世界，但运用不当，便会适得其反，因此在运用手势时要注意几个原则。

首先，要简约明快，不可过于繁多，以免喧宾夺主。

其次，要文雅自然，因为拘束低劣的手势，会有损于交际者的形象。

再次，要协调一致，即手势与全身协调，手势与情感协调，手势与口语协调。

最后，要因人而异，不可能千篇一律地要求每个人都做几个统一的手势动作。

（四）常见的手势

1. 引领的手势

在各种交往场合都离不开引领动作，例如请客人进门，请客人坐下，为客人开门等，都需要运用手与臂的协调动作，同时，由于这是一种礼仪，还必须注入真情实感，调动全身活力，使心与形体形成高度统一，才能做出色彩和美感。引领动作主要有以下几个表现形式：

第一，横摆式。以左手为例：将五指伸直并拢，手心不要凹陷，手与地面呈45度角，手心向斜上方。腕关节微屈，腕关节要低于肘关节。动作时，手从腹前抬起，至横膈膜处，然后，以肘关节为轴向左摆动，到身体左侧稍前的地方停住。同时，双脚形成左丁字步，右手下垂，目视来宾，面带微笑。这是在门的入口处常用的谦让礼的姿势。

图2-21　引领1

第二，曲臂式。当一只手拿着东西，扶着电

梯门或房门，同时要做出“请”的手势时，可采用曲臂手势。以右手为例：五指伸直并拢，从身体的侧前方，向上抬起，至上臂离开身体的高度，然后以肘关节为轴，手臂由体侧向体前摆动，摆到手与身体相距 20 厘米处停止止，面向右侧，目视来宾。

第三，斜下式。请来宾入座时，手势要斜向下方。首先用双手将椅子向后拉开，然后，一只手曲臂由前抬起，再以肘关节为轴，前臂由上向下摆动，使手臂向下成一斜线，并微笑点头示意来宾。

图 2-22 引领 2

2. “OK”的手势

拇指和食指合成一个圆圈，其余三指自然伸张。这种手势在西方某些国家比较常见，但应注意在不同国家其语义有所不同。如：美国表示“赞扬”、“允许”、“了不起”、“顺利”、“好”；在法国表示“零”或“无”；在印度表示“正确”；在中国表示“零”或“三”两个数字；在日本、缅甸、韩国则表示“金钱”；在巴西则是“引诱女人”或“侮辱男人”之意；在地中海的一些国家则是“孔”或“洞”的意思，常用此来暗示、影射同性恋。

3. 伸大拇指手势

大拇指向上，在说英语的国家多表示“OK”之意或是打车之意；若用力挺直，则含有骂人之意；若大拇指向下，多表示坏、下等人之意。在我国，伸出大拇指这一动作基本上是向上伸表示赞同、一流、好等，向下伸表示蔑视、不好等之意。

4. “V”字型手势

伸出食指或中指，掌心向外，其语义主要表示胜利，掌心向内，在西欧表示侮辱、下贱之意。这种手势还时常表示“二”这个数字。

5. 伸出食指手势

在我国以及亚洲一些国家表示“一”、“一个”、“一次”等；在法国、缅甸等国家则表示“请求”、“拜托”之意。在使用这一手势时，一定要注意不要用手指指人，更不能在面对面时用手指着对方的面部和鼻子，这是一种不礼貌的动作，且容易激怒对方。

6. 捻指作响手势

就是用手的拇指和食指弹出声响，其语义或表示高兴，或表示赞同，或是无聊之举，有轻浮之感。应尽量少用或不用这一手势，因为其声响有时会令他人反感或觉得没有教养，尤其是不能对异性运用此手势，这是带有挑衅、轻浮之举。

【练一练】

判断手势动作的意义，并说说使用礼仪。

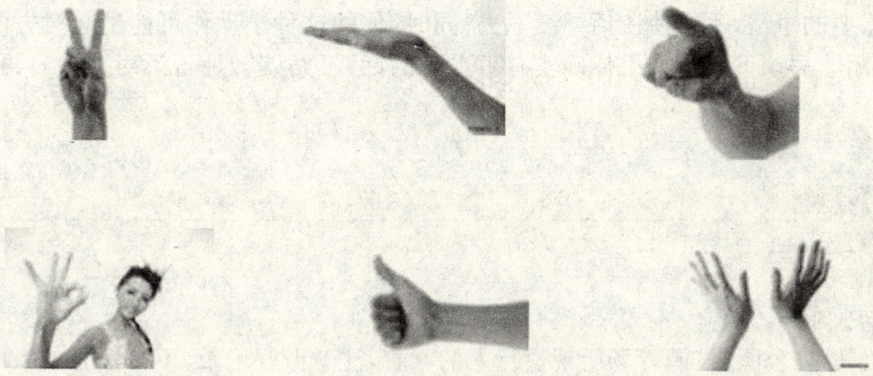

图 2-23　手势

八、举止

一个人举止端庄、行为文明、动作规范，是良好素养的表现，它能帮助个人树立美好形象，也能为组织赢得美誉，反之，则会损害组织形象。规范的举止是优美仪态的一个重要组成部分，体现在日常生活中的方方面面，社交中也要求人们的举止有一定的约束。例如以下不受欢迎的坏习惯和不良举止就应在交际中努力戒除：

(一) 打呵欠

当你在与人谈话的时候，尤其是当对方在滔滔不绝地发表意见时，那时你也许感到疲倦了，这时要按捺住性子让自己不打呵欠，因为这会引起交际对象的不快。打呵欠在社交场合中给人的印象是：你不耐烦了，而不是你疲倦了。

(二) 掏耳和挖鼻

有的人有这类不雅的小动作，大家正在喝茶、吃东西的时候，掏耳的小动作往往令旁观者感到恶心，这个小动作实在不雅，而且失礼。即使你想“洗耳恭听”，此时此地也不合适。同样，用手指挖鼻也是非常失礼的动作。

(三) 剔牙

宴会上，有人免不了要剔牙，既然这小动作不能避免，就得注意剔牙时不要露出牙齿，而且不要把碎屑乱吐一气，最好用左手掩嘴，头略向侧偏，吐出碎屑时用纸巾接住。

(四) 搔头皮

有些头皮屑多的人，在社交的场合也忍耐不住头皮屑刺激的搔痒，而搔起头皮来。搔头皮必然使头皮屑随风纷飞，这不仅难看，而且令旁人大感不快。搔头皮这种现象在社交场合是非常失礼的。特别是在宴会上，或者较为严肃、庄重的场合，这种情况下小动作是很难叫人谅解的。

(五) 双腿抖动

这种小动作多发生在坐着的时候，站立时较为少见。这种小动作，虽然无伤大雅，但双腿颤动不停，令对方觉得不舒服，而且也给人情绪不安定的感觉，这也是失礼的。同样，让跷起的腿儿钟摆似的打秋千也是相当难看的姿态。

（六）频频看表

在与人交谈时，如果无其他重要约会，最好少看自己的手表。这样的小动作会使对方认为你还有什么重要的事情，不想使谈话继续下去；同时，你的这种小动作可能引起对方的误会，认为你没有耐心再谈下去。如果你确实有事在身的话，不妨婉转地告诉对方改日再谈，并表示歉意。

实训任务1
穿着打扮

实训内容与要求：

1. 在街头、马路、公园、校园等场所观察行人的衣着，注意做好记录，不得侵犯他人的肖像权。

2. 人们在以上不同的场合的穿着有何特征？哪些人的衣着很得体？哪些人的衣着不得体？写出观察报告。

3. 设计不同场景，在老师的指导下，男生练习领带的打法，女生练习丝巾系法。男生至少要掌握双温莎结打法，女生掌握三到四种丝巾系法。

4. 你即将去某公司面试，请为自己设计面试时的穿着打扮。

实训任务2
仪容训练

实训内容与要求：

1. 在老师指导下通过观看相关视频或真人操作，要求学生掌握化妆技巧，能在较短时间内化生活妆。

2. 结合老师的讲解，根据自己的脸型及身材，为自己设计一种工作状态下的发型。

实训任务3
体姿训练

实训内容与要求：

1. 站姿、坐姿、行姿的练习。掌握基本方法，正确规范。

实训方式：让学生分组练习，并派代表上台表演示范，同学进行分析和点评，互相指正。最后老师小结。

2. 微笑训练。

课堂上，每个人准备一面小镜子，做脸部运动。

做各种表情训练，活跃脸部肌肉，使肌肉充满弹性；丰富自己的表情仓库；充分表达思想感情。

设计相关情景，请几位同学上台面对同学微笑，其他同学观察、比较哪一种微笑最美、最真、最善，最让人喜欢、接近、回味。

实训任务4 佩戴饰品

实训内容与要求：

1. 请女生把自己的项链、耳环、手链等饰品带来，选择不同的人佩戴，比较不同的佩戴效果。老师点评作结。

2. 请学生将各自的帽子带来，选择不同脸型的人佩戴，比较不同的效果。老师点评作结。

项目三
日常交往礼仪

警示语

◆ 人有礼则安，无礼则危。(《礼记》)

◆ 善气迎人，亲如弟兄；恶气迎人，害于戈兵。(《管子》)

◆ 不敬他人，是自不敬也。(《旧唐书》)

◆ 生命是短促的，然而尽管如此，人们还是有时间讲究礼仪。(爱默生(美))

◆ 有礼貌不一定是智慧的标志，但是缺乏礼貌却一定使人显得愚蠢。(中国民谚)

◆ 礼仪是在他的一切别种美德之上加上一层藻饰，使它们对他具有效用，去为他获得一切和他接近的人的尊重与好感。(约翰·洛克(英))

任务一　认知见面礼仪

案例导入

疏于礼仪的后果

丁亚洁是恒达公司营销部负责人，正努力与A单位签订采购协议。A单位的刘总经理经过前期考察，已基本决定购买恒达公司营销的商品。小丁通过电话预约，将上门拜访刘总。

小丁迟到了十五分钟，见面寒暄后，刘总要求她尽快开始介绍。因为刘总的工作日程已安排了与丁见面后的其他事情，丁的迟到使会谈时间变得比较紧张。

小丁带了很多的资料，图文并茂，她边展示图片，边宣传本公司所经销商品的优势。刘总满意于丁的介绍和报价，就让丁收拾一下资料，准备在协议上签字。

丁收拾资料时不小心碰翻了旁边桌上的茶杯，茶水湿了刘总见面时递给她的名片，小丁急于护着资料，随手将名片扔在近旁的纸篓里。刘总的表情立即晴转阴，他对丁说自己还有一个重要会议马上开始，所以请她先回去等电话。当然，丁没等到电话，几乎到手的大生意就此泡汤。

【简析】丁亚洁的小失误，造成了严重的不良后果。首先是没如约准时到访；其次是没认真存放对方的名片已经错误在前，还将污损的名片扔掉；刘总产生反感的心理可想而知。小丁丢失这笔生意也就不是偶然的了。

见面是人与人之间直接交往的第一个步骤。无论哪个国家、哪个民族、哪种信仰的人，见面都要使用各种各样的见面礼，了解和掌握见面时的礼仪，可以帮助人们通往交往殿堂的钥匙，获得良好的“首轮效应”。

正式的见面首先要预约，不要做不速之客；其次要准时赴约，再多的借口都不能成为迟到的理由，赴约时要注重穿着打扮，这也是对对方的尊重。

一、问候

(一) 称呼

称呼语是交际语言中的先行官，是沟通人际关系的一座桥梁。一声得体又充满感情的称呼，不仅体现出称谓人的文化和礼仪修养，也会使交往对象感到愉快、亲切，促进双方感情的交融，为以后的深层交往打下良好基础。因此有人把称呼比作是交谈前的“敲门砖”，它在一定程度上决定着社会交往的成功与否。

1. 社交、工作场合中常用的称呼

工作岗位上称呼的总要求：庄重、正式、规范。

(1) 职务性称呼，就高不就低。一般在较为正式的官方活动、政府活动、公司活动、学术性活动中使用。以示身份有别，敬意有加，而且要就高不就低。具体而言分三种：

A. 只称职务，如：董事长、总经理等。

B. 职务前加姓氏，如：王总经理、张主任、刘校长等。

C. 职务前加上姓名，适合于极为正式的场合。如：XXX 市长等。

(2) 职称性称呼。

A. 仅称职称，如：教授、律师、工程师等。

B. 在职称前加姓氏，如：龙主编、常律师、叶工程师。

C. 在职称前加姓名，适合于正式的场合。如：杨振宁教授、谢玉清研究员等。

(3) 学衔性称呼。可增加被称者的权威性，同时有助于增加现场的学术气氛。

A. 仅称学衔，博士。

B. 加姓氏，刘博士。

C. 加姓名，刘选博士。

D. 将学衔具体化，说明其所属学科，并在后面加上姓名，如：法学博士刘选。这种称呼最正式。

(4) 行业性称呼。

直接以职业作为称呼，如：老师、教练、会计、医生等。在一般情况下，此类称呼前，均可加上姓氏或者姓名。如：刘老师、于教练、王会计等。

(5) 泛尊称。

在较为广泛的社交正式场合中，对社会各界女性人士都可使用的尊称有：小姐、女士、夫人、太太；未婚者称“小姐”，已婚者或不明其婚否称“女士”。对男性称“先生”。不分性别时叫老师、师傅、同志。

2. 生活中的称呼

生活中的称呼的总要求：亲切、自然、准确、合理。

(1) 对亲属的称呼

A. 对自己亲属的称呼。与外人交谈时，对自己亲属，应采用谦称。

B. 对他人的亲属的称呼，一律采用敬称。

(2) 对朋友、熟人的称呼

A. 敬称。对任何朋友、熟人，都可以人称代词“你”、“您”相称。

长辈、平辈→您；

晚辈→你；

有身份的人或年纪大的人→先生；

文艺界、教育界以及有成就、有身份的人→老师；

德高望重的人→公或老：“秦公”、“谢老”。被尊称的人名字是双音，将双名中的头一个字加在“老”之前，如周培公先生→培老。

B. 姓名的称呼。

平辈的朋友、熟人可彼此直呼姓名→王迎、李香；或在姓前加“小”或“大”→小雷、大刘；

长辈可直呼晚辈姓名→杜盟；

晚辈对长辈，在姓前加“老”→老马、老李；不可直呼姓名；

关系极为亲密的同性朋友、熟人可直呼其名→晓龙；不可这样称呼异性，只有其家人或恋人才允许这样称呼。

C. 亲近的称呼。

对于邻居、至交，可用令人感到信任、亲切的称呼，如“爷爷”、“奶奶”、“大爷”、“大妈”、“叔叔”、“阿姨”等类似血缘关系的称呼，可在这类称呼前加上姓氏，如“毛爷爷”等。

但对一面之交、关系普通的人，可视情况采取下列通称：同志、先生、女士、小姐、夫人、太太等。

(3) 称呼禁忌

禁忌之一：错误称呼。

误读，念错对方的姓名。如“过（音‘郭’）”、“仇（音‘求’）”、“任（音‘人’）”、“盖（音‘葛’）”、“查（音‘渣’）”等；为了避免这种情况的发生，对于不认识的字，事先要有所准备；如果是临时遇到，就要谦虚请教。

误会，对被称呼者的年纪、辈分、婚否以及与其他人的关系做出了错误判断，例如将未婚妇女称为“夫人”。

禁忌之二：忽视地域差别。

有些称呼具有地域性，北京人爱称人为“师傅”，山东人爱称人为“伙计”，中国人把配偶、孩子经常称为“爱人”、“小鬼”。但是，在南方人听来，“师傅”等于“出家人”，“伙计”肯定是“打工仔”。

禁忌之三：低俗称呼。

非正式场合的称呼不能用在正式场合，如“姐们儿”、“瓷器”、“死党”、“铁哥们儿”。逢人便称“老板”，也显得不伦不类。

禁忌之四：绰号作称呼。

关系一般者，切勿自作主张给对方起绰号，更不能随意以道听途说来的对方的绰号去称呼，更不能用别人的缺陷当称呼，如：拐子、秃子、罗锅、四眼、傻大个、麻秆儿。

(二) 寒暄

寒暄，“寒”是“寒冷”，“暄”是“温暖”，寒暄即“嘘寒问暖”的意思，泛指人们在见面时互相问候，打招呼，表示礼貌和关心。在日常交际中，人们见面时往往先要说几句谈天气，谈冷暖的应酬话，诸如“天气真好啊！”“又热起来了。”“身体好吗？”“吃了吧？”等等。

寒暄语似乎都是一些无关紧要的闲话，可说，可不说。但是实质上它不可不说。寒暄语是人际交往的润滑剂，积极主动地寒暄几句，给人的感觉是热情友好，没有架子；善于寒暄，常常能缩短人与人之间的感情距离，增强交际效果。相反，不懂得寒暄，沉默寡言，或者只会尴尬地一笑，给人的印象就可能是清高傲气，不易接近。因此，寒暄几乎成了衡量一个人道德修养的标准之一。

因此可以说，寒暄语是一种有用的“废话”。它虽然并不具有信息内容，但可以表示亲善礼貌、愿意跟对方友好等情感态度。

1. 常用的寒暄方式

(1) 问候式寒暄

甲：你好！

乙：好啊，你还好吧！

甲：多日不见你了，忙些什么呀？

乙：……

这样的寒暄最多见，一般说：

您好！早上好！下午好！晚上好！好久不见！恭喜恭喜！祝您节日愉快！祝您圣诞快乐！祝您新年快乐！生日快乐！生意兴隆啊……

(2) 夸赞式寒暄

小王，你昨天在大会上的发言很精彩！

小李，你这头瀑布似的长发好美呀！

你这头高绾着的盘龙髻也很漂亮嘛！

(3) 描述式寒暄

甲：哟，最近这么忙呀，刚下班！

乙：嗯。您买了这么多菜，现在回去哪！

(4) 言他式寒暄

甲：你听天气预报了吗？今天的气温高达39度啊！

乙：真是太热了。你家里装有空调吧？

甲：有啊，你呢？

乙：……

(5) 幽默式寒暄

甲：小张，今天满脸放光呀?!

乙：瞧您说的，不就是喝了两杯庆功酒吗！

2. 见面寒暄禁忌

(1) 千篇一律，无论跟谁见面只会说“你好！”不能根据对方的具体情况灵活运用。

(2) 刨根问底，见了面查根问底，像是查户口的，不顾及对方的感受，不避忌讳与隐私。

(3) 旁若无人，见面寒暄，不顾周围环境，大声喧哗。两人在餐厅见面，一见面就打招呼：“来啦！”旁若无人，声如洪钟。整个餐厅的宾客都被惊动了。

(4) 动手动脚，见面时一边话语寒暄，一边拍拍打打，捶胸拍肩，这类动作会使对方受惊，产生反感。

（三）行礼

见面时口头上互致问候的同时，人们还是用动作语言互相致意，例如握手、点头、微笑、欠身、鞠躬、举手、合十、拥抱等。

其中握手礼国际通用，使用的场合和范围最广，不仅见面时，当表示欢迎、欢送、告辞、祝贺、感谢、慰问、和好、合作时，都可以行握手礼。

在任何情况下，最好都不要拒绝与别人握手，否则是失身份的。你和人交往，握握手，并不等于完全接受他，完全认可他，这是一种礼仪应酬的表现。拒绝和别人握手的人，是没有教养的人。即使有手疾或汗湿、弄脏了，也要和对方说一下“对不起，我的手现在不方便”。以免造成不必要的误会。

1. 握手礼

（1）握手的顺序

① 长辈和晚辈握手，长辈先伸手。

② 上级和下级握手，上级先伸手。

③ 和多人握手的先后次序：由尊而卑，即先年长者后年幼者，先长辈再晚辈，先老师后学生，先女士后男士，先已婚者后未婚者，先上级后下级。

④ 公务场合握手的先后次序：主要取决于职位、身份。而在社交、休闲场合，它主要取决于年龄、性别、婚否。

交际时如果人数较多，可以只跟相近的几个人握手，向其他人点头示意，或微微鞠躬就行。为了避免尴尬场面发生，在主动和人握手之前，应想一想自己是否受对方欢迎，如果已察觉对方没有要握手的意思，点头致意就行了。

⑤ 主宾相见握手的先后次序：客人到来之时，主人先伸手，这表示欢迎。客人辞别之时，客人先伸手，意思是再见。如果主人先伸手了，就是逐客之意。

（2）握手的正确方法

基本要求：伸出右手、目视对方、面带微笑、稍事寒暄、稍许用力、时长适度。

① 注意握手时的身姿与双方的距离（一步左右）。

图 3-1 握手时的身姿与双方的距离

② 注视对方，面带微笑。

图 3-2　握手时的身姿与目光

（来源：http://www.gettyimages.cn）

③ 男士握手力度稍大，女性握手力度稍轻。
④ 男士与男士握手虎口相对，手掌相握。

图 3-3　男士手掌相握

（来源：http://www.tupianz.com）

⑤ 男士握女士的手、女性与女性握手，握指尖。

图 3-4 女士握手指

图 3-5 男士握女士的手指

(3) 握手禁忌

① 忌用左手握手。阿拉伯人、印度人认为左手是不干净的，切忌用左手与他们握手。

② 忌坐着握手。

③ 忌戴手套、墨镜、帽子。只有女士在社交场合戴着薄纱手套握手才是被允许的。

④ 忌手脏、潮湿。

⑤ 忌交叉握手。两人握手时与另外两人相握的手形成交叉状，这种形状类似十字架，在基督教信徒眼里这很不吉利。握手、干杯、祝酒等都忌讳出现十字。

⑥ 忌用双手与异性握手，也不能在握手时把对方的手拉过来、推过去，或者上下左右抖个没完。

⑦ 忌握手时三心二意，不专注。不要在握手时面无表情、不置一词或长篇大论、点头哈腰、过分客套。也不可在握手时另外一只手插在衣袋里或拿着东西。

2. 鞠躬礼

(1) 鞠躬礼

起源于中国，在先秦时代就有“鞠躬”一词，当时是指弯曲身体之意，代表一个人的谦虚恭谨的姿态，后来逐渐形成鞠躬礼。日本、朝鲜、韩国也施鞠躬礼，运用最多的是日本。

(2) 场合

演员谢幕、讲演和领奖、举行婚礼、悼念活动、接见外宾、见面相识(当你被介绍给多人时，我们多以鞠躬表示友好)。

(3) 鞠躬礼要求

立正、脱帽、双手垂放、仪态端庄、凝重。

(4) 鞠躬时的姿态

在站姿的基础上，以腰为轴，上身前倾，视线落在对方鞋尖部位，礼后起身还原。

性别差异：

① 女性四指并拢、双手叠放于身体前面。

② 男性双手后背或自然下垂。

度数差异：

① 初见或感谢客户时，行 45 度鞠躬礼。

② 与客户交错而过时，面带微笑，行 15 度鞠躬礼，头和身体自然前倾，低头比抬头速度慢。

③ 接送客户时，行 30 度鞠躬礼。

④ 隆重场合和悔过、谢罪，行 90 度鞠躬礼。

(5) 鞠躬礼的三项礼仪准则

① 受鞠躬应还以鞠躬礼(但上级或长者还礼时可以欠身、点头答之)。

② 地位较低的人要先鞠躬。

③ 地位较低的人鞠躬要相对深一些。

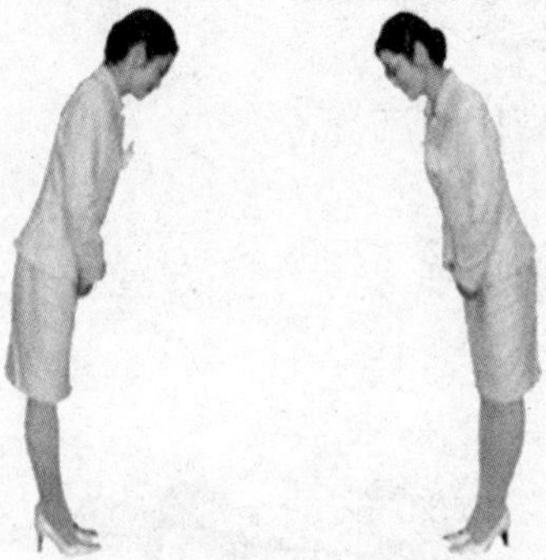

图 3-6-1　鞠躬礼

图 3-6-2　鞠躬礼

(6) 鞠躬禁忌

忌边看着对方边鞠躬，这是十分不雅的。

忌边工作边致礼。

忌边摇晃着身体边鞠躬。

鞠躬不可速度太快。

忌上身不动，只膝盖处弯曲鞠躬，给人感觉非常没有礼貌。

忌鞠躬时不脱帽。

3. 点头礼、微笑礼

(1) 微笑礼

微笑可以和握手礼、鞠躬礼、点头礼、招手礼等其他见面礼仪同时运用，也可以仅以微笑致意。发自内心的真诚微笑令人如沐春风，胜过任何溢美之词。

(2) 点头礼

即颔首致意，常与微笑礼并用，有时上身前倾、微微弯曲。适用范围如下：

① 同级或同辈之间，如路上相

图 3-7　微笑

(来源：http://news.ifeng.com)

遇，又未戴帽，可以边行走边点头致意。

② 对于在同一场合已多次见面的相识者或有一面之交的朋友，也可以点头微笑致意。

③ 长者、贤者、女士对年轻者、地位低者、男士的鞠躬等敬礼的回礼，也可以用点头微笑致意。

④ 服务接待人员遇到客人，既不可视而不见，毫无反应，也不必逐一鞠躬、问候，以免宾客逐一还礼，应接不暇，这时一般也只需微笑点头致意即可。

4. 见面的其他动作礼节

这个部分的见面礼仪不具有通用性，请注意区分使用者的国别、民族、地位等差异。

(1) 招手致意

长者、地位高者与多人见面，如果远距离致意，可以招手表示友好。

(2) 合十礼

又称合掌礼。是一种宗教信仰的礼节，在东南亚一带比较流行。

合十礼是泰国具有民族性的见面礼仪。

受合十礼者必须还礼，尤其是年幼者、地位低者、非僧侣者。

姿态：

行礼时，面对受礼者：端立→欠身→颔首→微笑→双手相合、指尖向上、停于胸前→合十礼。兼含敬意和谢意双重意义。

双掌举得越高，表示尊重的程度越深。女性、下级、年幼者行合十礼同时，可屈膝以充分表示对尊者的敬意。

禁忌：切忌行合十礼时，同时行点头礼。忌受合十礼不回礼。

图 3-8 合十礼

(3) 拥抱礼

是欧美、中东、南美洲国家，人们表示亲切、热情和友好的一种礼节。

在西方国家，特别是在欧美国家，拥抱礼是十分常见的见面礼和道别礼。多用于迎宾、庆典、隆重场合，不论官方还是民间。我国除少数民族外，较少采用。

拥抱的正确动作是：

① 两人在相距 20 厘米相对而立。

② 右手扶住对方的左后肩，左手扶住对方的右后腰。

③ 各自都按自己的方位，两人头部及上身都向左相互拥抱，礼节性的拥抱可到此为止。

④ 如果是为了表达较为亲近的情感，更为亲密的关系，在保持原手位不变的情况下，双方再接着向右拥抱，再向左拥抱，才算礼毕（在一般场合行此礼，不必如此讲究，次数也不必如此严格）。

二、介绍

【欣赏】

喜剧表演艺术家王景愚的自我介绍

我就是王景愚，表演《吃鸡》的那个王景愚。人称我是多愁善感的喜剧家，实在是愧不敢当，只不过是个“走火入魔”的哑剧迷罢了。你看我这40多公斤的瘦小身躯，却经常负荷许多忧虑与烦恼，而这些忧虑与烦恼，又多半是自找的。我不善于向自己敬爱的人表达敬与爱，却善于向自己所憎恶的人表达憎与恶，然而胆子并不大。我虽然很执拗，却又常常否定自己。否定自己既痛苦又快乐，我就生活在痛苦与欢乐的交织网里，总也冲不出去。在事业上人家说我是敢于拼搏的强者，而在复杂的人际关系面前，我又是一个心无灵犀，半点不通的弱者，因此，在生活中，我是交替扮演强者和弱者的角色。

评析：王景愚的自我介绍很有技巧，给人留下了良好的、难以忘却的第一印象。而这正是自我介绍要达到的目的。

介绍礼仪是见面礼仪中基本而重要的内容。从礼仪的角度来讲，介绍可以分为：

(一) 自我介绍

1. 时长

自我介绍的时间应该限制在一分钟或者半分钟左右。

2. 顺序

介绍的标准化顺序是：

(1) 地位低的人先做介绍。

(2) 主人应该首先向客人做介绍。

(3) 长辈和晚辈见面，晚辈先做介绍。

(4) 男士和女士见面，男士先做介绍。

3. 内容

自我介绍一般分为三种模式：

(1) 寒暄式(应酬式)，只需报出你自己的姓名：你好，我叫XXX。

(2) 公务式(商务式)，正式场合做的介绍，公务式自我介绍需要包括以下4个基本要素：单位、部门、职务、姓名：您好！我是XX公司的营销部主任，我叫XXX。

(3) 社交式，在非公务的私人交往中使用，社交式自我介绍需要包括以下几个内容：姓名、职业、籍贯、爱好、自己跟交往对象双方所共同认识的人的血缘、亲缘、同学、朋友、师生等关系——突出彼此之间关系的共同点，如：我是王教授的学生，现在在德福公司……我也喜欢打乒乓球，幸会！

(二) 为他人介绍

替不相识的双方做介绍，又叫第三方介绍。

1. 介绍人

不同场合有不同的礼仪规范。

(1) 家庭聚会：应该是女主人充当介绍人。

(2) 公务活动：由办公室主任、秘书、前台接待、礼仪先生、礼仪小姐、公关人员等专门人士，双方的熟人，本单位职务最高者做介绍。

2. 顺序

规则:尊者居后,"尊者有优先知情权",就是把双方之中地位较低的一方首先介绍给地位较高的一方。

"五先五后"原则
先介绍晚辈,再介绍长辈;
先介绍下级,再介绍上级;
先介绍主人,再介绍客人;
先介绍学生,再介绍老师;
先介绍男士,再介绍女士。

3. 姿态

表情:亲切、微笑。
目光:朝向被介绍人。
身姿、动作:四指并拢,掌心向上,以肘关节为轴心,
指向被介绍者,上身稍向前倾,以示尊敬。

4. 内容

(1) 社交式:类似于自我介绍时的应酬式,介绍名字即可。

(2) 公务式:它是在正式场合的介绍,要求说明单位、部门、职务、姓名。

(三) 集体介绍

如果在替双方介绍时,双方都不止一人,这是替别人介绍时的一种特殊情况,称为集体介绍。集体介绍一般分两种情况:

1. 双方都不止一个人,是两个集体

顺序:(1)把地位低的一方先介绍给地位高的一方。(2)某一方的内部,则按照自高而低的顺序一一介绍。

2. 集体和个人

一方只有一个人,另一方有两个以上,即多人。先把个人介绍给集体,再逐一把集体中的人介绍给个人。

集体介绍顺序原则
身份的高低顺序
座位次序
队列次序

(四) 应答

1. 当介绍到你及在他人作自我介绍之后,你应该有所表示:微笑/点头/与对方握手。

2. 如果坐着，应该起立，若有所不便时，则只要点头或微笑或稍稍欠身以示回应。
3. 女士和年长者不需起身。
4. 切忌不理不睬，面无表情，给人留下傲慢无礼的印象。

三、名片

名片是现代人社交的通行证和交往的联谊卡，是一种自我介绍信的形式。

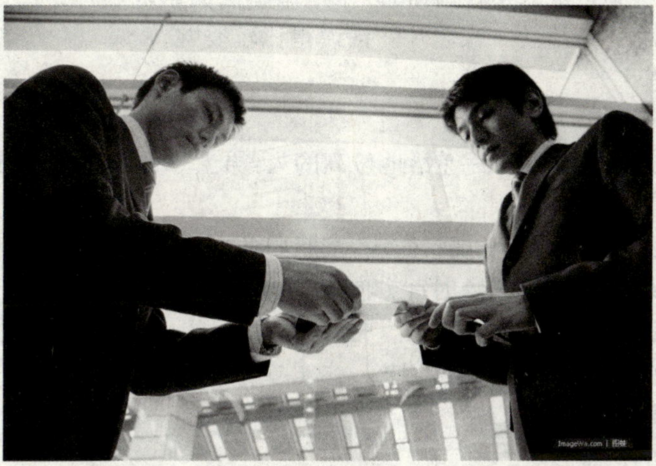

图 3-9 递名片

（来源：http://www.inagewa.com）

(一) 名片类型

1. 商业名片

为公司或企业进行业务活动中使用的名片，名片使用大多以营利为目的。商业名片的主要特点为：名片常使用标志、注册商标、印有企业业务范围，大公司有统一的名片印刷格式，使用较高档纸张，名片没有私人家庭信息，主要用于商业活动。

2. 公用名片

为政府或社会团体在对外交往中所使用的名片，名片的使用不是以营利为目的。公用名片的主要特点为：名片常使用标志，部分印有对外服务范围，没有统一的名片印刷格式，名片印刷力求简单适用，注重个人头衔和职称，名片内没有私人家庭信息，主要用于对外交往与服务。

3. 个人名片

朋友间交流感情，结识新朋友所使用的名片。个人名片的主要特点为：名片不使用标志，名片设计个性化，可自由发挥，常印有个人照片、爱好、头衔和职业，使用名片纸张据个人喜好，名片中含有私人家庭信息，主要用于朋友交往。

(二) 名片索取

在一般的社交场合中，最好别找人家要；如果确实有必要，索要名片有下面几个办法。

1. 交易法

把自己的名片首先递给对方，古人讲“将欲取之，必先予之”，所以你把名片递给对方:“非常高兴认识你,这是我的名片,请多指教。”来而不往非礼也,他一般会回赠你一张名片。

2. 明示法

即明确表示。如果跟对方比较熟,你担心他联系方式有变动,想要他的名片,可以明说:“老王,好久不见,我们交换一下名片吧,以后方便联系。”

3. 谦恭法

跟长辈、名人、有地位的人交往,你可以采用谦恭法去索取名片:“XX 教授,以后该如何向你请教?”言下之意:“请给我一张名片。”话说得比较委婉。

(三) 名片递送

1. 尊卑有序

(1) 地位低的人要首先把名片递给地位高的人:男士→女士,晚辈→长辈,下级→上级,主人→客人。

(2) 递送名片给多个人:①正规的做法,按照职务高低进行;②非正规的做法有两种,一是由近而远,不能跳跃式,二是按顺时针方向进行。

2. 递送名片的礼节

(1) 存放:放在安全,不易弄皱的地方。

(2) 姿势:标准站姿。

(3) 手拿名片的位置:

A. 要用双手的大拇指和食指拿住名片上端的两个角;

B. 名片的正面朝向对方。

(4) 语言:

A. 初次见面,请多多关照。

B. 非常高兴认识您!

(5) 由尊而卑,或由近而远,依次递送。

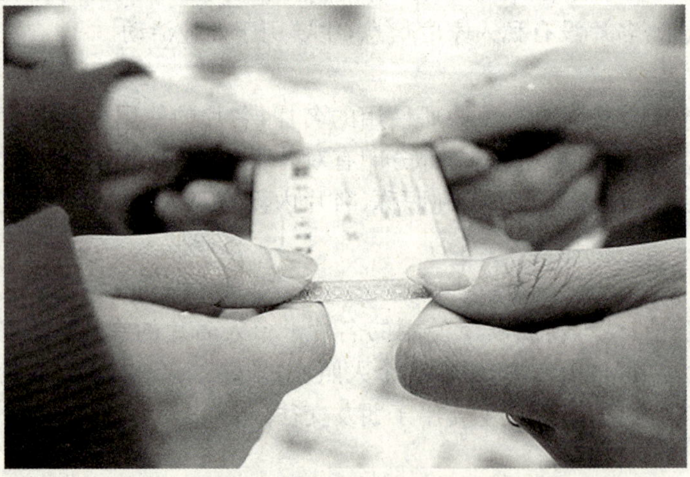

图 3-10 手指捏住名片的位置

（四）接受名片的细节

1. 起身迎接：把手里的事放下来起身去迎接，你对名片的重视实际上就是对名片的主人的重视。

2. 表示谢意：人家给你名片，那是尊重你，你要表示谢意。

3. 回应对方：你拿到对方的名片之后，一定要记住及时地回赠对方一张自己的名片。名片用完了或者名片没有带，要给人家说明并致歉。

4. 一定要看：接过名片一定要看，以表示对交往对象的重视。如果发现对方有重要的头衔不妨念出来。

5. 收藏到位：把对方的名片拿过来之后放在自己的名片包里，放在上衣口袋里，放在办公室的抽屉里，给别人一个非常被重视的感觉。最忌讳当场交换名片之后把名片放在桌子上或其他地方，甚至在名片上面压上东西。

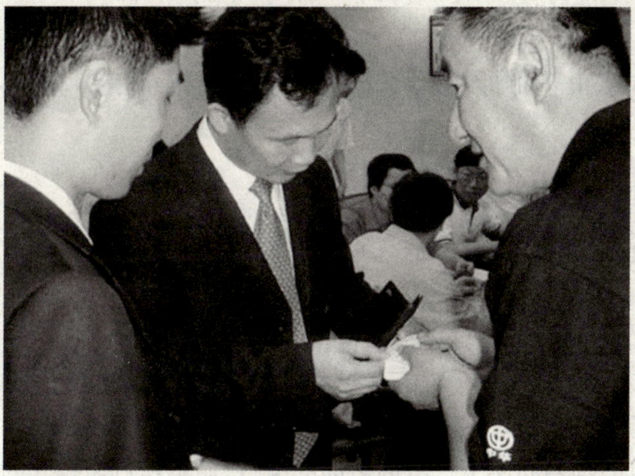

图 3-11　交换名片

（来源：http://www.yescar.cn）

（五）禁忌

1. 忌一只手递送名片。
2. 忌递送名片的正面倒向着对方。
3. 忌接受名片态度不恭敬。
4. 忌随手摆放对方的名片。
5. 忌将对方的名片当便条用（在上面记录其他人的信息）。

任务二　体验通讯礼仪

案例导入

恼人的电话

1876 年，“电话之父”——贝尔发明了电话。之后，电讯事业逐渐发展起来，如今，电话已经非常普遍了，它已经成为人们交流信息、联络情感的不可缺少的一个工具。老冯遇到的以下情况让她对电话喜欢不起来：

睡梦中被无关紧要的电话吵醒；

在公交车旁若无人大声通电话的；

会场上，手机铃声此起彼伏，甚至连发言的人也要接听手机来电，让所有人等候；

电话拨通后，听到对方粗鲁地喊叫："喂，喂，找哪个？你是谁？"

……

所以老冯经常要么关机，要么上班时把手机扔在家里。可是这又给别人带来了麻烦，遇到有急事的时候联络不上她，昨天还被主任批评了一顿，这让她更讨厌电话了。

【简析】老冯自己和她遇到的人一样，都不懂电话礼仪，她却将不满归之于通讯工具，只想着自己怎样避开干扰，却忽略保持通讯畅通是双方的需要。电话的使用直接反映出使用者的素质。

通讯，就是利用电讯设备传送消息或音讯，世界上最早的电讯设备是电话。现在传递信息又有移动电话、传真、电子邮件、短信、MSN、QQ 等电讯手段，但是电话依然是其中使用最频繁的工具。

一、电话（含移动电话）礼仪

虽然电话的使用已有多年历史，如今手机的使用也十分普遍，但是不懂电话礼仪的却大有人在，例如，事先不构思好通话内容就拨号，电话通了之后东扯西拉，半天还没说到正题上；或者电话一拨通就直奔主题，只顾自己说话，半晌后，好不容易有个空隙，对方才能插上来一句"请问您是哪位呀？"又如，接听电话没有做记录的习惯，挂上电话，却忘了对方交代的内容，等等。

电话（含移动电话）沟通起始于打电话之前的准备，而不是铃声响起的刹那；电话沟通终结于通话信息整理与记录，而不是挂机的那一刻。学习者应从全程的角度了解电话通讯礼仪。

表 3-1　电话通讯流程

通话流程图				
拨打		应接		
查找号码	→	准备阶段	←	准备记录
拿起话筒	→		←	拿起话筒
自我介绍	→		←	辨明对方
陈述内容	→	通话阶段	←	倾听发话
解答问题	→		←	提出疑问
征询意见	→		←	复述内容
告别对方	→	结束阶段	←	告别对方
放下话筒	→		←	放下话筒
补充记录	→		←	整理记录

（一）基本礼仪

1. 表情：要面带微笑

拿起电话，你就应该面带微笑。也许你会问："对方又看不到，干吗要注意表情？"笑是可以通过声音来感觉到的，你的微笑、你喜悦的心情会传给对方、感染对方。因此，你要像对方就在你面前一样，带着微笑讲电话。

2. 姿态：要保持端正

通话过程中，应该保持端正的姿势，身体挺直，不要东倒西歪、驼背、弯腰，这样的话，对方听到你的声音就是懒散的、无精打采的。

图 3-12　通话时的坐姿与表情

3. 声音：要清晰柔和

在某种意义上，声音是人的第二外貌。通话时，声音应当清晰悦耳，温和有礼，吐字准确，语速适中，语气亲切、自然。讲话声音不要太大，让对方听得清楚就可以了。也不要矫揉造作，装腔作调，让人浑身起鸡皮疙瘩。

4. 中途：避免做其他事

打电话时，如果你中途离开或者做其他的事情，如：与其他人说话、吃东西、看书报、听音乐等，都是极不礼貌的行为。如果这时你确实有一件非常紧急的事情需要处理，你应该向对方道歉，并说明原因，并以最快的速度完成，不要让人久等。如果需要的时间比较长，你应该向对方道歉，然后另约时间再打过去。但这种情况最好不要发生。

（二）拨出电话的礼仪

1. 选择适宜的时间

（1）休息时间别给人家打电话。除非万不得已，晚上 10 点之后，早上 7 点之前，没有什么重大的急事别打电话。

（2）就餐的时间别打电话。

（3）节假日不是重大事端不要打电话。尽量不要占用对方的节假日，留给对方一个休息的时间。

（4）注意时差。如果是打给国外，要注意时差的问题。

2. 注意空间选择

任何一个有教养的人是不会在公众场所打手机的——影剧院、会议中心、餐厅、商场等地方。

3. 注意通话的时长

通话时间宜短不宜长,电话礼仪有一个原则——三分钟原则,就是通话的时间尽量控制在三分钟之内。长话短说,废话不说。

4. 通话内容有所准备

通话之前应该核对对方的电话号码、公司或单位的名称及接话人姓名。写出通话要点及询问要点,准备好纸和笔以及必要的资料和文件。

5. 注意礼节

接通电话后,应主动友好,自报家门和证实对方的身份。打电话要坚持用"您好"开头、"请"字在中,"谢谢"收尾,态度温文尔雅。

图 3-13 先礼貌告别,再挂断电话

6. 终止电话

打电话谁先挂呢?社交礼仪的标准化做法,地位高者先挂。不宜"越位"抢先,不可只管自己讲完就挂断电话,那是一种非常没有教养的表现。实践中可根据具体情况酌情处理。

7. 拨错电话要道歉

拨错了电话要向对方致歉"对不起,我打错电话了,打扰您了。"并等对方先挂掉电话。

(三) 接电话的礼仪

1. 迅速接听

接电话首先要迅速接听,力争在铃响三次之前就拿起话筒,避免让打电话的人焦急不安或不愉快。

2. 认真倾听并应答

接电话时,一定要认真倾听,不要随便打断对方讲话,要搞清楚对方来电的目的,尽可能迅速地做出相应的回答,用"嗯"、"好的"、"知道了"等短语作为呼应,让对方感觉到你确实在认真地听。

3. 复述来电的重要内容

通话完毕之前,对对方所讲的重要内容可作必要的重复,比方说重要的时间、地点、电话等重要内容重新核实一下,防止自己记录或理解出现差错。

4. 认真做好电话记录

也许因为事务繁忙而把电话的事情给忘了;也许因为时间的关系电话内容记不准确了……因此,认真做好书面记录是必要的。

如果是自己同事的电话,应热忱、迅速地帮对方找同事来接电话。如果对方要找的同事不在,不能只一声说"他不在","啪"就把电话挂了。如果对方愿意,可代为转达电话内容,也要认真准确地做好记录。代接、代

图 3-14 不合礼仪的接听者

转电话时，要注意及时传达、尊重隐私。永远不要对打来的电话说：我不知道！

5. 真诚地致谢

最后的道谢也是基本的礼仪。电话交谈完毕时，应尽量让对方结束通话，向他道谢和祝福，等对方放下话筒后，再轻轻地放下电话，以示尊重。

(四) 手机礼仪

在社交场所或是工作场合肆无忌惮地使用手机，已经成为礼仪的最大威胁之一，手机礼仪越来越受到关注，例如，国外的电信营业厅采取向顾客提供"手机礼节"宣传册的方法来宣传手机礼仪。手机的便携、移动性使之与固定电话有所不同，此段特别讨论一下手机的携带、使用礼仪。

1. 在洽谈、会议中，把手机调到静音/振动状态

这样不会影响会议讲话者，显示出对别人的尊重；如在会场上铃声不断、电话频繁，则显得手机主人缺少修养。

2. 在一切公共场合，手机不处于接通时，要放在合乎礼仪的位置上

一是随身携带的公文包里，这种位置最正规；

二是上衣的内袋里；

三是暂放之处：其他不起眼的地方，如手边、背后、手袋里。

不要抓在手里或放在桌上，尤其不要对着对面正在交谈的另一方。

3. 不在公共场合以及影响安全的地点接打手机

在剧场、图书馆和医院里接手机，是有失礼仪的；如果必须联络，采用发送手机短信比较适合。

不能在驾驶机动车和乘坐飞机时、在加油站附近打手机，那会危及人身安全。

4. 不旁若无人地使用手机

有些公共场合，如公交车上、楼梯、电梯、路口、人行道等地方，接打手机应该把自己的声音尽可能地压低，应侧背过身去轻声讲话。如果通话环境比较嘈杂不适合交流，则可以与对方约定，过一会再通话。

5. 不随心所欲拨打对方手机

公务联络，应在工作时间打办公室电话，而不要拨打对方的手机。

尽量不随性拨打手机，要考虑对方是否方便接听；如果与对方不是熟人，应该事先约定再拨打手机，第一句话应该询问"您现在通话方便吗？"

6. 正式场合不宜当众使用手机

若确实需要使用手机时，应暂时告退，找一个僻静地方通话。

(五) 短信息礼仪

手机除了语音通话，还具有收发文字信息的功能，经常用短信交流的人被戏称为"拇指一族"。手机短信具有即时性、方便性、私密性、时尚性、费用低的特点，使得它在人际交往中公私皆宜，是较好实现工作、生活、娱乐等各方面沟通的一种通信方式。

手机短信息的编辑与收发也要遵守礼仪。

1. 编写、转发短信的礼仪

(1) 遵守社会道德规范，使用文明用语。

(2) 不用领导人作为短信内容的笑料，不编辑或转发讽刺伟人、名人、革命烈士的短信。

(3) 不编写、发送黄色短信。

(4) 文字和标点要规范、语法正确、篇幅不宜过长。

2. 收发短信礼仪

(1) 发短信一定要署名。短信署名既是对对方的尊重,也是达到目的的必要手段。节假日祝福短信来往较多,不署名的话接收人就不知道是谁发来的,这种祝福发了等于没发。如果是正事,不署名更会耽误事。

(2) 短信祝福礼尚往来。节日祝福短信,来而不往非礼也,所以别人发来短信,自己就要回一个短信。但是接到对方短信回复后,不要再发致谢之类的短信,否则对方一看,又得回过来。

(3) 有些重要电话可以先用短信预约。有时要给身份高或重要的人打电话,可以先发短信"是否方便给您打电话?"如果对方没有回短信,一定不是很方便,可以在较久的时间以后再拨打电话。

(4) 及时删除自己不希望别人看到的短信。有的人经常把手机放在桌上,当他出办公室办事或者去卫生间,也许就会有好事者顺手翻看短信。如果上面有一些并不希望别人看到,或者组织内部机密的短信,就可能引起麻烦。如果不幸被对方传播出去,后果就更严重。所以这类短信一定要及时删除。

(5) 工作时间不要没完没了发短信。上班时间每个人都在忙着工作,即使不忙,也不能没完没了地发短信。否则就会打扰对方工作,甚至可能让对方违纪。如果对方正在主持会议或者正在商谈重要事项,闲聊天式的短信更会让对方心中不悦。

(6) 发短信不能太晚。有些人觉得晚上 10 点以后不方便给对方打电话了,发个短信告知就行。短信虽然更加简便,但如果太晚,也一样会影响对方休息。

(7) 短信是最好的提醒方式。如果事先已经与对方约好参加某个会议或活动,为了怕对方忘记,最好事先再提醒一下。提醒时适宜用短信而不要直接打电话。打电话有不信任对方之嫌,短信显得非正式而不失亲切。短信提醒时语气应当委婉,不可生硬。

(8) 便宜短信不要滥发。移动、联通、电信都提供短信套餐优惠;网络在线时用飞信、超信、天翼客户端可以跨网给手机发短信,且免费。不能因为不花钱就滥发短信,应考虑到对接收者来说没有必要的信息就是垃圾,占用对方的时间和手机的空间,是不礼貌的行为。

二、电子邮件礼仪

电子邮件(E-mail),将计算机的文字处理功能与网络的通信功能结合起来,可以把信件通过网络传递到收件人的系统中。汉语又将 E-mail 音译为"伊妹儿",它因比普通邮件快捷,又比航空专递邮件廉价,而成为最常用、最广泛、也最受欢迎的一种通讯方式。正由于使用频率高,我们更应重视电子邮件礼仪。

1. 标题

标题要提纲挈领,在主题栏里概括出整个邮件的内容,便于收件人权衡邮件的轻重缓急,分别处理。

(1) 标题一定不要是空白,这是最失礼的。

(2) 标题要简短,不宜冗长。

(3) 最好写上"来自 XX 的邮件",以便对方一目了然又便于留存。

(4) 切忌使用含义不清的标题，如“王先生收”。也不要用“嘿!”或“收着!”这样非正式的字眼。

(5) 回复对方邮件时，应当根据内容更改标题，不要“RE……”一长串。

(6) 主题千万不可出现错别字和不通顺之处，切莫只顾检查正文却在发出前忘记检查主题。主题是给别人的第一印象，一定要重视。

2. 称呼与问候

(1) 恰当地称呼收件者。邮件的开头要称呼收件人，称呼格式是第一行顶格写。这既显得礼貌，也明确提醒某收件人，此邮件是面向他的。在多个收件人的情况下可以称呼“大家”、“各位”。如果对方有职务，应按职务尊称对方，如“X经理”；如果不清楚职务，则应按通常的“X先生”、“X小姐”称呼，但要把性别先搞清楚。对不熟悉的人、级别高于自己的人不宜直接称呼全名。

(2) 开头和结尾有问候。开头要有“您好!”、“工作忙吗?”“身体还好吧”之类的问候或寒暄。

结尾写“祝您顺利!”若是尊长应使用“此致敬礼”。注意，在非常正式的场合应完全使用信件标准格式，“祝”和“此致”为紧接上一行结尾或换行开头空两格，而“顺利”和“敬礼”为再换行顶格写。

3. 正文

(1) 正文要简明扼要，行文通顺。若对方不认识你，首先必须通报自己的身份、姓名或你代表的企业名，以示尊重对方。正文应简明扼要地说清楚事情；如果具体内容确实很多，正文应只作摘要介绍，然后单独写个文档详细描述，作为附件发送。正文行文应通顺，准确清晰地表达；多用简单词汇和短句，最好不要让人家拉滚动条才能看完你的邮件。

(2) 注意论述语气。根据收件人与自己的熟络程度、等级关系；邮件是对内还是对外，性质不同，应选择恰当的语气，以免引起对方不适。尊重对方，多用“请”、“谢谢”之类的词语。电子邮件可轻易地转给他人，因此对别人意见的评论必须谨慎而客观。

(3) 正文多用1、2、3之类的列表。如果事情复杂，最好1、2、3、4地列几个段落进行清晰明确的说明，并保持每个段落简短不冗长。

(4) 一次邮件交代完整信息。最好在一次邮件中把相关信息全部说清楚。不要过两分钟之后再发一封“补充”或者“更正”之类的邮件。

(5) 尽可能避免错句别字。这是对别人的尊重，也是自己态度的体现。如果是英文邮件，最好把拼写检查功能打开；如果是中文的，注意拼音输入法造成的别字。在邮件发送之前，务必仔细阅读一遍，检查文句是否通顺，拼写是否有误。

(6) 合理利用图片，表格等形式来辅助阐述。对于很多带有技术介绍或讨论性质的邮件，单纯以文字形式很难描述清楚，可配合图表加以阐述。

4. 附件

(1) 如果邮件带有附件，应在正文里面提示收件人查看附件。

(2) 附件文件应按有意义的名字命名，最好能够概括附件的内容，方便收件人下载后整理归档。

(3) 正文中应对附件内容做简要说明，特别是带有多个附件时。

(4) 附件数目不宜超过 4 个,数目较多时应打包压缩成一个文件。

(5) 如果附件是特殊格式文件,应在正文中说明打开方式,以免影响使用。

5. 签名

每封邮件在结尾都应签名,使对方可以清楚地知道发件人信息,即使你的朋友可能从发件人中认出你,也应当使用签名。

(1) 签名信息不宜过多。电子邮件签名档可包括姓名、职务、公司、电话、传真、地址等信息,但不宜行数过多,一般不超过 4 行。商务邮件可以引用一个短语作为你签名的一部分,比如公司的宣传口号;但是要分清收件对象与场合,切记要得体。

(2) 不要只用一个相同的签名档。对内、对私、对熟悉的客户等群体的邮件往来,签名档应简化。过于正式的签名档会显得与对方疏远。可以设置多个签名档,灵活调用。

(3) 签名档的文字应与正文文字匹配。字号一般应比正文字体小一些。

6. 回复

(1) 及时回复。收到他人的重要电子邮件后即刻回复,特别是对一些紧急的邮件,理想的回复时间是 2 小时内。如果事情复杂,你无法确切回复,也应先回复"收到了,正在处理,一旦有结果就会及时回复"。处理邮件会占用时间,可在特定时间集中处理优先级的邮件,但一般不要超过 24 小时。如果出差或休假,应设定自动回复功能。

(2) 有针对性地回复。答复问题时,最好把相关的问题抄到回件中,然后附上答案。应进行必要的阐述,让对方一次性理解,避免再反复交流,浪费资源。

(3) 不要多次回复同一问题。如果收发双方就同一问题的交流回复超过 3 次,这说明电子邮件的交流方式不奏效,此时应采用电话等方式沟通。

(4) 区分单独回复和回复全体。如果只需要单独一个人知道的事,选择单独回复。如果你响应发件人提出的要求,可回复全体,让大家都知道。如果你对发件人提出的问题不清楚,或有不同的意见,应该与发件人单独沟通,点击"回复全部"前要三思。

(5) 主动控制邮件的来往。可在文中指定部分请收件人给出回复,或在文末添上"全部办妥"、"仅供参考,无需回复",避免无谓的回复,浪费资源。

7. 区分发送、抄送和密送

(1) 收件人是要受理这封邮件所涉及的主要问题的,理应对邮件予以回复。

(2) 抄送人则只是需要知道这回事,没有义务必须对邮件予以响应;抄送人可不止一个。

(3) 密送人是不公开的抄送人,可用于非常规场合(发件人、收件人和抄送人三者之间是公开的,如果使用密送,则收件者与抄送者皆不知邮件密送给何人)。

(4) 各收件人的排列须遵循规则。如按部门排列,或按职位等级从高到低(从低到高)排列。

(5) 只给需要信息的人发送、抄送邮件,毋占用他人资源。

8. 转发邮件

(1) 转发消息之前,首先确保所有收件人需要此消息。

(2) 转发敏感或者机密信息要谨慎,不要把内部消息转发给外部人员或者未经授权的接收人。

(3) 应对转发邮件的内容进行修改和整理,以突出信息。

9. 群发

(1) 给重要人物的重要邮件，一定要一对一单独发送，不能使用群发。

(2) 群发之前一定要慎重考虑所采用的操作方式是否妥当。一旦发出，覆水难收。

(3) 不重要的通告式非保密邮件，可以在特定地址非保密组群里以三种形式群发，但要根据对方邮箱特性，慎重选择使用“并列收件人”、“抄送”和“暗送(密送)”功能。

(4) 尽可能用较具体的称呼，如“尊敬的 X 经理”，要比“经理您好”更好，因为后者容易让对方联想到是群发出来的广告邮件，没有必要认真对待。

任务三　学会馈赠礼品

案例导入

尴尬的礼物

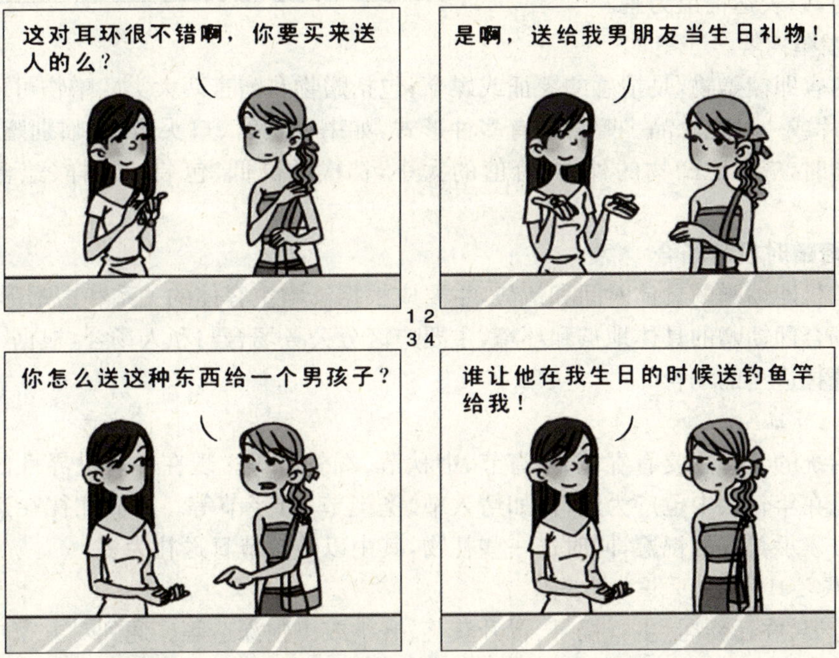

图 3-15　尴尬的礼物

【简析】这可不是现代版的麦琪的礼物。送礼的人不了解收受馈赠人的特点，送出错误的礼物；得到礼物的人没有收到礼物的喜悦；令双方都不愉快。

一、馈赠的含义及其意义

馈赠是人们在社交过程中通过赠送给交往对象一些礼物来表达对对方的尊重、敬意，友谊、纪念，祝贺、感谢，慰问、哀悼等情感与意愿的一种交际行为。

馈赠通过礼品作为媒介，能够与交往对象建立很好的沟通渠道，充分表达对对方的友情与敬意。馈赠的目的在于沟通感情和保持联系，所以它不仅是一种行为方式，更为重要的是通过这种方式体现馈赠者的人品和诚意。

二、馈赠六要素

得体的馈赠要考虑六个方面的问题，也就是要考虑馈赠对象、馈赠目的、馈赠时机、馈赠场合、馈赠方式六个要素，简称馈赠的“5 个 W 和 1 个 H”规则。

(一) 馈赠对象

馈赠对象即馈赠客体，是赠物的接受者。馈赠时要考虑到馈赠对象的性别、年龄、职位、身份、性格、喜好等因素。

表 3-2 馈赠六要素

◇ 送给谁(WHO)
◇ 为什么送(WHY)
◇ 送什么(WHAT)
◇ 何时送(WHEN)
◇ 在什么场合送(WHERE)
◇ 如何送(HOW)

(二) 馈赠目的

馈赠目的即馈赠动机。任何馈赠都是有目的的，或为表达友谊，或为祝颂庆贺，或为酬宾谢客，或为慰问哀悼。馈赠动机应高尚，以表达情谊为宜。

(三) 馈赠内容

馈赠内容即馈赠物，是情感的象征或媒介，包括赠物和赠言两大类。赠物可以是一束鲜花、一张卡片或一件纪念品。赠言则有多种形式，如书面留言、口头赠言、临别赠言、毕业留言等。馈赠时，应考虑赠物的种类、价值的大小，档次的高低、包装的式样、蕴含的情义等因素。

(四) 馈赠时机与场合

馈赠时机即馈赠的具体时间和情势，主要应根据馈赠主客体的关系和馈赠形式来把握。

馈赠场合即馈赠的具体地点和环境，主要应区分公务场合与私人场合，根据馈赠的内容和形式来选择适当的场合。

1. 传统节日

我国传统的节日主要有春节、元宵节、中秋节、端午节等。现在一些世界性的节日在社会上特别是在年轻人中也广为流行，如情人节、圣诞节、母亲节等。人们往往在这些日子里向亲朋好友表示美好的祝愿，同时送一些礼物，其中以传统节日送礼为多。

2. 喜庆之日

是指嫁娶、乔迁新居、生日祝寿、晋升获奖、升学或出国深造等。遇到对方家中有这样的喜庆日子应考虑备送礼品以示庆贺。

3. 探视病人

到医院或病人家里去探望病人时可带些礼物，以示祝愿早日康复。

4. 酬谢他人

自己曾受过别人帮助，事后可送些礼品以回报感恩。

5. 惜别送行

为表示自己的惜别之情，可适当赠送一些礼品作纪念，以示友谊天长地久。

6. 企业开业庆典

在参加某一企业开业庆典活动时，要赠送花篮、牌匾或室内装饰品以示祝贺。

通常情况下，当众只给一群人中的某一个人赠礼是不合适的，给关系密切的人士送礼也不能在公共场合进行，只有象征着精神方面的礼品才适宜在众人面前赠送，像牌匾、锦旗、花篮等。

图 3-16-1 馈赠场合——开业庆典

图 3-16-2 馈赠花篮

(五) 馈赠方式

馈赠礼品的方式大致有三种：

1. 亲自赠送（当面赠送），这是最庄重的方式。

2. 邮寄赠送，是一种异地馈赠的方式。

3. 委托赠送（托人转送），因赠送人在外地，或者不宜当面赠送，可选择委托赠送。赠送外宾礼品，一般是通过双方礼宾人员转交的。

三、赠送礼仪

(一) 礼品的选择

1. 根据馈赠目的选择礼品

送礼在本质上应被视为向他人表示友好、尊重与亲切之意的途径或方式。只有本着这一目的，才能正确地选择适当礼品，才能准确表达自己的情意，才能使所赠礼品发挥正常功效。

公司庆典一般送上一篮鲜花，慰问病人可以送鲜花、营养品、书刊等，朋友生日可以送卡片、蛋糕等，庆祝节日可以送健康食品、当地特产，旅游归来可以送当地人文景观纪念品及土特产，走亲访友一般送精致水果、糖酒食品等。

2. 根据馈赠对象选择礼品

(1) 考虑彼此的关系现状。在选择礼品时，必须考虑到自己与受赠对象之间的关系现状，不同的关系应当选择不同的礼品。应根据与馈赠对象的亲缘关系、地缘关系、业缘关系、性别关系、友谊关系、文化习惯关系、偶发性关系等在选择礼品时都要有所不同，区别对待。

例如，玫瑰是爱情的象征，是送给女友或夫人的佳礼。但若把它随便送给一位普通关系的异性朋友，就可能引起不必要的误会。

(2) 了解受赠对象的爱好和需求。根据受赠对象的爱好和实际需求来选择礼品，往往可以增加礼品的实效性，增强对送礼者的好感和信任。因为在受赠对象看来，只有了解和关心他的人，才会明白他的需求。正如宝刀赠壮士，红粉贻佳人，可以使礼品获得增值效应。例如老师在学生取得佳绩时可以赠给有益的书籍，给书法爱好者赠送文房四宝，给音乐爱好者赠送乐器等。

（3）考虑对方的禁忌。在礼品的选择过程中，应细致了解受赠对象的禁忌，以免所选礼品犯忌而导致适得其反的作用。

第一，个人禁忌。送情侣表给一位刚刚守寡的妇女，给痛失爱子的父亲送儿童乐园优惠券，都会触犯对方的私人禁忌。

第二，民俗禁忌。如俄罗斯人最忌讳送钱给别人，因为这意味着施舍和侮辱，汉族人忌送钟、伞，因为这意味着不吉利。

第三，宗教禁忌。如对伊斯兰教徒不能送酒，因为他们认为酒是一切万恶之源。

第四，伦理禁忌。如各国均规定不得将现金和有价证券送给并无私交的公务人员。

（二）礼品的包装

正式的礼品都应精心包装。良好的包装将使礼品显得更加精致、郑重、典雅，给受赠者留下美好的印象。在赠送礼品给外国友人时，尤其应当注意这点。

图 3-17-1　礼品包装

图 3-17-2　礼品包装

礼品包装时应注意包装的材料、容器、图案造型、商标、文字、色彩的选择和使用符合相关政策法规和习俗惯例，不要触及或违反受赠方的宗教和民族禁忌。

（三）赠送的时机

一是选择好最佳时机。如亲友结婚、生子，交往对象乔迁、晋级、遭受挫折、生病住院，向对方表示感谢等，都是送礼的良佳时机。

二是选择具体时间。一般来说，客人应在见面之初向主人送上礼品；主人应当在客人离去之时把礼品送给对方。另外，送礼还应考虑在对方方便之时，或选取某个特定时间给对方造成惊喜。

三是控制好送礼时限。送礼时间应以简短为宜，只要向对方说明送礼的意图及相应的礼品解释后即可，不必过分渲染。

四是注意时间忌讳。不必每逢良机便送礼，致使礼多成灾。尽量不要选择对方不方便的时候送礼，比如对方刚刚做完手术尚未痊愈之时就不宜立即送礼。

（四）赠送的地点

送礼时应注意区分公务场合与私务场合。在公务交往中，一般应选择工作场所或交往地点赠送礼品；而在私人交往中，则宜于私下赠送，受赠对象的家中通常是最佳地点。

（五）赠送的方法

一是说明意图。应在适当的时机和场合赠送礼品，送礼前应先向对方致意问候，简要委婉说明送礼的意图，如："祝你工作顺利"、"真是感谢你上次的帮助"等。

二是介绍礼品。赠送礼品时，送礼者应对礼品寓意、礼品使用方法、礼品特色等适当明确解释。邮寄赠送或托人赠送时，应附上一份礼笺，用规范、礼貌的语句解释送礼缘由。在当面赠送礼品时，则应亲自道明送礼原因和礼品寓意，并附带说一些尊重、礼貌的吉言敬语。

三是仪态大方。面交礼品时，送礼者应着装规范，起身站立，面带微笑，目视对方，双手递交，将礼品交与对方后，与对方热情握手。

四、受赠礼仪

（一）心态开放

接受礼品时，受赠者应保持客观、积极、开放、乐观的心态，要充分认识到对方赠礼行为的郑重和友善，不能心怀偏颇，轻易比较礼品的价值高低或做出对方有求于已的判断。

（二）仪态大方

受礼时，受赠者应落落大方，起身相迎，面带微笑，目视对方，耐心倾听，双手接受。受礼后与对方热情握手。不可畏畏缩缩、故作推辞或表情冷漠、不屑一顾。

（三）受礼有方

按照国际惯例，受礼后一定要当面拆启包装，仔细欣赏，面带微笑，适当赞赏。切不可草率打开，丢置一旁，不理不睬。中国人比较含蓄，不习惯当面打开，所以与国人交往时也可遵守这一传统习惯。另外，不是有礼必受，对于有违规、越矩送礼之嫌的，应果断或委婉拒绝。

（四）表示谢意

接受礼品时，应充分表达谢意。表达时应让对方觉得真诚、友好，若是贵重礼品，往往还需要用打电话、电子邮件等方式再次表达谢意，必要时还应选择适当的时机加以还礼。

五、拒收礼品的礼仪

应拒收的礼品：

1. 你并不熟悉的人送给你极其昂贵的礼品；
2. 隐含着需要你发生违法乱纪行为的礼品；
3. 你觉得似乎自己接受后会受到对方控制的礼品。

在拒收礼品时，应保持礼貌、从容、自然、友好，先向对方表达感激之情，再向对方详细说明拒收的原因，切不可生硬地阻挡，以免对方难堪。

任务四　正确交谈与倾听

案例导入

1. 上班路上的寒暄

甲:近来身体还好吧!

乙:唉,说来话长啊! 上个月大病了一场,高烧40度持续不退,全家都为我忙得全乱了。我女儿都没人送她上学。说起这孩子,也怪懂事的,今年她不也才8岁吗……

甲:哎哟,对不起,我上班快迟到了,下次去看你,好吗? 再见!

乙:好好好,改天再聊,再见!

【简析】乙不看场合,拉住急匆匆赶着去上班的甲聊家常;甲则很巧妙地中止了不该延续下去的交谈——既避免了迟到,又顾及了乙的感受。

2. "听"存在于"说"中

小玲感冒了,实习生萍萍临时顶了小玲的岗。第二天小玲来上班,萍萍说:"玲姐,身体好点了? 哎呀昨天累坏我了,接了好多通电话。唉……我一个一个听了再记下来——就是那些名字和电话号码,事件一二三……。"小玲笑了:"丫头啊,这回可理解我跟你说的话了吧,光会拿起电话说那些套话'你好! 这里是神州旅行社……'还不行吧,还得会听才能搞定业务哦。"萍萍:"是的是的,玲姐说得对!"小玲:"给你讲个笑话,我听司机张师傅说的。有个演说家为了讨好女性听众,他说:'男士们听我演讲,一只耳朵进,另一只耳朵出;你们听我演讲,两只耳朵进,一只嘴巴出!'你猜张师傅怎么着——他说听他老婆讲话是左耳朵进、右耳朵出;他说话呢,他儿子是没耳朵听——充耳不闻。但是咱们任董事长发话的时候,王师傅说他连眼睛都在听!"

【简析】小玲指出了倾听在交际中的重要性,效率最高的倾听是王师傅听任董事长说话——全神贯注地听。对别人的发言充耳不闻或左耳进右耳出都是失礼的表现。

一、交谈礼仪

交谈是建立良好人际关系的重要途径,与人交谈,用错了一个词,多说了一句话,或选错话题等都会影响人际关系,"良言一句三冬暖,恶语伤人六月寒",因此必须遵从一定的交谈礼仪规范,才能达到双方交流信息、融洽关系、增进友谊的目的。

交谈礼节的根本关键在于尊重对方和自我恭谦,同时还要注意交谈的表情、态度、内容、表达方式等要点。正确地交谈,就是要知道交谈礼仪的正反两个方面,即什么样的交谈不符合礼仪,如何交谈才能合乎礼仪。

(一) 交谈禁忌

1. 避谈内容

(1) 避谈政治、宗教。在这些问题上人们的立场、观点、信仰不一致,基于礼貌有些人并不会当场与你争论,但在心中一定十分不舒服,可能你无意中得罪了人而不自知,这自然也失去了社交的意义了。

(2) 避谈个人隐私。不谈论收入、年龄、婚姻、健康、个人经历、对方的伤心事或缺陷，可以赞美他人的打扮但不询问其服饰的价格。

(3) 避谈国家、行业、单位机密。

(4) 不可非议祖国、党、政府以及现存的社会规范；不议论不在场的第三人。

(5) 避谈两性关系、色情等低级趣味的话题。

表 3-3 交谈礼仪要素

◇ 禁忌	哪些不能谈？
◇ 举止得体	
◇ 选择正确的话题	哪些能谈？
◇ 使用礼貌用语 ◇ 讲究语言艺术 ◇ 倾听别人谈话	怎样谈？

2. 失礼行为

(1) 一枝独秀——从头至尾 One-man Show，唱“独角戏”。风趣幽默的谈吐为众人所欢迎，但是请让其他人也有发言与参与的机会。不要像开记者招待会，搞一言堂，不让别人有说话的机会。

(2) 形成小圈子。若是你只和自己熟识的人交谈，不但无法达到社交的目的，也会让旁人生厌。若遇到这种情形发生，可以借去倒酒、上洗手间的方式脱离小团体，伺机和其它人士交谈。

(3) 窃窃私语。此种行为以女性居多，是一种不礼貌的举动，会让人有别人当着你的面说你坏话的感觉，若真有私事要交谈，可寻找人较少之处或角落私下交谈片刻。

(4) 语言排斥。只用方言交谈，冷落其他不懂该方言的人。若有不同国家人士在场，应一律使用英语，因为在场所有人都有听与说的权力，不可将之排除在外。

(5) 喧闹不止。主人或宾客发言时，请立即安静下来以示尊重，待其发言完毕再继续之前未完的话题，千万不要如国内喜宴一般，台上的人大声嚷嚷，台下的人各说各话。

(6) 沉默不语。会被对方误解为无声的抗议，或对话题感到厌倦。

(二) 交谈举止

举止要得体，重视非言语交际即交谈时的表情、目光、肢体动作、距离的礼仪。

表情：大方自然，面带微笑。

语气：亲切。

辅助动作：适当辅以手势，动作不宜过大。

距离：以能听清双方说话的声音为准，勿过近或过远；较合适的距离为 1 米左右。

(三) 学会选择话题

话题，指人们在交谈中所涉及的题目范围和谈话内容。学会选择话题，就能使谈话有个良好的开端。

1. 高雅的话题

选择内容文明，格调高雅的话题，如文学、艺术、哲学、历史、地理、建筑等，这类话题能够体现自己的见识、阅历、修养和品位。

2. 轻松愉快的话题

允许各抒己见，任意发挥。主要包括文艺演出、流行、时装、美容美发、体育比赛、电影电视、休闲娱乐、旅游观光、名胜古迹、风土人情，名人轶事、烹饪小吃、天气状况等等。

3. 对方喜欢的话题

表 3-4 各类人喜欢的话题

序号	不同角度分类的人群	话题类型举例
1	青年人	足球 通俗歌曲 电影 电视 网络
2	老年人	健身运动 饮食文化
3	公职人员	时事政治 国家大事
4	普通市民	家庭生活 个人收入
5	男性	事业 个人的专业
6	女性	家庭 物价 孩子 化妆 衣料 编织

4. 流行、时尚的话题

以此时此刻正在流行的事物作为谈论的中心，这类话题变化较快，不太好把握。

(四) 使用礼貌用语

1. 基本礼貌用语十字

您好、请、谢谢、对不起、再见。

2. 常用的礼貌词语

称呼语：先生，某某先生；夫人、某某夫人；女士、某某女士；某某太太、某某小姐。

问候语：您好、早上好、下午好、晚上好、好久不见、恭喜、祝您节日愉快、祝您圣诞快乐、祝您新年快乐、生日快乐。

告别语：再见、明天见、您慢走、欢迎您常来。

道歉语：请原谅、对不起、请不要介意、是我的错、对不起。

感谢语(致谢语)：谢谢、非常感谢、多亏您帮忙。

应答语：我明白了、是的、没关系、不必客气。

征询语：还有别的事情吗？有什么可以帮助您吗？您喜欢……吗？您需要……吗？

(五) 讲究语言艺术

1. 语言准确流畅

(1) 讲对方听得懂的语言，在国内交流最好讲普通话。

(2) 非专业场合不要用过分专业的词汇，让人感到理解困难，没办法交流，不容易互动。

(3) 说话不要似是而非，吞吞吐吐。

2. 委婉表达

(1) 避免使用主观武断的词语，如“只有”、“一定”、“唯一”、“就要”等不带余地的词语，要尽量少用；尽可能使用与人商量的口气。

(2) 把批评的话语放在表扬之后说，先肯定后否定，学会使用“是的……但是……”这个句式。

(3) 间接地提醒他人的错误或拒绝他人。

3. 把握分寸

注意互动；注意对方情绪，少讲对方不爱听的话。谈话要把握好“度”，开玩笑要看对象，不要随便开女性、长辈、领导的玩笑。

4. 适度幽默

交谈过程中也许会出现不和谐的地方。交谈者随机应变，适度幽默可以化解尴尬局面、增强语言的感染力。

二、倾听礼仪

在与人交谈之前，人们普遍担心自己不会说，说不好，总在思考自己怎样才能说得更好，而很少忧虑自己不会听，听不好，并不把自己应如何去倾听别人谈话作为起点去考虑。其实，交谈是个双向的信息交换过程。

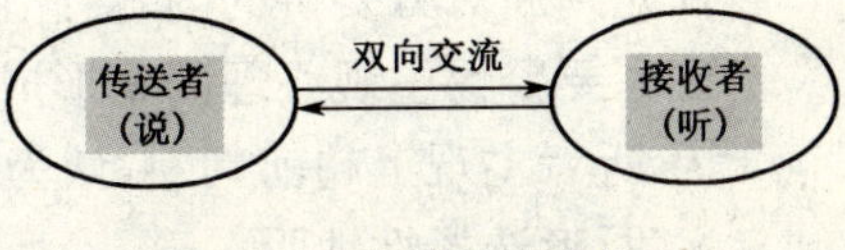

图 3-18　交谈的双向性

（一）倾听的重要性

1. 听比说更重要

“上帝造我们时让我们有两只耳朵和一张嘴巴，就是为了让我们少说多听。”研究表明，人类对沟通时间的分配是：9%的时间用于书写，16%用于阅读，30%用于说话，45%用于听。所以我们要充分利用这 45%的时间倾听别人。

2. 听与倾听的区别

听是一种行为、一种生理反应，参与“听”的动作的是耳朵；倾听则是一种艺术、一种心智和一种情绪的技巧，参与“倾听”的动作的是耳朵、眼睛和心灵。人们交谈时运用的是有效倾听。

3. 听的层次

耳朵只能听语音，了解表层意思，用心和头脑倾听，才能由音及意，由表及里，理解说话者话语之外更丰富的含义。据此，我们可把倾听划分为五个层次：

第五层次	设身处地听	最佳倾听
第四层次	专心听	专注倾听
第三层次	选择听	只听自己感兴趣的
第二层次	假装听	左耳进、右耳出
第一层次	听而不闻	最糟的听

图 3-19　听的层次性

一是听而不闻，不做任何努力地听，完全漠视地听。这是自以为是、对别人不屑一顾的听，也是最糟的听。

二是假装听，耳朵打开了，心却没有打开，左耳进、右耳出。

三是选择听，这是只听自己感兴趣的内容。

四是专心听，这是能精神专注地、认真地、主动积极地听，这就是常说的倾听。

五是设身处地听，站在对方的立场来倾听对方、理解对方，是倾听的最高层次，用心和脑来倾听并做出反应，是我们提倡的倾听。

4. 倾听的意义

① 增强沟通效力：满足倾诉者自尊，真实了解他人。

② 改善人际关系：人们喜欢善听者更胜于善说者。

③ 增强解决问题的能力：获取更多信息：“听君一席话，胜读十年书”。

④ 有助于个人发展：激发创造灵感，提高专业技能。

(二) 倾听中的障碍

噪音：环境，语义差异，口音等。

注意力分散：心智时间差(走神)。

想着如何反应：不能设身处地正确理解他人。

预先判断对方要讲的内容：感情过滤(主观地排斥或接受)。

尤其要警惕主观心理因素形成的障碍，即：

- 听者主观上超前判断，认为对方的话只有部分的价值；
- 听者选择性地听；
- 听者由于对讲话者的成见、偏见，造成故意的"漏听"。

(三) 有效倾听的四步骤

第一，做好倾听准备——身心准备和物质准备(包括环境和用具)。

第二，发出倾听信息——常用眼神示意对方，准备接收信息。

第三，采取积极行动——频繁点头，身体前倾，集中精神，敞开思想。

第四，理解全部信息——及时告知对方你的理解况，充分理解并记忆影响因素。

(四) 身体语言

眼神和表情：面带微笑，友善注视。

姿势：上身挺拔，略微前倾。

距离：区分场合，亲疏关系。

身体动作：恰当点头，给出手势。

(五) 有效倾听的六原则

① 适应讲话者的风格(节奏、音调、口音、语气等)。

② 眼耳并用，全神贯注(不仅仅接收语言信息，同时接收思想情感)。

③ 理解他人，取消预先判断(站在他人角度，善于总结要点)。

④ 鼓励他人表达自己(用各种方式作适当反馈)。

⑤ 聆听全部信息(不轻易打断别人，不急于做出判断)。

⑥ 表现聆听兴趣(用积极的肢体语言如身体前倾、微笑等表现)。

(六) 倾听要诀

① 尊重对方。

② 注意力集中。

③ 理解。

④ 耐心。

⑤ 注意整体，不要断章取义。

⑥ 注意词语背后的意思。

(七) 影响倾听的不良习惯

① 说的比听的多。

② 喜欢插话。

③ 在倾听过程中，不回应对方。

④ 发现感兴趣的问题时问个不休，导致跑题。

⑤ 以自我为中心。

⑥ 走神。

⑦ 太乐于提出自己的建议。

⑧ 问题太多。

⑨ 过早下结论。

实训任务1 见面礼节

【任务一】称呼与问候

实训要求:熟知常用的称谓语和问候语。

操作说明:

1. 分组,每组 2 人,按照训练材料练习。
2. 拓展训练材料的内容,续写更多的词语。
3. 打擂台:按宿舍或男女生或小组组队比赛,看哪个队说出的称呼语和问候语最多。
4. 步骤 1 和 2 课前做,步骤 3 课堂展示。

训练材料内容:

1. 尽可能多地说出礼貌的称谓语:X 先生、X 教授、X 董事长……

称呼他人亲属的敬称:令尊、令堂、令郎、令爱、尊叔、尊祖父……

称呼有身份者或长者:张先生、郭老、夏公……

称呼有职务、职称、学衔的人:周处长、陈经理、章主任、马博士……

含庄重、尊敬意味的通称:赵老师、耿师傅……

2. 尽可能多地说出礼貌的问候语:您好、见到您很高兴、很高兴认识您、久仰、幸会、久闻大名如雷贯耳、生意不错吧、来这儿多久啦、还住的惯吧、年货准备的怎么样了、习惯南方的天气了吧……

【任务二】握手与鞠躬礼仪

实训要求:熟知顺序,正确行礼;熟知相关禁忌。

操作说明:

1. 分组,每组不超过 4 人,分别扮演不同性别、年龄、职位的人。
2. 分角色模拟,见面行握手与鞠躬礼,施礼的同时,说:您好、幸会、欢迎光临、初次见面,请多关照……
3. 课堂练习,教师巡视。

训练材料内容:

1. 请指出图片中不规范的行礼动作
2. 请你示范正确动作。
3. 讨论:哪些地方、哪些人几乎不行握手礼?

图 1

图 2

图 3

【任务三】认知其他动作性礼仪

实训要求：熟知这些礼仪，正确回礼，避免因缺少认知而失礼。

操作说明：

1. 教师在课堂展示图片，要求学生回答图片中人物所施为何礼仪，通行于哪些人群。

2. 学生模仿图中人物的动作行礼。

3. 学生查询图书或网络资源，了解更多其他国家的见面礼仪。分小组提交书面作业(见示例)。

训练材料：

图 1

图 2

图 3

图 4-1

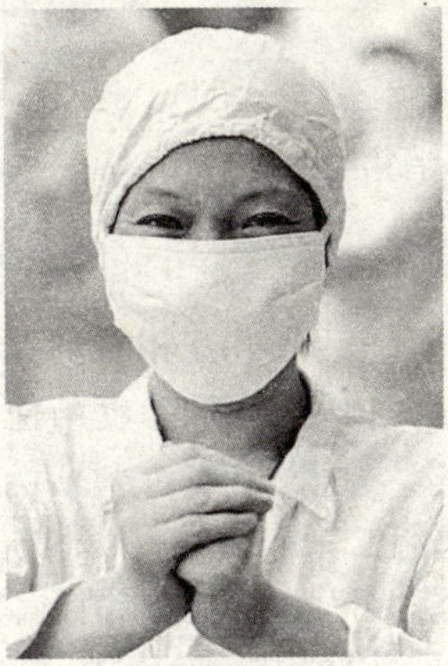
图 4-2

书面作业示例：

接吻礼，亲吻礼是西方的一种礼节，可以与拥抱礼并用。接吻礼接触部位的高低与施吻者地位相对应，接触的部位越低，施吻者地位越低。

接吻礼的方式因人而异：

(1)长辈──→晚辈(只吻额头或脸部)

(2)晚辈──→长辈(只吻下颌)

(3)辈分相同的人之间(只能脸颊相贴)

【任务四】名片礼仪

实训要求：熟知顺序，正确递送、接受名片，熟知相关禁忌。

操作说明：

1. 分组，每组不超过 4 人，分别扮演不同性别、年龄、职位的人。
2. 实训道具准备：制作名片，或课前搜集家人、熟人的名片；做到小组每人有一张以上。
3. 分角色模拟，按照礼仪互换名片。
4. 课堂练习，教师巡视。

【任务五】见面礼仪

实训说明：该训练为本任务内容的测试，考核结果记入课程总成绩。

实训要求：熟练运用见面礼仪。

操作说明：

1. 分组，每组不超过 6 人。
2. 按照训练材料提供的信息，每组编写情景仿真表演的脚本，并在组内分配好角色。
3. 实训服饰、道具准备。
4. 分角色扮演不同性别、年龄、职位的人。
5. 课堂考核，教师评定成绩。

训练材料：

鸿福公司与恒通公司经过互相了解，准备合作 C 项目。受到恒通公司过总经理的邀请，鸿福公司仇董事长率一行人前来恒通公司面谈。虽然多次电话、邮件联系，但双方未曾谋面。请设计他们初次见面的情景，互致问候……

实训任务2 电话销售

实训要求：

电话沟通时，通话双方互相看不见对方，正确使用电话礼仪使对方感受到：你尊敬他、你和他通话很愉快、你以协商的态度与他讨论问题……

操作说明：

1. 分组，每组二人，二人在隔开的空间(不共处一室)。
2. 角色扮演，分别转换为推销员、客户、秘书、领导、下属、同事……角色。
3. 使用道具，模拟电话铃声等。

训练材料内容：

1. 使用下面这个脚本打电话。

(1) 模拟电话铃。

(2) 体会章程的电话礼仪。

打印机的电话销售

销售员："您好，请问，李冷先生在吗？"

李冷："我就是，您是哪位？"

销售员："我是 XX 公司打印机客户服务部的小章，我叫章程，就是公司章程的章程。资料记录，你们公司去年购买了 XX 公司打印机，对吧？"

李峰："哦，是，对的。"

章程："保修期已经过去了 7 个月，不知道现在打印机怎么样啊？"

李冷："好像你们来维修过一次，后来就没有问题了。"

章程："太好了。我给您打电话的目的是，这个型号的机器已经不再生产了，以后的配件也比较昂贵，提醒您在使用时要尽量按照操作规程，您在使用时阅读过使用手册吗？"

李冷："没有呀，不会这样复杂吧？还要读使用手册？"

章程:“其实,还是有必要的,实在不阅读也是可以的,但寿命就会降低。”

李冷:“我们也没有指望用一辈子,不过,最近业务还是比较多,如果坏了怎么办呢?”

章程:“没关系,我们还是会上门维修的,虽然收取一定的费用,但比购买一台全新的还是便宜的。”

李冷:“对了,现在再买一台全新的打印机什么价格?”

章程:“要看您需要什么型号的,您现在使用的是 XX 公司 3330,后续的升级产品是 4100,不过完全要看您一个月需要打印多少 A4 的纸张。”

李冷:“最近的量开始大起来了,有的时候超过 1 万张了。”

章程:“要是这样,我还真要建议您考虑 4100 了,4100 的建议使用量是 15 000 张,一个月正常的从纸张,而 3330 的建议月纸张是 10 000 张,如果超过了会严重影响打印机的寿命。”

李冷:“你能否给我留一个电话号码,年底我可能考虑再买一台,也许就是后续产品。”

章程:“我的电话号码是 888XXX 转 999。我查看一下,对了,您是老客户,年底还有一些特殊的照顾,不知道您何时可以确定要购买,也许我可以将一些好的政策给您保留一下。”

李冷:“什么照顾?”

章程:“4100 型号的,渠道销售价格是人民币 1 201 元,如作为 3330 的使用者购买的话,可以按照 8 折来处理或者赠送一些您需要的外设,主要看您的具体需要。这样吧,您考虑一下,然后再联系我。”

李峰:“等一下,这样我要计算一下,我在另外一个地方的办公室添加一台打印机会方便营销部的人,这样吧,基本上就确定了,是你送货还是我们来取?”

章程:“都可以,如果您不方便.还是我们过来吧,以前也来过,容易找的。看送到哪里,什么时间好?”(具体落实交货的地点、时间)

2. 模仿上面的脚本,自己编写(可以短一些)脚本,然后表演:分别和领导、同事、客户等不同的人礼貌地进行电话沟通。在你的脚本中使用以下接、打电话常用礼貌用语。

(1) 您好!这里是 XXX 公司 XXX 部(室),请问您找谁?

(2) 我就是,请问您是哪一位?……请讲。

(3) 请问您有什么事?(有什么能帮您?)

(4) 您放心,我会尽力办好这件事。

(5) 不用谢,这是我们应该做的。

(6) XXX 同志不在,我可以替您转告吗?(请您稍后再来电话好吗?)

(7) 对不起,这类业务请您向 XXX 部(室)咨询,他们的号码是……。(XXX 同志不是这个电话号码,他/她的电话号码是……)

(8) 您打错号码了,我是 XXX 公司 XXX 部(室),……没关系。

(9) 再见!

(10) 您好!请问您是 XXX 单位吗?

(11) 我是 XXX 公司 XXX 部(室)XXX,请问怎样称呼您?

(12) 请帮我找 XXX 同志。

(13) 对不起,我打错电话了。

(14) 对不起,这个问题……请留下您的联系电话,我们会尽快给您答复好吗?

3. 真实地打电话给114查询号码、给必胜客打电话询问送外卖、给电信或移动或联通打电话投诉……

(1) 以上接电话的人员是否遵守了电话礼仪？

(2) 从中你学到哪些优点？

(3) 哪些错误你要引以为鉴？

实训任务3 应对事务的电话礼仪

实训说明：该训练为本任务内容的测试，记录考核成绩。

实训要求：灵活机动，周到全面地应对特殊电话，而不失电话礼仪。

操作说明：

1. 分组，每组数人，打电话的人在隔开的空间(不共处一室)。

2. 角色扮演，其中一人为秘书，小组中的其他人轮流扮演一次这个角色。

3. 使用道具，模拟电话铃声等。

4. 根据训练材料提供的案例，完成八个电话通讯。

训练材料内容：

根据案例内容，模拟某办公室上班时的情景。

第一个电话：对方要找人事部王经理，秘书告知王经理不在的对话情景。

第二个电话：对方打错了电话，秘书的应对。

第三个电话：对方询问公司新产品的情况以及要转接的电话。

第四个电话：秘书自己拨错了电话时的应对。

第五个电话：顾客购买的产品使用中出现了问题，反映情况的电话。

第六个电话：通知部门经理开会的电话。

第七个电话：对方咨询本公司产品情况时，秘书需要查资料要对方等候的电话。

第八个电话：公司和一家客户有一项合作，已经谈妥，对方打电话来要秘书发传真过去。

新员工如何接听电话？

××市北固自动化设备有限公司成立于1996年，是浙江省一家专业从事不间断电源研制、开发、生产销售的企业，公司自成立以来，一贯致力于高品质不间断电源的开发、推广，产品的自产品牌是“剑牌”。近年来，公司凭借着优良的品质，完善的售后服务及高瞻远瞩、长远计划的营销策略，经过全体员工的不懈努力，业绩逐年攀升。产品不仅占领了国内市场，在国际市场上也打开了销路，公司也在激烈的市场竞争中成长壮大。同时，公司通过与经销商密切地联系与沟通，确保本公司产品的销售和服务达到尽善尽美的境界。公司为顺应市场竞争的需要，除了在保持后备式机型生产的传统优势外，还逐步开发出在线互动式和在线式不间断电源，形成了一个多品种、多系列的产品体系。不仅满足了不同顾客的需求，同时又扩大了产品的市场份额。“以人为本”是公司一贯遵循的经营理念，在这一理念的驱动下，员工齐心协力、共同奋斗，为公司发展创造出一个又一个生产销售的奇迹，使公司的经营业绩逐年跳跃式上升。

随着公司业务的扩大。人员的需求也在增长，最近公司又新招聘了一批大学生，秘书小魏今天刚上班，被安排在办公室接电话的岗位上。第一天上班，就被安排在接电话的岗位上，他想："这有何难，接电话小菜一碟，一定要好好表现。"第一次外来电话，铃声刚起，他就积极地抓起电话，"喂，你找谁"，电话是找行政部经理的，他把电话转给了经理。行政部经理听完电话后给他纠正道："小魏，接打电话有学问，外来电话要等第二遍铃响后再接，才显得稳重大方……"经理话未说完就被别人叫走了，刘秘书继续纠正："接电话时不能用轻率的语调问对方：'喂，你找谁？你是谁？'这是很不礼貌的，要用礼貌温和的语调说：'你好，××市北固自动化设备有限公司，行政部电话是××××××××'，不能用急躁的口气说话……"

第二次接电话时，是对方打错了，小魏一听就告诉对方："你打错了。"然后就挂上了电话。陈秘书又给他做了纠正："接到打错的电话时，你应该说：'这里是××市北固自动化设备有限公司行政部，电话是××××××××'，刚才你那种给别人回话的方式，很不礼貌。如果对方是我们的客户，你刚才接电话的方式可能导致中断公司之间的商务往来，给公司带来损失。"

小魏听了三人的批评，脸红一阵白一阵，心里不是滋味。当初，学电话礼仪时，老师在上面讲，自己心里好笑：电话谁不会打，我三岁时就会给爷爷打电话，就没认真听课，在下面与同学聊天，因此出现今天的难堪。

下午，办公室的人都外出办事了，交待小魏留守。他想：这下一定要好好表现，不出纰漏。

电话响了，小魏在第二遍铃声后拿起听筒，对方说："请李总接电话。"小魏说："李总外出和吉利公司的张老板打保龄球去了。"对方说："你知道李总的手机吗？"小魏热情的帮她查了号，并在对方的道谢声中说了再见。他觉得自己处理得很好。

第二天，李总经理上班后，走进办公室，大声呵斥小魏，不该在未弄清情况时就把电话号码给了别人，不仅泄漏了公司机密，还干扰了生意。小魏真是无地自容。

实训任务4 收发邮件

实训要求：遵守邮件礼仪，正确拟写并操作电子邮件的收发。

操作说明：

1. 在实验室中进行，学校或院系为学生提供网络环境，每位学生独立操作一台计算机。
2. 每两人一组，发送邮件，查看邮箱，接收邮件，回复邮件。
3. 向老师提交电子档案。

训练材料内容：

1. 把以下邮箱分头试用一下，与同学交流邮箱的优点。

xxx@126. com、xxx @163. com、xxx@qq. com、xxx@yahoo. com、xxx@yahoo. com. cn、xxx@yeah. net、xxx@sina. com、xxx@sina. cn、xxx@sohu. com、xxx@tom. com、xxx@21cn. com、xxx@51. com、xxx@gmail. com

2. 清明节/端午节/国庆节/中秋节/圣诞节……快到了，请在邮箱选择系统内的贺卡，给亲朋好友发送节日祝福。

3. 为了庆祝建党90周年，某单位准备举办征文活动，请将下面的通知，用电子邮件发送给各个部门领导及每位员工。必须使用以下各项邮件功能：

(1)邮件正文；(2)附件；(3)群发；(4)抄送；(5)密送；(6)标记重要邮件；(7)急件；(8)已读回执。

关于开展“风雨九十载，扬帆新征程”征文活动的通知

各部门：

今年，是伟大的中国共产党成立90周年，我公司将开展一系列纪念宣传活动。根据庆祝活动方案，为表达对党的深厚感情，激发起努力学习、积极工作的豪情，从即日起至7月30日面向全公司员工开展“风雨九十载，扬帆新征程”征文活动。现将有关事项通知如下：

一、征文主题：“风雨九十载，扬帆新征程”。

二、征文体裁：文体不限，文章字数在1 500字以内。

三、征文内容：记事、感想、抒情均可。文字精练，有感而发。避免空洞无物，杜绝抄袭。部分优秀征文将在校报开辟的专栏发表。

四、组织领导。成立征文活动评奖委员会，由党委书记×××任主任，副董事长×××任副主任，成员由有关专家及相关部门负责人组成。

五、奖项设置：设一等奖5名，二等奖10名，三等奖20名。另设组织奖3名。

六、投稿方式：作者须署真实姓名和通讯地址，电子稿件投稿信箱为：xcczhw@163.com，纸质稿件投稿信箱为：公司南大门侧传达室宣传处报刊箱。

宣传处

2011年3月5日

实训任务5 案例分析

案例一

1997年，某阿拉伯国家的一个访问团来中国南方某城市进行参观访问。访问结束后，该市的市政府为这一代表团举办了欢送晚宴。在晚宴上，市长代表中方向客人赠送了一对特制的瓷瓶，上面印有一对可爱的熊猫图样，并用中文和阿拉伯语书写了“友谊长存”的字样。中方本以为这件礼物会博得对方的喜爱，没想到对方代表团的团长却一脸的不高兴，晚宴中甚至一言不发。这是怎么回事？

案例二

高考的时间正好和端午节比较临近，有考生的家庭特别忌讳别人送鸭蛋，而得到别人赠送糕和粽子则特别欣喜，这是为什么？

案例三

小王是江苏人，他的同事是上海人。同事住院了，小王买了苹果礼篮送到医院，他记得每次他生病，母亲都要买苹果给他，还念念叨叨：“平平安安！”可是小王的同事一见苹果，立即拉长了脸，这是为什么？

案例四

小王的同事小李刚刚生下小宝宝，小王从家里找出自己三年前生孩子时朋友送的宝宝衣服礼盒，既没检查也没包装就送到小李家去了，送给小李时还说是她才买的。小李及其家人看着又脏又破的礼盒，顿时阴沉下了脸。小王的馈赠礼仪错误有哪些？

案例五

国内某家接待外国游客的旅行社，有一次准备在接待来华的意大利游客时送每人一件小礼品。于是，该旅行社向杭州某厂订购了一批真丝手帕，每个手帕上还绣有花草图案，十分美观大方。手帕装在特制的纸盒内，盒上印有旅行社社徽。中国丝织品闻名于世，料想会受到客人的喜欢。

该旅行社接待人员带着盒装的真丝手帕，到机场迎接来自意大利的游客。欢迎词致得热情、得体。在车上他代表旅行社赠送给每位游客两盒包装甚好的手帕，作为礼品。没想到车上一片哗然，议论纷纷，游客显得很不高兴的样子。特别是一位夫人，大声叫喊，表现极为气愤，还有些伤感。旅行社接待人员心慌了，好心好意送人家礼物不但得不到感谢，还出现这般景象。

旅行社馈赠礼物错在哪里？

实训任务6

馈赠策划

实训说明：该训练为本任务内容的测试，记录考核成绩。

实训要求：选择恰当的礼物，正确运用赠送和接受馈赠礼仪。

操作说明：

1. 分组，每组 4～5 人。
2. 根据主题（每个小组的选题不得重复），策划选礼物、包装礼物、赠送……
3. 角色扮演，演示面交礼品和接受礼品礼仪（动作、表情、语言）。
4. 制作并使用道具。

（如果根据主题设置了赠送鲜花，可参阅本书项目十中的相关知识）

训练主题：

1. 父母要你代他们去看望来本地出差的一位长辈（这位长辈是你从未见过的），你该做哪些准备？
2. 你单位的同事（异性，未婚）过生日，邀请你参加生日派对，你准备送什么礼物？
3. 假如在母亲节/父亲节/圣诞节……时你想给自己的母亲/父亲/友人……送上礼物，请问在赠送前应作好哪些准备事项？
4. 情人节就要到了，送什么礼物给朋友？
5. 哥哥的公司有日本合作商将来面谈，请你帮他准备合适的礼物。
6. 自拟主题

训练步骤：

1. 以小组为单位，写出书面策划。
2. 制作礼物（卡片应亲手制作，鲜花可以购买，昂贵的礼物可制作模型）。
3. 展示礼品。
4. 演示赠送、接受仪礼。

评测：同学互评、老师评价。

实训任务7

交谈、倾听

【任务一】交谈礼仪训练

实训要求：与他人通过交谈融洽人际关系，举止得体，气氛和谐。

操作说明：

1. 分组，每组不超过10人(例如谈判，正反方各3～5人)。

2. 根据训练内容指定角色，按照主题、角色的身份拟写交谈内容的文字稿。

3. 课前教师布置训练内容，学生在课堂上情景演示。

评测：根据提交的文本与展示评定实训成绩。

实训内容：

1. 正式谈判之前的交谈。

(1) 按照双边谈判相等式(横桌式)落座。

(2) 目的：为正式谈判营造和谐气氛，双方谈论一些与谈判没有直接关系的话题。

(3) 参考话题：体育新闻、文艺节目、回顾过去曾有的合作经历、询问客人的旅途情况……

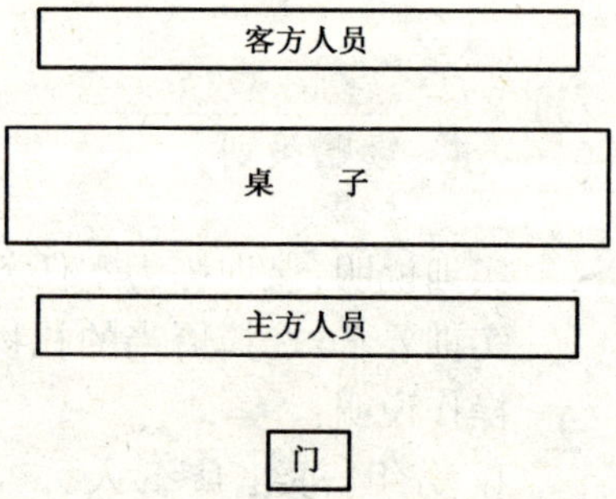

2. 春节家宴，餐后交谈，圆桌式；亲属中有以下角色：

(1) 寒假返乡的大学生；

(2) 春节返乡的农民工；

(3) 留学海外回国团聚的学生；

(4) 自拟角色。

3. 学校要召开运动会，商议参加活动，最终达成共识，具体人员的分工全部到位，专人记录这次交谈，形成书面计划。

(1) 在班级内组织同学报名参赛(负责人及事项)；

(2) 组织新闻采写报道班子(文字稿件、摄影、投稿)；

(3) 运动会服务小组组建(含采买饮料等)；

(4) 拉拉队组建及排演；

(5) 为运动员赛前提供服务(借运动器材、邀请技术指导、陪练等)。

【任务二】倾听行为训练与讨论

实训要求：理解倾听的重要性；专注倾听的礼仪(动作、眼神、表情等)。

操作说明：

1. 按照角色分组，每组不超过6人。

2. 按照实训材料内容变化角色模拟。

3. 讨论(可组内，班内；亦可两组合并，组与组交流)。

4. 主讲者必须事先拟定文稿；倾听者须事先拟写脚本；小组须记录实训过程；所有书面材料提交给老师。

评测：教师巡视实训。依据提交文稿评定小组及学生成绩。

实训材料内容：

	角色甲	角色乙
第一部分	做主讲者	做倾听者
	你是这个练习的主讲者，在两分钟内向你的听众讲述你最开心的一次假期，其中包括曾度假或旅行的地点、同行者，以及你曾做过的事情。	你是一个倾听者。请用两分钟时间用心倾听主讲者有关他的一次开心旅行或度假的经历。尝试用良好的倾听表现，例如：与主讲者进行目光交流，身体微微前倾，在适当的时候展现微笑，或做适当的提问等。
第二部分	扮演倾听者	扮演主讲者
	请你扮演倾听者，先用心倾听一分钟，接着以另一种心态去倾听主讲者的讲述内容，如：四处张望，把玩口袋里的钥匙，玩弄指甲，或显得烦躁不安，双腿左右交叠，身体靠向椅背、装作没精打采的样子，或不时想起和自己有关的事情……	现在你扮演主讲者，在两分钟内向你的听众讲述你最开心的一次假期，其中包括曾度假或旅行的地点、同行者，以及你曾做过的事情。

讨论：

1. 身为主讲者，你有何感受？为何如此？
2. 举出乙曾遵守的倾听礼仪。
3. 你依据什么认为甲(第二部分)并非在倾听？
4. 哪些倾听礼仪是你常遵守的？当你对讲述内容不感兴趣时，你认为主讲者的感受会如何？

【任务三】听话理解及交谈应对能力训练

实训要求：情景角色模拟表演：婉拒游客退团。

操作说明：分若干组，模拟学生一方为要求退团的客人，另一方为旅行社代表。

评测：为扮演旅行社代表的一方评定成绩。

实训内容：

1. 游客一方可因请求一再被拒绝而有过激言行。
2. 旅行社代表自始至终履行有效倾听的职责。
3. 旅行社代表无论游客态度如何，如何抱怨，都只能和颜悦色、婉言拒绝。
4. 旅行社代表抓住对方发言要点，据理提出机智的反对意见。
5. 扮演的双方事先不得互通对话内容。

项目四
拜访与接待礼仪

警示语

◆ 有朋自远方来，不亦乐乎。人不知而不愠，不亦君子乎？（《论语·学而篇》）

◆ 爱人者，人恒爱之，敬人者，人恒敬之。（《孟子》）

◆ 来而不往非礼也。（《礼记·曲礼上》）

任务一　掌握拜访技巧

案例导入

小马拜访

业务员小马按约定，手拿企业新设计的样品，兴冲冲地登上五楼“亨通贸易公司”，未擦一下脸上的汗，便直接走进了业务部办公室，正在处理业务的贺经理被吓了一跳。小马说：“对不起，这是我们设计的新产品，请您过目。”贺经理停下手中的工作，接过样品，并请小马坐下，倒上一杯茶递给他，然后仔细研究起设计样品。

小马如释重负，便往沙发上一靠，跷起二郎腿，一边吸烟，一边悠闲地环视着办公室。当贺经理问他样品的一些设计问题时，小马习惯性地用手去搔头皮，虽然他做了较详尽的解释，但谈到价格时，又不由自主地拉松领带，眼睛盯着贺经理：“我们经理说了，这是最低价格，一分也不能再降了。”贺经理皱皱眉，托辞离开了办公室。小马一个人在办公室等了一会儿，觉得无聊，便抄起办公桌上的电话，同一个朋友闲谈起来。这时，门开，进来的不是贺经理，而是办公室秘书来送客。

【简析】业务员小马拜访对方的公司，不注意自己的语言和行为举止礼仪，缺乏起码的修养，引起贺经理的反感，导致此行失败。

一、拜访的概念

拜访也叫做拜会、拜见，就是指前往他人的工作单位或住所，去会晤、探望对方，进行接触与沟通。人际关系中离不开拜访，拜访是联络感情、发展关系的一种必不可少的手段。不论是公务交往还是私人往来，拜访都是人们在社交中最常用的方式。

二、拜访的种类

拜访的种类按拜访的不同目的分为事务性拜访和礼节性拜访；按拜访的地点不同，可分为居室拜访、工作场所拜访和其他场所拜访。下面主要对前者进行说明。

1. 事务性拜访

这是指为了某一具体的事务而进行的有特定目的的拜访，这个事务可以是公务，也可以是私事。这类拜访一般没有特别合适的时机，拜访的具体时间可根据事务的性质选择双方都合适的时间。

2. 礼节性拜访

这是指亲朋好友或熟人之间为了巩固原有的关系、发展已有的情谊而进行的没有特定目的的拜访。亲戚、朋友、熟人之间好久没有见面了，就需互相走走，问个好。根据人际关系的一般规律，人际关系的维系需要有一定的接触频率。即使是亲朋好友长期不来往，关系也会淡漠，最后甚至可能中断联系。礼节性拜访往往具有比较固定的拜访时机，如节假日、对方本人或家庭重大事件发生日，如婚丧、嫁娶等。

事务性、礼节性拜访在人际交往中的作用明显不同。礼节性拜访没有具体事务的目的、注重情感交流，而建立在情感基础上的人际关系总是更具持久性。事务性拜访是有具体的需解决的事务，事务解决了，双方的交往也很可能随之失去动力。所以，礼节性拜访是人际交往中更为重要的活动方式。无论是组织关系还是私人关系，礼节性拜访都是必不可少的。

三、拜访礼仪

（一）有约在先，守时守约

拜访他人应有约在先，这是做客之道的首要原则。当有必要去拜访他人时，首先要考虑的是主人是否方便，为此一定要提前告知对方。若不约而至可能给对方带来不便；就拜访者来说，未曾约定的拜访也可能因主人不在而无功而返。随着生活节奏的加快以及人们对生活空间的日益重视，不速之客越来越不受欢迎，所以不管是何种拜访，最好都能提前预约。有约在先，既体现着个人教养，更是对主人的尊重，也是为自己的方便（避免吃闭门羹）。

1. 约定时间

约定拜访的时间应客随主便，客人自己提出方案时，最好给对方多提供几种选择。预约时说话的语气应该是友好、请求、商量式的，而不是强求式的。因紧急事宜或无法预约而不得不突然造访时，见面时应立即向对方致以歉意，说声“对不起，打搅了”，并说明打搅的原因。

拜访时间，一般以被拜访者感到方便为佳，拜访他人的时间要恰当、适宜。工作极为忙碌的时间、深夜、大清早、用餐时间及其禁忌的日期不能上门拜访；节假日多为休息时间，也不宜为公事拜访。若是家中拜访，不要约在吃饭和休息时间，上午 10 点与下午 4 点左右登门拜访比较适宜，其他时间最好不要贸然打搅；若去异性朋友处做客，尤其要注意时间安排；若是办公场所拜访，一般不要定在上班后半小时内和下班前半小时。

约好时间，就不可轻易变动，特殊原因不能如期赴约，务必尽快电话通知对方，说明情况并诚恳致歉，待见面时，应再次致歉。如公务拜访约定后，主要拜访人缺席，也应事先告诉对方并听取其建议；拜访时应准时到达，提早和推迟都不宜；考虑到交通拥挤或其他影响因素，可约定一个较为灵活的拜访时间，如“我在七点半到八点之间到达”，以免自己给人留下不守时、不守信的印象。

2. 约定地点

约定拜访的地点也应客随主便，一般来说，被拜访者乐于在家中接待关系较为密切的朋友，以表示双方的友谊非同寻常，也更容易交流感情。但如果居所过于窄小，就不太方便了。做客时，一定要考虑到这些因素。此外，最好不要为个人私事到对方办公地点去打搅，因为很多单位规定不允许上班时间处理私事。

3. 约定人数

在约定拜访时，宾主双方均应事先向对方通报届时到场的具体人数及其各自的身份，在公务拜会中，这一点尤其重要。同时，宾主双方都要避免自己所在方中出现对方不欢迎，甚至极为反感的人物。

通常，双方参与拜访的人员一旦约定，就不宜再随意变动。一般情况下，前去做客的人数不宜过多，否则会令主人应接不暇，干扰其事先做好的安排。

无论是私人拜访，还是公务拜访，赴约时，切不可带主人预先不知道的旁人。

4. 约定主题

任何一次登门拜访，都必然有其目的性。因此，在事先约定时，要明白告知对方自己拜会的主题。

(二) 精心准备，考虑周全

1. 形象准备

在正式拜访做客前首先应“梳妆打扮”一番，以向被拜访者表示敬重和对此次拜访的重视，越是正式的拜访，就越要注意。一般根据被拜访者的身份、双方的关系及拜访的场所等选择服饰。在正常情况下，拜访时的着装应当干净、整洁、高雅。既不要穿得太正统，给人以公务在身、公事公办的感觉；又不要过于随便，给人留下漫不经心的印象。因为，自己的服饰让对方看了不舒服对交往不利，而且，万一主人家正好有其他客人来访，还会让主人感到难堪。所以，即使是老朋友之间或是邻居间的拜访，也应适当注意仪表。

值得注意的是：如果在夏天，男士切忌穿背心、短裤、拖鞋、睡衣，女士也不要穿过分轻佻的服装。女士可以化妆和佩戴首饰，但不宜浓妆艳抹，也不宜佩戴过多首饰，否则会给人以炫耀自己和俗不可耐的感觉。

2. 内容准备

一般拜访都有一定的目的性，需要商量什么事情，拟请对方做哪些工作，自己需要做些什么准备，如何同对方交谈等等，事先都应做认真的设想和安排。初次公务拜访还要准备好名片。名片要放在容易拿出来的地方，男士可以放在西装口袋里，也可放在名片夹里，或是提包中；女士则可将名片放在提包中容易掏出来的地方。

3. 礼品准备

拜访对方或看望亲朋好友，如需要带上适当的礼品，也要事先做好准备。如果是初次拜访，给主人家带去一些小礼品也是一种礼仪的表现，也可以为被拜访者或家人选择一份既有纪念意义又有实用价值的礼品。如果被拜访者是异性朋友，而且他(她)是和家人同住，那么选择礼物时也可以以其配偶、子女或父母为受礼对象。这样做，既让被拜访者感到高兴，也容易为其家人所接受。注意礼品不论是否精美、昂贵，一定要精心包装起来，忽视这一点会被认为是对受礼人的不重视。

（三）为客有方，适时告退

在他人的办公室或私人居所做客期间，要注意举止得体、谈话有度、限制范围、适时告退等。

1. 举止得体

拜访他人，要注意仪表整洁、端庄大方、彬彬有礼。这既是对主人的尊重，也是自身文明教养的体现。

登门前要先按门铃，但切忌按门铃时按得太久，也不能用力或紧促敲门。进门前应主动在门口的垫上擦净鞋底。

主人开门相迎时，应主动问好。若是主人夫妇同时开门相迎，则应先向女主人问候，若你不认识出来开门的人，则应问："这是×××先生的家吗？"得到准确回答后方可进门。进门后，要向在场的主人家属或其他客人打招呼，待主人安排或指定座位后再坐下，不能对屋里的其他人视而不见，就直奔你的朋友。如拜访的是年长者，主人没有坐下来，自己也不能先坐下。

就座之后，哪怕是在熟悉的朋友家里，也不要自己随意点烟抽，如主人敬烟，烟灰和烟蒂要放在烟灰缸里，不要随意往茶碗、食碟里乱放。在主人送上水果、点心时，要起身、点头，双手迎接，并表示感谢。如果旁边有年长的、身份、地位高的人，应先礼让他们。

与主人交谈，应该态度诚恳，坐姿端庄，谈吐文明。不要东倒西歪，没有形象；不要双手抱膝、跷着二郎腿或是两腿不停地抖动；不要对主人家的陈设评头论足，谈论令主人扫兴之事；不要随意打断主人说话或插话。

2. 谈话有度

一般情况下，在拜会之时，宾主双方都要尽快直奔主题，以尽快解决问题。不要东拉西扯，浪费时间；也不要临阵怯场，言不及义，不知所云；更不能随意改变主题，令双方无所适从。

3. 限制范围

拜访时，客人应当限定个人的交际范围与活动范围。限定交际范围是指客人不要对主人之外的人如亲属、友人表现出来过多的兴趣；限定活动范围是指客人尊重主人的个人隐私，不可未经允许，便在主人室内到处乱晃，擅自进入卧室、书房，或是随便乱动、乱拿、乱翻主人的个人物品。

4. 适时告退

拜访之时，务必要注意"见好就收"，适可而止。如果客人与主人双方对会见的时间长度早已有约在先，客人一定要牢记在心，认真遵守。若无约定，通常以一小时为限。初次拜会，则不宜长于半小时。

在拜会之中遇到有他人也拜访的时候，应适当地缩减停留的时间，不必非要"达标"不可，更不要硬找人家攀谈一番。在他人家中无谓地消磨时光是不礼貌的，也是令人讨厌的举动。

如果主人执意挽留用餐，则饭后应停留一会儿再走，不要吃完饭，抹抹嘴就走人。

一旦提出告辞，便要"言必行，行必果"。即使主人挽留，都要坚持离开，不要一而再、再而三地拖延时间，告别了许久也不走，动嘴不动腿。

出门前应与主人握手作别，并对其热情接待表示感谢。不要听任对方"十八相送"，或是长时间地站在门外，与主人说个不停。

四、探视礼仪

探视是拜访的另一种形式，一般仅指在亲朋好友、同仁遭遇不幸事故时的探望或凭吊。

（一）探视病人

当朋友同僚因病住院时，适时探视有雪中送炭之功效，不仅能增进双方友情，体现出“患难见真情”的友谊，也能令病人得到莫大的心理安慰和情感上的满足。

1. 探视前的准备工作

（1）了解患者情况。首先要了解得的是什么病、严重程度、治疗情况，病人目前的心理状态。如果病人得的是传染性疾病，医院一般禁止探视，应采用其他方式如写信等表示关心；如正急救或手术不久，贸然前往，使病人不能得到很好的休息，应择日探望。

（2）了解医院情况。医院允许探视的时间、院规等，否则既影响了医院正常的工作秩序，又影响病人的治疗和休息。

（3）准备慰问物品。如鲜花、水果、点心或营养品等。

2. 探视时应注意的问题

（1）遵守医院规定

每个医院都有探视病人的时间规定，这样做，既是为了保证医院的正常秩序，也有利于病人的休息。因此，不要在医院不允许探视的时间内探访病人。如吃了“闭门羹”，也不要与门卫发生口角，要做的就是耐心等待或另找时间。

（2）言行举止得当

探望病人是一种特殊的社交活动，言谈举止应谨慎得当。

进屋时敲门，让病人感受你的尊重，同时，病人也可在探病者进来之前整理一番衣冠、盖好被子。

神态平和。探病时穿着要日常化，不可过于华丽；进病房时，脚步要轻，表情要从容，切忌慌张、大惊小怪，以免给病人增加心理压力。

平视病人。到病床前，可主动与病人握手，这是无声胜有声的安慰；若有空椅子，可尽快落座，尽量与病人保持平视状态而避免居高临下地俯视，不要离病人远远地站着，眼睛东张西望，让人怀疑你的诚意。

了解病人治疗情况以及目前身体状况，关心治疗进展和身体康复问题，进行必要的安慰和劝解，尽可能挨床坐下，表情自然、亲切。

带去单位的关怀和慰问，谈一谈单位和同事的近况，转达有关人员的问候，讲述一些简单新闻性事件，让病人从孤独、愁闷情绪中解脱出来。

避免谈及可能会使对方忧虑或忌讳的内容。对身患严重疾病的病人，应和医生、护士、病人家属一起向病人隐瞒实情，和他们的口径保持一致。

少问为佳。探视时要多安慰和鼓励，不要过多询问，不要说令人敏感的不吉利语言。

把握时间。探视时间不宜太长，一般不要超过半小时。如果病人需要照顾，那就尽量留下陪伴。

告别时，应谢绝病人送行，还要询问病人有何事相托，并希望病人好好养病，早日康复。

（3）携带礼物要合适

探望病人免不了带些礼物，可以是一束清香淡雅的鲜花，既高雅又实惠，很适合作为探视病人的礼物，但若是老人、家境贫寒的农村病人以及病因与过敏有关的病人，如哮喘病等，就不宜送鲜花了；探望需要住院较长时间的病人，可以送些书及杂志供消遣之用；也可以送适于病人食用的水果、营养品给病人。

(二) 吊唁礼仪

现代追悼逝者的仪式一般采用追悼会或遗体告别的形式。当接到讣告后，应亲自前往参加，以表示对死者的怀念，并向死者亲属表示慰问。如果死者是自己的至亲好友，还应携妻(夫)一同前往，因有特殊情况不能前往，应给死者亲属致唁电或唁函。

对企业内部职工或外部紧密客户的逝世，应表示沉痛和哀悼之情，态度要严肃，感情要真挚。

召开追悼会时，单位组织应送花圈，有关领导可以出席，以表示组织和领导对职工或职业友人的关心。

参加追悼会时，服饰打扮要与吊唁气氛相适应。不管男士女士最好穿深色衣服或比较素雅的衣服，衣着庄重朴素，佩戴黑纱或白花。服饰忌红红绿绿、怪里怪气，切忌使用色彩鲜艳的花手绢、涂胭脂抹口红，否则，与肃穆沉痛的气氛不协调。

在追悼会进行时，要静心听取他人对死者的悼念之词，虚心学习死者的好品质。要按程序和要求，向死者鞠躬施礼、向遗体告别等。表情要严肃、悲痛，三五成群谈笑风生、施礼时东张西望、中途早退都极不礼貌。

对死者的家属要进行安慰，劝他们节哀、保重，如果有困难要尽力帮助解决。如与死者生前关系密切还应主动帮助死者亲属料理后事，以寄悲情。

任务二　熟悉接待规范

案例导入

周公吐哺

周公是西周时期的著名政治家。他说："吾文王之子，武王之弟，成王之叔父也，又相天下。吾于天亦不轻矣，然吾一沐三握发，一饭三吐哺，起以待士，犹恐失天下之士。"位高权重的周公唯恐怠慢客人，曾三次中断洗浴，在吃饭时三次将来不及咽下的食物吐出来，立即出去迎客。周公堪称礼贤下士的待客典范，留下了"周公吐哺，天下归心"的千古佳话。

【简析】待人以诚、待人以礼，在我国早有许多千古佳话，很值得我们现代人深思。

中国人素有热情好客的美德，接待客人，要热情洋溢、礼貌周到。迎宾待客，是社交、公务活动中的重要环节，接待方要考虑周到，讲究礼仪，关怀备至，使来访者有宾至如归之感。迎送重要客人时，要安排正式的迎送仪式；迎送一般客人，可省去正式仪式，主要是规范地做好各项接待。

一、接待原则

(一) 热诚大方，注重实效

对于任何来访的客人，接待人员都要热情、诚恳，以礼相待。来访者不管是上级机关来的，还是下级单位来的，也不管其身份、职位、资历、国籍如何，都应平等相待，诚恳热情，不卑不亢，落落大方。“门难进，脸难看，话难听，事难办”的衙门作风要坚决革除。要设身处地为来访者着想，处处给予方便。对于来访者提出的合理要求，能满足的尽量予以满足，不能满足的要说明情况和理由。自己不能办理的，要向来访者指明办理的渠道和程序。

（二）认真负责，细致周到

接待人员要认真对待每一次接待活动，对每一位来访的客人负责。一次接待活动常常会涉及许多部门和人员，接待人员要协调好各种关系，考虑到各个细节，诸如来访人员的衣食住行，各项活动，牵涉到的人、物等等。接待人员要善于换位思考，处处替来宾着想，检查有无漏洞，为来宾提供全方位服务，双方都不要留下任何遗憾。这就要求接待人员在工作中要开动脑筋，综合考虑，把工作做得面面俱到、细致入微。

（三）确保安全，内外有别

在接待过程中，要确保每一位来宾的安全。包括住地安全、交通安全、饮食安全、财物安全等。如属保密性的接待，则要注意会谈保密、文件保密、通讯保密及活动安排保密等。接待中，对系统内、外，党内、外，国内、外的来宾在礼仪上和规格上应有所区别，既要遵守纪律，按规定办事，又要热情周到，文明接待。

（四）俭省节约，讲究礼仪

接待事务在某种意义上也是一项消费活动，需要人力、物力、财力的投入。接待人员应厉行节约、精打细算、勤俭务实，杜绝摆阔气、讲排场、大吃大喝、奢侈铺张的不正之风。

我国是礼仪之邦，接待活动作为一项典型的社会交际活动，务必以礼待人，体现接待人员较高的礼貌素养。

二、接待程序和礼仪

（一）接待工作的一般程序

如果以人数多少或是否有计划性来划分，接待工作可分为个别接待（或随机接待）和团体接待（或计划接待）。这两种接待方式的程序和方法有所区别，应熟练掌握其中的程序步骤和工作艺术。

1. 个别接待或随机接待的程序和方法

大多数时候，迎接的来访者是个别的，有时有预约，有时没有预约，针对这些来访者，接待有以下的步骤和方法。

（1）已预约来访者的接待

① 迎接来访者

对这些来访者的迎接，可分为办公室内的迎接和办公室外的迎接。

第一，办公室内的迎接。在办公室内，面对的不论是已经预约的，还是未经预约的来访者，都应该有以下迎接的动作：停下手边的工作和谈话、抬头、行注目礼，如果正在打电话，可用手势示意，请来访者稍候。与此同时，脸上应报以真诚的微笑，并迅速辨认来访者是谁，给以适当的称呼。随后是说迎接词：“你好，请问你找谁？”

按照我国的传统，客人进来时应该起立，以示礼貌，也有些三资企业没有这个规定，接待人员可以在自己的位置上迎接来访者。但应记住的是，依照习惯，一般不主动伸出手去与客人相握，如果客人先伸手了，那么不管他（她）是谁，接待人员都必须与之握手。

来访者如果拿着雨伞、物品，或穿着雨衣，只需告诉对方把雨伞等放在哪里即可，不要主动上去帮忙。在特殊情况下，来访者是老人、残疾人等，在征得同意后，可以适当提供一些帮助。

第二，办公室外的迎接。在办公室外的迎接，可能是在办公楼或公司的大门口迎接，也可能是到来宾的工作单位或下榻的宾馆等地迎接。这时应注意：到机场、车站、码头等地迎接，要考虑到可能的交通堵塞等因素，在时间上留有余地。

② 向上司通报

当客人到访后，接待人员需马上向上司通报。不仅使客人感到受重视，也可以提醒领导放下手头的工作，准备接待客人。当客人的身份很尊贵时，可以让上司亲自迎接。

通报时，可以通过电话告知上司，或走到上司办公室告知(接待人员离开办公桌前应注意桌上文件、电脑中资料的保密)。

③ 为来者引路

在获得上司肯定性回答后，接待人员需将客人引领至指定的会客室。如果客人是单位的常客，也可由客人自行进入，特别尊贵的客人，则需领导亲自引领。引领时应注意动作、手势、走路姿势的礼仪。

④ 引见来访者

当不熟悉的人来访时，接待人员须对双方进行介绍。介绍的顺序是先介绍上司，后介绍客人。

⑤ 为之送饮料

待宾主双方寒暄落座后，接待人员要给来访者提供茶水或饮料。奉茶时应先征求客人的意愿(茶、咖啡及其他饮料)，也应尽力尝试了解客人的喜好。从客人中的上座起按顺序奉茶，其次再为公司内的员工奉茶。茶水供应完毕后，要视上司的态度而定，如果上司需要接待人员陪同会谈时，应留在会客室继续为上司和客人提供服务，并做好会谈记录；如上司不提出这样的要求，接待人员人员可在得到上司的允许后退出会客室。

⑥ 送别来访者

会谈结束后接待人员有送别的义务，视客人重要程度不同送至电梯口、办公楼前、大门外。应提醒客人勿忘雨具等物品。如果送到轿车边，应根据尊卑次序安排座位。要等到客人离开自己的视线，才能往回走。

⑦ 整理会客室

接待人员要及时对会客室进行清理，保证会客室的整洁，并为下次会见做好准备。

(2) 未预约来访者的接待

在工作中经常会遇见没有预约的突然来访者，接待人员应对突然来访者需要一定的技巧，处理得好可以为领导节省时间；处理不好则会引起不必要的争端。对一些未经预约的来访者，接待程序应该是这样的：

① 搞清来访者的身份和来访事由

一般情况下，来访者会作自我介绍(包括出示名片和介绍信)，并说出来访事由。在没有弄清楚对方身份之前，不要贸然拒绝，更不要轻易向领导引见。

② 在权限范围内酌情处理来访者

在接待工作中有一个重要职责，就是要甄别客人，起到“过滤”、“分流”的作用，不能让来访者直接见到领导。接待人员通常有一定的权限，如果来访者的事由在接待人员权限内，可以自行处理，不用麻烦领导；对于那些领导不愿意见到的客人，如保险业务员、商品推销员、滋事者等，就要想办法为领导挡驾。

③ 请示上司是否接受来访

如果不能确定来访者的事由是否符合公司利益、上司是否欢迎此来访者，应向上司进行请示。如果上司接受来访，应根据上司的时间和意愿来安排会晤，其程序方法与已预约来访者的接待程序和方法一致。如果上司不愿或不能见来访者，接待人员可以上司不在或上司很忙为理由委婉拒绝来访者提出的要求。

④ 会晤的暂停和终止

上司在会晤过程中，接待人员如果接到找上司的电话，应根据事情的轻重缓急程度来处理。一般来电，不要马上通知上司。如果来电涉及重要、紧急事情，应请来电者稍候，然后立即把来电者的姓名、身份和事由写在纸上，通知上司，或打内线电话通知上司。上司走出办公室或会客室，接待人员应进入，陪同来访者。

有时上司不愿与来访者交谈下去，或上司下次活动的时间已到，接待人员可以出面执行使会晤终止的特殊使命。方法是：打内线电话或给上司送张纸条，还可直接走到上司面前，提醒上司其他活动时间到了。只要电话铃声一响或纸条一到，上司即可顺水推舟建议结束会晤。

2. 团体接待或计划接待的程序和方法

(1) 了解来宾基本情况

尽快掌握来访团体的情况，了解来访者的意图和要求，是做好接待工作的基础，因此要尽可能的搜集各种背景资料。来宾的基本情况包括：所在国籍(地区)、具体单位、此行目的、来访天数、同行人数、抵达方式、到达的日期和地点，以及每个成员的姓名、性别、年龄、职务、级别、民族、宗教信仰、生活习惯、健康状况等。并向领导汇报，听取意见和指示。

(2) 制定接待计划

接待工作计划一要详细周到有针对性，即针对来访团体的具体目的和任务，充分考虑到可能发生的情况，特别注意细节的问题；二要切实可行有可操作性，即应符合当时、当地具体的主客观条件。一般而言，接待计划应包括以下五方面的内容：

① 接待方针。即接待的指导思想，属于接待计划的前言部分。

② 接待规格。这由双方的地位、关系决定，有对等接待、高规格接待、低规格接待。在接待工作计划中应预先确定。

③ 接待日程安排。这是一项比较细致的工作，应当考虑周全。一是要求接待活动的重要内容不能有疏漏，如安排接站、住宿、拜会、会谈、宴请、订餐、游览、送行等事宜，每个环节都要考虑到；二是要求注意时间、地点上的紧凑，上一项活动与下一项活动之间不能间隔太长，地理位置也不宜相距太远；三是要求每项活动的安排应科学合理，不能有冲突和重复。

④ 接待形式与人员安排。指具体的接待方式、方法。如前去机场、车站、码头迎接，要不要举行一定的仪式，是否准备鲜花，宴请是选择中餐还是西餐等具体问题的确定。还要明确参与接待的人员及工作分工。

⑤ 接待经费开支。指接待经费的预算。应本着“少花钱，多办事”的节俭原则安排各项接待工作，反对“讲排场”的铺张浪费作风。有时候接待经费也可以由主客双方协商共同承

担。接待方案拟订后,要报请领导审批后方可实施。有时,在拟订之初还需征询来访者的意见。

(3) 落实接待准备工作

俗话说:"凡事预则立,不预则废。"在接待团体来访者的工作中,进行必要的事前准备,以求有备而行,有备无患,是非常重要的。

第一,做好来宾吃、住、行等生活方面的准备。根据来宾身份和具体要求,协助具体接待部门安排好住宿,可在宾馆、酒店预定标准客房或套间。要特别注意来宾住地的防灾、防盗和安全保障。

接待人员应根据单位规定的标准及来宾的饮食习惯,安排好来宾的日常饮食。要特别注意不同民族、宗教的饮食禁忌,并确保食品卫生和饮食安全。

根据实际工作需要和来宾需要,安排好整个接待期间的工作用车。对车况、路况要认真检查、调查,确保交通安全。

第二,做好进行会见、会谈、宴会、拜会、参观考察等活动的场所预定和环境准备。根据来宾的工作任务,秘书应提前预定好会见、会谈、宴会、拜会、参观考察等活动的所需场所,并做好各项准备工作。比如空间宽敞、布局合理、整洁美观的会客环境准备;会见时必需的桌椅家具、文具用品、茶具饮料、陈列样品、声像设备、办公设备及特色礼品等物质准备;还有日程安排、合同文本、产品工艺说明、纪念宣传手册等书面材料的准备等。

第三,安排好观光游览和文体活动。根据来宾意愿和实际情况,可安排客人到风景区和名胜古迹游览;可以根据来宾的生活习惯和要求,适当安排一些健康向上的文娱、体育活动。一定要提前做好联系、预定、落实工作。事前有准备,就不会导致到时手忙脚乱,而来宾亦会为你的周到安排感到备受尊敬。

第四,联系新闻媒体。如果来宾的身份重要,或活动具有重要意义,应该事先通知有关新闻媒体派人进行采访、报道。

第五,通知迎送、陪同人员。接待方案得到批准后,应用书面形式,将接待方案、重要宾客情况、各项活动和地点(活动日程),逐一通知清楚。

(4) 实施具体接待工作

第一,做好接站工作。根据对方选择的交通工具和到达时间,安排车辆和人员进行接站。接站要准时,一般要提前等候,防止因其他意外因素,导致客人已到,而接站人员未到的情况发生。接站时应有醒目的接站牌,必要时可准备欢迎条幅。

第二,根据客人具体情况安排住宿。根据接待规格,将客人引领至事先预订的宾馆住宿,按照职务、性别、年龄和个人习惯等,妥善安排。对客人其他要求,应在合理的范围内尽量予以满足。

在住宿安排的准备上要格外细心,防止因疏忽导致的低级错误,如误将不同性别的人安排到同一房间。要事先准备好房卡,有序地安排客人到房间休息,防止出现客人一起抵达时的混乱场面。

第三,与来宾负责人商议活动日程安排。秘书应在第一时间与来宾的负责人接洽,将活动日程交对方查看,听取对方的意见和要求,及时报告给本方领导,以便做出调整。活动日程一旦确定,尽快将日程安排印发给有关领导和部门按此执行。若需要也可将日程安排印发给所有的来宾,让每个人都做到心中有数,从而积极配合,提高整个接待工作的效率。

第四，安排宴请。有领导出席的正式宴会一般要安排双方领导的致辞、讲话等活动。菜品的选择除了考虑到接待规格、客人的习惯之外，还要突出本地特色，但是反对铺张浪费、大吃大喝。

第五，安排好会见会谈、参观考察等事宜。根据来宾的工作任务组织实施会见会谈、参观考察等事宜，并提供现场全程服务。

第六，安排好返程票的预订、预购。如需要本方协助预订、预购返程车票、机票、船票时，接待人员在来宾离去的前几天，应主动征询来宾意见，并提前将返程票交于对方。特别是在客流高峰时间，要确保返程车票的万无一失。还应安排好送行人员、车辆，负责送站。

第七，安排好送行事宜。来宾离去时，应安排有关领导或工作人员为客人送行。可以提前去客人下榻的宾馆、饭店送行，并协助来宾结算住宿费等，避免因退房高峰，导致客人时间的耽搁。如需去车站、机场、码头为客人送行，还应安排好送行人员及车辆，并帮助客人办理行李托运手续。因为送客与迎客同等重要，所以应善始善终，切忌虎头蛇尾，这样才能给客人留下良好印象和美好回忆，为今后进一步合作打下良好基础。

(5) 处理善后工作

第一，做好接待经费的结算。客人走后，应尽快进行接待工作所花费的资金、单据等清理和报销。应做到账目清楚、手续齐备。

第二，总结整理有关文字材料。一项接待活动完成之后，应对本次接待工作的经验、教训进行总结，要主动向有关领导进行工作汇报，对在接待中产生的各种文字材料进行处理和立卷、归档等。

(二) 接待工作的相关礼仪

接待工作中应遵循的总的礼仪原则是“热情周到、宾至如归”。迎来送往是日常接待工作的内容，所谓“出迎三步，身送七步”就是迎送客人的最基本礼仪。接待人员在迎送客人时，要让客人感到真诚、热情、礼貌、周到，使客人乘兴而来，满意而归。

1. 迎接

在商务往来中，对于如约而来的客人，特别是贵客或远道而来的客人，表示热情、友好的最佳方法，就是要指派专人，提前到达双方约定的地点，恭候客人的到来。对于来自本地的客人，接待人员一般应提前在本单位的大门口或办公楼下迎候。待客人的车辆驶近时，应面带微笑，挥起右臂轻轻地晃动几下，以示“我们在此已经恭候多时了，欢迎您的光临”之意。若来宾德高望重或是一位长者的话，则接待人员应在对方的车子停稳之后，疾步上前，为之拉开车门，并同时伸出另一只手挡住车门的上框，以协助对方下车。

2. 茶歇

在接到远方来客后，应先将其送到住处。途中，可以向客人介绍当地风俗民情、气候、特产等情况，并可询问客人在此有无私人活动需要代为安排。如会见、宴请、文艺演出、参观游览等。与客人分手时，要告诉客人下次见面的时间和联系方式。

如果接待的客人是留宿在主人家，进屋时，主人在前，客人在后。进入客厅后，应请客人在上座就座。来客如是亲朋挚友，可以不拘礼节，更显得亲密无间；来客如是师长，则应注重礼节，不可轻率、随便。如客人不期而至，无论工作多忙，都应停止手中的工作，起身热情接待。

一般来说，茶水、饮料放在客人的右前方，点心、糖果放在客人的左前方；而上茶则应该从客人的右边上。从健康角度讲，对客人不主动敬烟也不算失礼。

与客人交谈，态度要诚恳热情，认真专注，不要心不在焉，不能左顾右盼或频频看表，显出厌倦、不耐烦的样子。万一主人有急事要办，应向客人说明并致歉。对于远道而来的客人，如有准备的话，可以真诚地请客人一起用餐。

奉茶礼仪

(1) 奉茶之人

客人类别	待客地点	上茶之人
普通客人	家中待客	晚辈或家庭服务员
工作单位待客	秘书或接待人员或专职人员	
重要客人	家中待客 工作单位待客	女主人 本单位在场的职位最高者

(2) 奉茶顺序

> 先为客人上茶，后为主人上茶；
> 先为主宾上茶，后为次宾上茶；
> 先为女士上茶，后为男士上茶；
> 先为长辈上茶，后为晚辈上茶。

来宾甚多，且其彼此间差别不大时，用以下顺序：

① 以上茶者为起点，由近而远依次上茶；

② 以进入客厅之门为起点，按顺时针方向依次上茶；

③ 以客人的先来后到为先后顺序；

④ 不讲顺序，或由饮用者自己取用。

3. 陪同

在接待活动中，接待人员陪同客人，步行一般应在客人的左侧，以示尊重。如果是主陪陪同客人，要并排与客人同行。如属随行人员，应走在客人和主陪人员的后边。负责引导时，应走在客人左前方一两步远的地方和客人的步速一致，遇到路口或转弯处，应用手示意方向并加以提示。

乘电梯时，如有专人服务，应请客人先进，如无专人服务，接待人员应先进去操作，到达时请客人先行。进房间时，如门朝外开，应请客人先进，如门往里开，陪同人员应先进去，扶住门，然后再请客人进入。

乘车时，陪同人员要先打开车门，请客人上车，并以手背贴近车门上框，提醒客人避免磕碰，待客人坐稳后，再关门开车。按照习惯，乘车时客人和主陪应坐在司机后第一排位置上，客人在右，主陪在左，陪同人员坐在司机身旁。车停后接待人员要先下车打开车门，再请客人下车。如果接待两位贵宾，主人或接待人员应先拉开后排右边的车门，让尊者先上，再迅速地从车的尾部绕到车的另一侧打开左边的车门，让另一位客人从左边上车，只开一侧车门让一人先钻进去的做法是失礼的。当然，如为了让来客顺路看清本地的一些名胜风景，也可以在说明原因后，请客人坐在左侧，但同时应向客人表示歉意。需要强调的是，即使是为了让客人欣赏风景。也不要让客人坐司机旁的位置，尤其是接待我国港、澳、台地区和外国客人时更应注意这一点，否则，会弄巧成拙，事与愿违。

如果陪客人、外宾参观访问，接待人员应提前10分钟到达；参观过程中，接待人员应走在宾客的左前方，并超前两三步，时时注意引导，遇进出门户、拐弯或上下楼梯时，应伸手示意；当参观结束后，应将客人送至宾馆，然后再告别。

A. 轿车座位礼仪

B. 上车、下车的礼仪

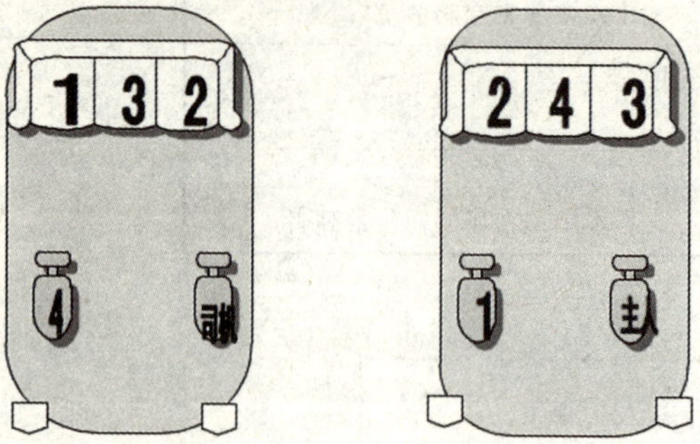

图 4-1 A. 轿车座位顺序礼仪

图 4-1 B. 上车（左，臀部先落座）、下车（右，足先伸出、落地）礼仪

4. 送别

迎来送往是接待礼仪中首尾两个关键环节。精心安排的欢迎仪式，能为客人留下良好的印象；而周到完美的欢送仪式，能为客人留下一个美好的结局，使对方难以忘怀。

送客是指在来宾离去之际，出于礼貌，陪着对方一同行走一段路程，或者特意前往宾客返还的启程之处，与之告别，并看着对方离去。

(1) 公务送别

一般常见的送别形式有道别、话别、饯别、送行等。

① 道别。道别一般是由来宾率先提出来，假如是由主人先向来宾道别，会给客人下逐客令之感。在道别时，要待客人伸出手来握别时，方可以手相握，切不可在送客时抢先“出手”。来宾往往会说：“就此告辞”、“后会有期”。主人一般会说：“一路顺风”、“多保重”等。如果是给远道的来宾送行时，要送到火车站、飞机场或轮船码头，并为客人准备好一些旅行中吃的食品，如水果、糕点等，注意要等火车、飞机或轮船开动后再离开。若有事不能等候很长时间，应向客人解释原因，以表示歉意。

② 话别。与来宾话别的时间，一要遵循主随客便的原则，二要注意预先告知。最佳的话别地点，是来宾的临时下榻之处。还可以选择在接待方的会客室、贵宾室里，或是为来宾饯行而专门举行的宴会上。参加话别的主要人员，应为宾主双方身份、职位大致相似者，对口部门的工作人员、接待人员等。话别的内容通常为：a. 表达惜别之意；b. 听取来宾的意见或建议；c. 了解来宾有无需要帮忙代劳之事；d. 向来宾赠送纪念性礼品。

③ 饯别。指在来宾离别之前，东道主一方专门为对方举行一次宴会，郑重其事地为对方送别。为饯别而举行的专门宴会，通常称作饯别宴会。举行饯别宴会，不仅在形式上显得热烈、隆重，而且会使来宾有备受重视、尊敬之感，从而能够进一步加深宾主之间的感情和

联系。

④ 送行。东道主在异地来访的重要客人离开本地之时，特地委派专人前往来宾启程之处，与之亲切告别，并目送对方离去。在接待工作中需要安排送行的对象主要有：正式来访的外国贵宾、远道而来的重要客人、关系密切的协作单位的负责人、重要的合作单位的有关人员、年老体弱的来访之人、携带行李较多的人士等。当然，如果来宾主动要求主人为之送行时，也应尽量满足对方的请求。

为来宾正式送行的地点，通常是来宾返还时的启程之处。如机场、码头、火车站、长途汽车站等。倘若来宾返程时将乘坐专门的交通工具，是从自己的下榻之处直接启程，则可以将来宾的下榻之处作为送行的地点，如宾馆、饭店、旅馆、招待所等。如果需要举行送行仪式，送行的地点往往要选择宜于举行仪式的广场、大厅等。如果是和上司一起送客时，要比上司稍后一步。

(2) 私人送别

第一，当客人准备告辞的时候，一般都应真诚的挽留。客人起身告辞时，主人和在场的人应起身道别。主人送客，一般应送到门外或楼下，待客人伸出手来握别时，方可以相握，切不可在送客时先“起身”或先“出手”。不论是朋友来访，还是业务上的往来，客人走时一定要热情相送。不要客人刚走出大门，主人就立刻转身，这会让对方从心里感到不自在。最好能客气地送对方一小段路，并在客人的身影消失以后返回。

第二，如果是送进电梯，则要等电梯门关上再走，不要刚和客人握手道别，马上转身就走。同时，送客返身进屋后，应将房门轻轻关上，不要使其发出巨大的响声，或者马上把室内的灯熄灭，或站在门外议论客人，这容易引起客人的反感，产生误解。

第三，送客时应走在客人的后面，目送客人远去时，可挥手致意，并道“欢迎再来!”如果客人回首招呼，主人应举手示意，频频点头。远客或年纪大的客人，如有需要(走路不方便、路不熟等)则应送到车站、码头。等车、船开动消失在视野以外后再返回，如是送客至机场，应待客人通过安全检查处之后再返回。送客时不要表现得心神不宁或频频看表，以免客人误解成你催他快离开。

第四，来客如果带着礼物前来拜访，临走之前留下礼物，主人应主动、真诚地表示感谢，说声：“让您破费了，真不好意思”等。如果相互之间比较熟悉，礼物又不十分贵重，可以在道谢之后双手接过，欣然收下。一般情况下，应遵循“礼尚往来”的原则，在收下客人礼品的同时回赠必要的礼品。如果礼物比较昂贵，应该婉言推辞。对出于某些考虑不便收下的礼物，要坦率地说明原因，谢绝馈赠。

第五，离别时，应邀请对方再来，表达留恋好友之意，并祝对方一路顺风。

总之，无论是招待客人还是送别好友，都要使对方感到主人热情、诚恳、有礼貌、有修养，使客人感到温暖、融洽，给客人留下良好印象。

三、会见会谈

(一) 会见礼节

会见也称接见或召见，属礼节性会客，一般时间较短，谈话内容较广泛；而事务性会谈则时间较长，谈话的内容较专门化。接待人员在安排会客时应注意以下礼节：

第一，接待人员要陪同主人在门口迎接客人。如果主人不能到门口迎接，则由接待人员在门口迎接，并引导客人进入会客厅。引导也有礼节要求，一般是接待人员走在客人的前面，如果在走廊上引路，要注意不能够用背挡住客人的视线，应在客人侧前一米距离左右引导，步调的快慢要同客人保持一致。遇到拐弯时，要停步指点方向。遇到高低处时，要主动提醒客人，以防发生意外事故。上下楼梯时，上楼应由来客先上，下楼时引路的接待人员先下。进出电梯时，让来客先行。到达会客室时，要指明“就在这里”。门关着时，可先敲门，再开门。

第二，会见场所的安排。一般安排在会客室或办公室。我们国家习惯客人坐在主人的右边，记录员安排坐在主人和主宾的后面，其他客人按礼宾顺序在主宾一侧就座，接待人员在主人一侧就座。会见场所应安排足够的座位。如果会见人数较多，会见场地也较大，最好安装扩音器，主宾方各一只。便于自由交流，取得较好的音响效果。

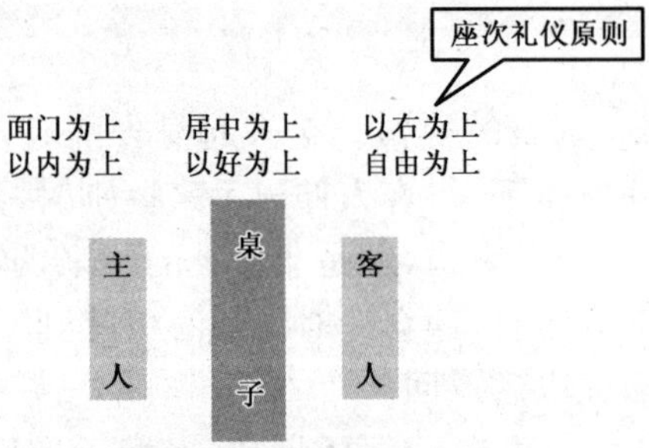

图 4-2-1 相对式位次

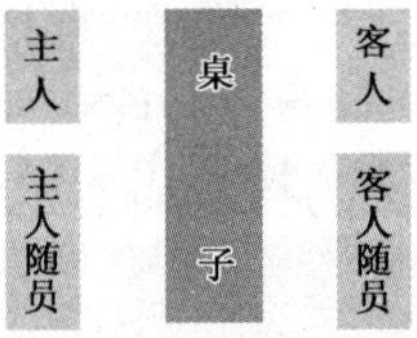

图 4-2-2 相对式位次

图 4-3-1 并列式位次

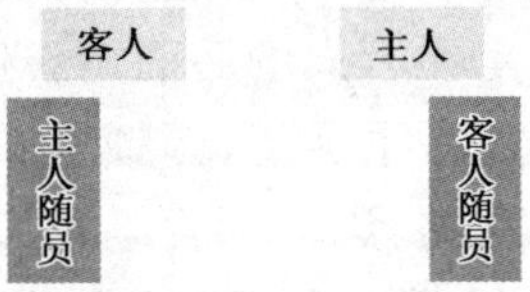

图 4-3-2 并列式位次

第三，会见时的礼宾次序。通常有几种排列方法：

一是按职务排列，即按来宾的身份、职务由高到低排列；

二是按字母排列，国际上是按英文字母排，我国是按笔画顺序和拼音字母排列；

三是按工作排列，即按会见到达的先后顺序排列。

接待人员在安排主人会见客人时，一定要考虑周全，设计多种方案，以免因礼宾次序排列出现差错而引起客人的不愉快，为表示友好，会见中应准备合影这一接待项目。合影具有留念意义，对主宾双方都极为重要。合影可安排在会见前或会见后进行。摄影时的位置按礼宾顺序排列，一般主人居中，以主人的右手为上，主宾双方间隔排列。也可第一排人员安排座位，第二排以后人员站立。

第四，会见结束后的送别。接待人员应陪主人一起送客，一般到门口或车前，握手告别，目送客人离去后再返回室内。

（二）会谈礼节

会谈是由主客双方或多方就共同关心的问题交换意见、寻求解决办法的一种沟通形式。它与目标明确的专业性谈判有所不同，只是着重交换意见，形成共同看法，而不形成文字协定。但在国与国之间，双方代表会谈时，也可形成文字性会谈纪要或公报。在具体礼节上，与会见相类似，只是在座位的安排和会谈方式上有不同的礼节要求。一般应注意以下几点：

第一，会谈一般围桌而坐。通常使用的是长方形、椭圆形或圆形桌子。宾主相对而坐，座位的排列以正门为准，记录员一般安排在后座，也可安排在会谈桌就座。若是多边谈，座位可摆圆形桌，按礼宾顺序就座。

第二，谈话的态度要诚恳，表述自己观点时要谦和，在客人发言时要认真聆听，不要随便插话。对意见发生分歧的争论也要心平气和，不要言语激烈，可作耐心的解释。

第三，会谈时，注重使用文明礼貌语言，如“请”、“谢谢”、“对不起”、“很抱歉”，要说普通话，避免方言、俚语。

第四，会谈人员的衣着要整洁大方，谈话的表情举止应自然、诚恳、面带笑容、彬彬有礼。

第五，掌握谈话的分寸，特别是与外方会谈时，更应注意使自己的发言符合我国的对外政策，凡是涉及国家机密和技术保密的内容应该严格遵守有关保密规定。

总之，会见与会谈是接待工作中的一项经常性活动，负责安排会见、会谈的接待人员肩负着重要的责任。接待人员的仪表、言谈和举止，以及对会见、会谈活动的组织协调能力，无不代表着组织的形象，直接影响到会见与会谈的效果，接待人员切不可轻视。

任务三　注意拜访与接待细节

案例导入

细节出错

泰国某政府机构一项庞大的建筑工程向美国工程公司招标。经过筛选，最后剩下四家公司。泰国派遣代表团到美国与各家公司商谈。代表团到达芝加哥时，那家公司在忙乱中出了差错，没有仔细核查飞机到达的时间，未去机场迎接泰国客人，但是泰国代表团在芝加哥找了一个商务中心旅馆。他们打电话给那位美国经理，经理局促不安地道歉，泰国人同意第二天上午11点在经理室会面。第二天美国经理按时在办公室等候，直到下午3点接到泰国代表的电话：“我们一直在旅馆等候，始终没人来接我们，我们对这样的接待不习惯，我们定了下一个目的地的机票，再见。”（扬眉，《现代商务礼仪》，东北财经出版社2000年）

【简析】由于接待细节的疏忽，结果不仅没有能联络双方感情，还影响了个人的形象，甚至公司的形象，导致业务的丢失。

一、拜访需注意的细节

不同地点的拜访，其礼仪细节要求各不相同。

（一）居室拜访礼仪细节

1. 进门有礼，不可冒失

无论到别人家中或办公场所拜访，都不可破门而入。有门铃的首先按门铃，时间2秒左右即可，若间隔十几秒未见反应，可按2～3次，切忌长时间连续不断按铃，吵得主人心烦；没有门铃的，先敲门，敲门时用中指与食指的指关节有节奏地轻叩房门2～3下，不可用整个手掌，更不能用拳头擂或用脚踢。在炎热的夏季，有的人习惯敞开着门，若在这时拜访，也应敲门告知主人。

数次按门铃或敲门后，主人还是没有来应门，就只能离去，即使你断定家里有人。主人不开门迎客，说明你此刻的拜访是不受欢迎的，主人不愿意被打扰，切不可连续不断地敲门或按门铃，也不要在门外高声喊叫，或在门前徘徊不走，或通过窗户向室内窥探，除非你确信屋内的人需要帮助。

如果主人在屋内以“谁啊”应门，你通常应通报自己的姓名或身份，而不能只回答一个“我”字，除非你与主人很熟，确信对方能听出你的声音。

如果为你开门的人是你不认识的，要先恭敬施礼，主动通报姓名，并说明来意，如果事先没有约好，还应礼貌致歉。若被访者不在，可留下姓名，并在名片上简单地写上自己的拜访事由，也可以告诉接待人，请他(她)为你转达。

如果对方仅仅是开门而并没有说“请进”这并不表示你可以进去。每个人的家都是私人空间，没有主人的邀请，不能随便进入。如果有事，不妨在门口说；如果没有什么特别的事，在寒暄问候以后就应及时告辞。

只有当主人为你开门请你进屋时，你才可以进门。进门后随手将门带上，如果带着雨具，应放在门口或主人指定的地方，避免把水滴到房间。在寒冷的冬季，进入主人家后，应在主人示意下脱下外套，摘下帽子、手套等随身物品，一起放在主人指定的地方。如果主人没有示意，则表示无意让你进屋，这时不可急匆匆地脱下衣帽。需要脱鞋时，应将鞋脱在门外，穿拖鞋进屋；若无需脱鞋，应先将鞋在门外的擦鞋毡擦干净后方可进屋。

2. 言谈有度，举止得当

与主人相见，要主动向主人问好，并同主人握手为礼。如果双方初次见面，还应对自己略作自我介绍。对主人的同事、亲属，应主动打招呼、问好，不能视而不见，不理不睬。如有礼品，可适时向主人奉上，不要道别时再送。

进入房间时，要主动跟随主人之后，而不要走在主人之前。入座时，要根据主人的邀请，坐在主人指定的座位上。如拜访对象是长者或身份高者，应待主人坐下或招呼坐下后再入座，不要抢先坐下，以免引起主人的反感。

没有得到主人示意，不能随意走动，特别是不能随意进入主人卧室，也不要乱动主人家的物品。主人端茶送水果，应欠身致谢，并双手捧接。上门做客最好不抽烟，非抽不可，要征得主人同意；主人递烟时，可接过并主动为主人点烟。坐姿要端正，不要东倒西歪，不能把整个身体陷在沙发内，也不要双手抱膝，更不要跷二郎腿。若觉疲劳，可变换坐姿，但不能抖动两腿，女士应注意两膝并拢。

当主人询问客人喜欢何种食物或饮料时，应在主人所能提供的范围内作出明确的答复。如主人问客人喜欢茶还是咖啡，客人应根据自己的喜好明确告诉主人自己喜欢哪一种。当然，客人也可以选择对主人来说较为方便的一种，但如果客人只回答“随便”，会让主人觉得左右为难；如果客人要求主人一时无法提供的某种食品更会让主人难堪。

不要拒绝主人的建议。如果主人建议客人参与某项活动，客人一般不应拒绝。如果主人向客人介绍家里的某些特色，如工艺品、书画、花术等，客人应表现出应有的兴趣和热情。

如果主人家里还有其他客人，应一一向他们点头致意。但若主人没有介绍，一般不要随意攀谈(如果是主人没有顾得上为客人介绍,那主动与其他客人攀谈则是礼貌的表现),更不应询问他们与主人的关系以及来访的原因。如果主人家里有你不太欣赏的旧识,你也要愉快地向他寒暄、打招呼,不能因为个人原因使气氛变得紧张。

中途有客人来访,作为先到的客人并不一定要起身相迎。但如果屋内人数不多,仅两三个人,而且来访者是应向其表示敬重的长者或是主人的老朋友,客人最好起身相迎(这既是对来访者的尊重,也是对主人的尊重)。如果没有起身相迎,那么等对方进屋后,至少应点头致意;如果对方走到你身边,你还应起立(这表示"很高兴见到你"之意)。

中途有客人告辞,一般来说,其他客人应与主人一起起身相送(至少欠欠身,有送客的表示),等客人走后再回到座位上。作为先走的客人,在其他客人起身相送时,应礼貌地请大家不必起来。

主人招待的饮料、水果、点心,饮料可以全喝完,但水果、点心只能稍稍品尝。当主人为客人削水果时,应请主人不必麻烦,或是自己来削。如果自己并不喜欢主人所准备的水果时,最好及时告诉主人自己现在不想吃,免得削好的水果浪费。应主人之请在主人家吃便饭时,应先表示请主人与长辈一同进餐,待主人入座进餐时自己再开始进餐。就餐前,第一件不应忘记的事情是打招呼,尤其要与女主人打招呼,并对主人的宴请说一些赞扬话,为就餐创造融洽、热烈的气氛;入席时要按既定次序入座,不要贸然坐下;坐在餐桌前要注意体态礼仪,主人祝酒时要专注地听,主人敬酒时要回敬,即使不会饮酒也应沾沾唇,以示尊敬,待主人招呼后再动筷夹菜;进餐中要注意饮食礼仪,席间谈笑应多谈些愉快、健康、轻松的话题,中途离席要尽量避免,确实无奈应向主人说明歉意方可离去。

拜访交谈,要做到心中有数,适当的寒暄后,尽快切入主题,不要东拉西扯,浪费时间。如果是请主人帮忙,应开门见山,把事情讲清楚,不要含混不清,令主人无从做起。如果主人帮忙有困难,就不能强人所难,切忌纠缠不休,令场面难堪。

交谈时,要尊重主人,不可反客为主,口若悬河,喋喋不休,更不可过多询问主人家的生活和家庭情况。要随时注意主人神情的变化,适时调整自己的谈话方式,必要时多提问,提一些主人爱好的问题,自己不妨做个听众。

3. 善解人意,适时告辞

拜访交谈时要注意掌握时间,要知道客走主安的道理。为了不影响主人的生活规律和打乱其原有计划,拜访时间一般不宜太长。事务性拜访的停留时间一般在 20 分钟到 1 小时左右,宾主双方谈完该谈的事,客人就应及时告辞。礼节性拜访可以根据当时的情景灵活把握,如果主人兴致很高,客人可以多留一会儿;如果发现主人另有安排(主人在看表或钟,或是有别的客人来了),或是到了主人休息、吃饭时间(原先计划留下来吃饭的除外),就应及时告辞。及时告辞是客人为主人着想的基本礼貌。

有时,可能很难确切判断主人到底是希望客人留下来多聊一会儿,还是有了其他安排,或是已到主人的休息时间。这时,不妨用提出告辞的方法去试探主人的意图,如"你们小孩要睡觉了吧,我们该走了",或是"您还有另外事情吧,我们先告辞了"。倘若主人真诚挽留,你可以稍微再停留一些时间;如若主人只是礼节性挽留,你就应果断地起身告辞,免得耽误主人的时间。

告辞时,应选择交谈停顿的瞬间果断地起身。倘若在交谈时起身告辞很容易让主人误解为是对交谈内容不感兴趣。告辞时,一般是男客人先向男主人告辞,再向女主人及其他家人告辞；女客人先向女主人告辞，再向男主人及其他家人告辞。除了向主人及家人作一一告辞外，还应向在座的其他客人告辞（通常是用简单致意的方式告辞），但对于那些没有注意到你起身的客人可以不必特意去告辞。其他客人如有起身相送之意，应及时说："别客气，请坐。"主人及其家人可以让他们送到门口，送至门口时，主动劝主人留步，并主动伸手相握。

告别时应有恰当的寒暄。最为常见的寒暄是"再见"、"请留步"；如这次拜访是无预约的冒昧造访，可以对主人说"打扰了"；如果这次拜访是有求于人，不妨对主人说"谢谢了"或"麻烦您了"；如果是亲朋好友间的礼节性拜访，可以邀请对方的回访，如"下次到我家来"、"有空过来玩。"

提出告辞后，就要态度坚决，不要犹豫，不要"走了"说过几次，却迟迟不动。即使主人有意挽留，也应坚辞而去，不要拖延时间，出门以后，就应主动请主人"留步"，并握手告别，表示感谢。

握手告别后，告辞应算结束了。但是特别有礼貌的主人可能会站在原地目送客人，这时，作为客人应在第一个拐弯处或走出一段距离后，回头向主人挥挥手，以示最后的谢意，并请主人快回家。

远道的客人在返回后，还应给主人报个平安，并再次感谢主人的款待。

（二）工作场所拜访礼仪细节

来到对方工作场所，应在门口看要找的人是否在。如果在，招呼了以后再进去；如果不在，可礼貌地找人打听。不能直冲冲地闯到别人的工作场所里。

当对方正在开会或已有其他客人来访，你应该自动退在门外等候，而不应进去站在一旁或在门口走来走去，妨碍他人。

见面时要互致问候，不认识的要自我介绍。

如果初次拜访，进门后应问候"你好"或"各位好"，并点头致意，然后自我介绍或向接待人员递名片，请求与会见者见面。如已事先约定，应提及双方约会的事，让接待者明白来意。

自我介绍后，待对方让座时，才大方稳重地坐下。座位通常由主人安排，尽量不要坐在办公人员的办公座位上，以免影响他人正常办公。坐的时候要端坐，因为是来谈公事，而不是闲聊，不能露出懒散无聊的样子。

当对方站立说话时，你也应该站立起来说话，以示尊重，站的时候不要斜靠在别人的办公桌上。

他人端茶递水敬烟时，要稍欠身子表示谢意。

讲究工作场所卫生，不乱磕烟灰、乱扔烟蒂、乱吐痰。

招呼、谈话时，嗓门不要太大，也免影响他人工作。

谈完公事，不要久坐，即可告辞。

拜访同样要注意仪容，穿戴要整洁大方，这既是对对方的尊重，同时也表明自己对拜访的重视程度。

到工作场所拜访，特别是一般性的工作访问，多数情况下不必准备什么礼物。但若是为了感谢对方单位的支持，就应准备相应的礼品，一般的锦旗、牌匾之类的礼品为宜，条件许可的话可以带一些与拜访业务相关的礼品、小纪念品，价值不可太高，有纪念意义就行。

到工作场所拜访，一般都是在工作时间。所以，拜访时间不宜长，一般在15分钟至半小时即可。

告辞时可握手道别，也可说“拜托了”、“谢谢了”、“麻烦了”、“留步”、“再见”等礼貌用语。

（三）宾馆拜访礼仪细节

如果外地客人来到本地，住在某宾馆里，得知消息以后，应前去进行礼节性拜访。拜访前先约定时间，预约时必须问清宾馆的位置、楼层、房号、电话等。

到宾馆这样的公共场所，若是穿着不得体，有可能被拒之门外，即使不被阻挡，也会招来别人冷漠的眼光。

进入宾馆以后，应向保安或服务台人员说明来意，然后往房间打个电话，经客人允许后，方可到房间去。

进客房前，看清房间号码，先敲门，待客人开门后进行自我介绍，双方证实身份后，客人请进方可进入房间。

如果是星级宾馆，一般的房间都带有会客厅，不宜进入卧室交谈。到宾馆拜访大都属于礼节性的拜访，作为东道主，应热情地表示对客人到来的欢迎。同时关心询问客人生活、工作有何不便，需要提供什么帮助。拜访时间不宜太长，以15分钟左右为宜，到宾馆拜访，通常不必准备礼物。

若主人准备安排饭局给客人接风，则应当场告知地点、时间，并征得客人同意，到时再来宾馆接客人（也可派别人前来）。

在宾馆的前厅及走廊上不要急匆匆跑动，脚步要轻稳。与服务员讲话态度要和蔼，语气要平缓。

（四）遣人拜访礼仪细节

一般情况下，都是自己亲自拜访，但如果自己事务缠身又必须去拜访某人时，可以遣人拜访。

遣人拜访应注意的事项有：

所派遣的人员要口齿伶俐，否则会造成重要事情的误解或让对方觉得不受尊重。

遣人拜访可以写一封私人信件，一般不封口，交给拜访的人；还可以交给拜访人一张名片，以表明自己的诚意。信件上说明自己不能亲往的原因并致歉。

将拜访要说的问题向派遣的人讲清楚，并请对方复述一遍，以保证准确无误。

事后一定要抽身亲往致谢或修书一封，表示歉意。

二、接待需注意的细节

（一）接待准备细节

（1）要做好环境的美化工作。整齐干净的环境会让客人感觉舒适，接待柜台、贵宾室要保持清洁，保证光线充足。欢迎宾客的海报一定要事先在显眼的地方张贴好，一般的标语、广告也要贴牢，室内的图像、字画注意摆正，这些都反映着接待方的精神风貌。

（2）接待人员要仪表整洁。保持头发特别是手部干净，因为手部的肢体语言仅次于脸部，与人握手，呈递公文，一伸手让人觉得健康干净，才会心情愉快。女性接待员要略施彩妆，给人的感觉会比较隆重、正式，用一点清淡的香水也是有礼节及有修养的表现。

（3）准备座位、茶水、企业介绍册、画报、镜子等。到办公室的来访者，都希望你能专心致志地听他谈话，谈话过程中最好能避免他人干扰。办公室最好挂一面镜子，它可以提醒接待人员随时整理自己的头发、衣饰和保持精神焕发。如果仪表不整，无精打采就会影响工作质量。

(4) 接送客人的交通工具应事先准备好。

(5) 客人需要住宿的，要在客人尚未抵达前就安排好，根据客人的民族、习俗、身份及要求，本着交通便利、就近安排、吃住方便的原则确定具体安排内容。并注意住宿布置是否整洁美观，通讯、卫生设施是否正常使用，宣传、介绍材料是否备齐送到，茶叶、报纸、水果等细节问题也不可疏忽。

(二) 接待过程细节

1. 问候

如果接站的人与客人互相认识，那么在见到客人后应马上上前握手表示欢迎，问候他路上的情况(中国通常用“一路辛苦了”问候对方，而西方人则喜欢用“旅途愉快吧”问候对方)，并对身份相应的主人没有前去接站表示歉意，如果还有其他的随行人员，也应一一握手问候。

如果接站的人与客人互相不认识，那么，当客人看到迎接的牌子后，一般会主动上前问话并作自我介绍(如“请问您是……”、“我就是……”)，这时，接站的人应马上与之握手问候，并作自我介绍。

如果有两个以上的人前去接站，当客人主动介绍身份后，一般由身份最高的人向客人伸手表示欢迎，同时由其他迎接人员向客人介绍迎接者的身份；然后其他迎接人员依次(主要是身份高低)与客人握手，并由身份最高者为客人作介绍。向客人介绍完迎接人员后，客人中身份最高者向迎接的主人依次介绍客人，并一一握手问候。

在握手问候以后，接站的人应主动询问客人的行李是否已随身携带，如有托运的行李，应主动帮助客人办理提取手续，并为客人提携行李包裹，但不用为客人拿公文包和手提包(因为里面装的往往是比较重要的个人物品)。

拿好行李后，就可以引客人上车。在上车时，迎接人员应为客人在右边开启车门，客人上车后随之关好车门，自己再绕到左边上车。下车时，迎接人员抢先下车，为客人开车门。如果客人年纪较大，还应上前搀扶。在车上，称职的主人应向客人介绍此次访问的日程安排，同时还可以介绍一些当地的风俗、气候、旅游景点、特产等客人比较感兴趣的内容。

2. 安顿

如果没有特别的安排，应先将客人送往住处(对于远道而来的客人一般不宜立刻安排活动)。到达住宿地点后，帮助客人办理好住宿登记手续，并把客人领进房间，同时向客人介绍住处的各项服务和有关设施，让客人有宾至如归的感觉。帮助客人安顿妥当后，一般不应久留，应及时告辞，以便让客人得到及时的休息，解除旅途的疲劳。

在分手前应将事先安排的活动日程，告诉客人，让他据此安排自己的私人活动，同时可再征求客人意见，尽量创造条件满足客人要求。并留下联系电话，让客人随时可与你保持联系，再告知下次见面安排的时间和地点(如正式拜访或宴请、会晤)。

3. 送别

(1) 安排交通工具

了解来访宾客的返程时间后，要及早预订机票、车票和船票，安排送行人员和车辆。因为来访者可能身处异国他乡，人生地不熟，对如何购票、乘车等比较麻烦，如果接待人员能为之代劳，一定会感激万分。从接待工作来看，善始善终也是我们中国的传统礼仪。

(2) 赠送或交换纪念品

迎来送往中往往需要在适当的时候向对方赠送礼品以沟通感情，作为接待方一般选择客人即将动身离别前赠送纪念品。赠送纪念品要价廉物美，过于贵重的礼品会有行贿的嫌疑，也会使受礼者心中不安，俗话说“无功不受禄”。一般选择当地特产作为礼品为佳，但要慎重选择、区分对象，以免引起对方误解。

(3) 送行

根据车次、航班的时刻，及时与负责行李的人员约定提取行李时间，并通报客人递交行李的时间，到达机场、车站后要安排好客人等候休息，办理好有关手续后要将有关票证、证件等一齐交给客人。规格较高的来宾，还要在机场或车站举行送行仪式，致简短欢送词。

注意：在来宾临上飞机、轮船或火车之前，送行人员应按一定顺序同来宾一一握手话别，祝愿客人旅途平安并欢迎再次光临。飞机起飞或轮船、火车开动之后，送行人员应向来宾挥手致意，直至飞机、轮船或火车在视野里消失，送行人员方可离去。不可以在外宾刚登上飞机、轮船或火车时，送行人员就立即离开。

(三) 接待禁忌

态度冷漠：使客人有受冷落感。

对象不分：未根据来宾身份不同，按地位对等原则安排主接待人。

准备不周：如接车脱班，住宿房间不如意，没有日程表。

以“利”取人：依照客人地位及影响力安排不同接待规格，冷落其他客人。

有头无尾：后续接待工作没有跟上，客人离去时产生抱怨。

日程不妥：日程安排应事先征求客人意见，日程表应得到大多数客人许可。

错表感情：迎接、送别都应当按正常的礼仪方式进行，也应符合一般礼仪规范，不能任意超越，以免造成客人不自在。

言语失态：接待过程中应保持冷静，无论是会晤还是宴请，均不可言语失态，大话、空话、假话万万要不得。

身份混淆：主接待人不可经常更换，接待方的主要负责人不可从事与身份不称的服务工作。

不拘小节、不守时，交谈中乱发议论、戴着手套握手等。

实训任务1

车站迎送

实训要求：

(1) 训练内容：某公司有重要客户来访，公司需要安排到火车站迎接客人，3 天后送客人返回。如果你是负责迎接的人员，请你写出大致过程，包括迎接时间、陪同、送行等细节。

(2) 4～6 人为一组，根据所给工作场景，每人分配一角色(例如接待方司机、客方主人与随行人员等)，要求涉及迎送、接待礼仪。

(3) 制作书面策划、制作情景模拟所需道具(接站牌、车票等等)。

(4) 实训成果：

① 每组展示各自设计的迎送、接待过程，互评得失。每人以书面形式提交实训总结。

② 情景模拟：着装规范，使用道具，语言规范，按照礼仪程序模拟扮演主宾方在车站的

迎送过程。

实训任务2 模拟接待

实训要求：

(1) 训练内容：金融危机的大背景下，国内A公司接到其重要客户加拿大B公司的来函，于3天后到达A公司洽谈一合作事宜，2天后回加拿大。如果你是接待人员，将要考虑哪些接待事宜？如何实施？

(2) 4～6人为一组，每人担任一角色（可兼任，例如接待秘书亦可担当司机），要求涉及接待、迎送礼仪。

(3) 拟写接待方案，设计迎送、接待过程，小组以书面形式提交方案。

(4) 情景模拟，以公司某一日在会议室接待A公司客人为内容，分角色扮演：

① 接待员在公司门口迎接客人；

② 引导客人乘坐电梯，引导客人到会议室；

③ 主方最高职位者在会议室迎接客人，双方互相介绍；

④ 秘书安排宾主双方落座，上茶；

⑤ 宾主交谈；

⑥ 主人送客至公司门口，话别，目送。

项目五
宴会礼仪

警示语

◆ 在宴席上最让人开胃的就是主人的礼节。
◆ 革命不是请客吃饭，但请客吃饭又是人们交流感情、增进友谊的一种不可或缺的方式。
◆ 宴会的行为举止体现了一个人的处世方式和礼仪修养。

图 5-1　宴会场景

任务一　认知宴请的种类

案例导入

“不就是一顿饭嘛”

一日中午时分，天地公司来了几位贵客，李总一看，原来是合作多年的阳光公司的王总和他的几位部下。李总非常热情地招呼着，说：王总，你事先打个电话，我好去接你啊！王总却开玩笑地说道：顺道路过，来看看李总，蹭顿饭。李总一边招呼客人，一边吩咐刚来的办公室主任安排午餐。不一会儿，办公室主任告诉李总：已安排好，可以请客人去吃饭了。在办公室主任的带领下，李总、王总一行六人来到了公司旁边的“好吃来”，李总脸色不对，王总不迈店门，拍拍脑袋对李总说：你看我这记性，我一朋友在“国际大酒店”已安排好了，李总如果没事，和我们一道过去。天地公司李总无地自容。事后，李总狠狠地批评了办公室主任。办公室主任无所谓地说了一句“不就是一顿饭嘛”，李总一怒之下，将办公室主任辞了。

【简析】宴请不是一顿饭的事。要根据具体情况来确定：请谁？谁请？怎么请？在哪里请？案例中的办公室主任不明就里，导致王总不愉快，李总很难堪，自己被辞退。

宴请是最常见的交际形式之一，具有沟通协调的重要作用。是人与人之间、人与组织之间、组织和组织之间交往的重要手段和桥梁。

无论是普通的便饭，还是隆重的宴会，宴请都有着十分明显的目的，都体现着组织或个人的公关理念，也反映出礼仪水准以及组织能力。

一、宴请的种类

(一) 宴会

宴会，是举办者为了表达敬意（或谢意）、联络感情、扩大影响等目的，备有成套酒菜，隆重招待宾客的活动。宴会分为正式宴会、便宴和家宴四种。

1. 正式宴会

正式宴会相对于非正式宴会而言是指按一定规格和要求，郑重其事摆设的宴席。

国宴是最高规格的正式宴会。国宴是由国家元首或政府首脑作为国家的代表，为庆祝国际、国内重大节日，或为欢迎外国元首、政府首脑的来访而举办的国家级宴会。

国宴在宴会中，规格最高，礼仪要求最为严格。宴会厅里必须悬挂国旗、设乐队、奏国歌。国宴的请柬、席卡、菜单上印有国徽。席间，宾主双方相互致辞、祝酒，由乐队演奏双方国家的民间乐曲，作为席间乐。国宴使用讲究的餐具，对菜肴的道数以及服务人员的装束仪态，都有严格的规范要求。

国宴参加者，要按照宴会的性质或请柬的要求着装，准时赴宴，并注意入场仪式，按请柬上安排好的席位就座，举止大方，谦和友好，保持高昂情绪，饱满热情。

其他正式宴会，由于规格和标准都低于国宴，所以在服务程序和礼仪要求等方面，也相对宽松。如果地方政府或企事业单位宴请外国友好团体，或商贸伙伴，即使在安排上与国宴大体相似，也不能视同国宴。

正式宴会，除了不挂国旗、不奏国歌，以及出席规格不同外，其他方面与国宴相似，席间乐仍可安排。主宾均按正式宴会要求着装，按身份排位就座。国外的正式宴会，大多用雪利酒、马丁尼酒等作开胃酒，席间很少以烈性酒待客。宴毕，在休息室休息时，才供应少量白兰地作“餐后酒”。我国则在餐前先上茶或饮料，也可直接入席。现代公务宴请提倡不饮烈性酒，可以绍兴酒、葡萄酒及其他软饮料取代烈性酒。上饭以后，一般不再喝酒，可送上水果、茶饮供宾客选用。

2. 便宴

便宴，是一种气氛随和的非正式宴会。便宴规模不大，形式随便，电话或口头邀请即可，无须专门发请柬，席间也不必刻意排座和安排发言讲话。菜式有多有少，质量可高可低，不拘严格的礼仪程序，适用于日常交往，招待熟悉的宾朋好友。

常见的便宴有午宴和晚宴两种，也有共进早餐的。便宴是友好交往与商务活动中运用最广的一种宴会。

3. 家宴

家宴是以私人名义，在自己家中设便宴招待客人的一种宴会形式。家宴一般人数较少，常由家庭主妇亲自下厨烹调，以表示对客人的友好和欢迎。家人均可作陪，共同招待客人。席间主、宾随意侃谈，气氛轻松、活泼、自在，不讲究严格礼仪以及就席的时间和菜式，多随从当地的习俗。

家宴是宴会的形式之一，不仅适用于民间交际，商务人员也常以此作为联谊情感，促进交往，促进交易的一种方法。

(二) 招待会

招待会是一种不同于正餐的宴请规格，主方只提供食品和饮料，一般不安排固定的席位，宾、主活动也比较自由灵活，不必拘泥于形式。常见的形式有冷餐会和酒会。

1. 冷餐会

冷餐会不排席位，菜和食品以冷食为主，餐台上放置各种餐具，供来宾取用。在冷餐会中，来宾可自助取食，边用边谈。酒水可集中在宴会酒吧，宾主既可自己选用，也可以由服务员用托盘送上。冷餐会的地点可以在室内，也可以在室外花园；可以不设座椅，站立用餐，也可以设置少量座椅供需要者入座。

冷餐会举办时间通常在中午十二时至下午二时，或下午五时至七时左右。这种形式最适合招待人数众多的宾客。

2. 酒会

酒会又称鸡尾酒会，主要备有酒水和小吃，一般不设座位，只设小桌供宾主放置酒杯和盘碟。

酒会举行的时间比较灵活，客人抵达和退席的时间不受限制。因酒会形式较为活泼自由，故便于出席者广泛随意地交谈。

(三) 茶会

茶会是简便的招待形式。举行的时间一般在下午四时左右，地点一般设在单位或家庭的客厅或营业性茶楼。厅内需设置座椅和茶几。如果有贵宾出席茶会，应该把贵宾和主人安排在一起，其他出席者可以随意就座。

茶会要请客人品茶，所准备的茶叶要好，茶具也要比较讲究。

(四) 工作进餐

工作进餐可分为工作早餐、工作午餐、工作晚餐，这也是现代交际中经常采用的一种非正式宴请形式。这种宴请属于工作性质，出席者的配偶一般不参加，大家边谈边吃，快捷简便。如果是代表团，双边工作进餐时需要用长桌，并且按照会谈席位顺序入座，以便交谈。

其他的还有野餐、消夜等宴请种类。

野餐在室外举行，主要采用烧烤食品方式，轻松活泼很有乐趣，适合团队休闲娱乐及商务性度假。

消夜在中国称之为吃夜宵，形式比早茶更随便，主要用于联络感情，但在欧美国家，消夜是非常正式的活动，主要安排在音乐会后举行，有丰盛佳肴，与晚宴不相上下，西装革履，衣香鬓影，非常隆重。

二、宴请的目的

宴请的目的通常是多种多样、各不相同的。可以是为表示欢迎、欢送、答谢，也可以是为表示庆贺、纪念，既可以是为某一件事而举行，也可以是为某个客人而举行，还有是为某一展览会开幕式或闭幕式，或者某一工程的开工或竣工而举行等。明确了目的，也就便于安排宴会的规格、范围和形式。

不同的宴会有着不同的作用，概括地说，宴会可以协调关系，联络感情，消除隔阂，增进友谊，加强团结，求得支持，有利于合作。

任务二　筹划宴请与赴宴准备

案例导入

“到底在哪个厅?”

刘小静接到他最好朋友王芳的电话，王芳某月某日在“天和国际大酒店”举行婚礼，要求刘小静一定要参加，刘小静如期而至。可是刘小静忘了具体地点，而那天“天和国际”有四对新人结婚，打电话给王芳，可作为穿着婚纱的新娘王芳不可能将手机随身携带。于是刘小静只好从一楼开始找，终于在四楼的“富贵厅”找到了。此时，婚宴已开始半小时。事后，刘小静还受到王芳的责怪。

【简析】案例中的刘小静不该忘了具体地点，王芳除了电话邀请，还应发出正式请柬，在请柬上写明具体时间、确切地点。可见宴请与赴宴准备工作的重要性，礼仪无处不在。

一、宴请礼仪

（一）确定宴请的目的、对象、范围和形式

1. 目的

宴请的目的可以是为某人或者某事而举行，明确了宴请目的，才能确定选择哪种形式的宴请。

2. 对象

宴请首先应该明确宴请的对象。因为明确了宴请的主要宾客，才能根据其身份、影响、国籍、习俗、爱好等确定宴会的规格、主陪人以及用餐形式等。

3. 范围

宴请的范围是指宴请哪些方面的人士、什么级别、请多少人、主方请多少人作陪等。这些都需要事先从宴请的性质、主宾身份、国际惯例、双方关系以及当前的政治气候、经济形势等方面加以考虑。人员和人数都应该事先确定。注意宾主的身份应该对等，如果主人以夫妇名义发出邀请，主宾应偕夫人（或丈夫）参加。哪些人作陪也要认真推敲、综合考虑。对出席者要列出名单，写明职务、称呼等。

4. 形式

确定宴请的形式要根据宴请的对象、目的、范围进行确定。正式的、高级别的、小范围的

以举行宴会为宜，人多时则可采用冷餐会、酒会或茶会等形式。

(二) 选择时间、地点

1. 时间

宴客的时间，一般可根据主客双方方便、宴客的性质和宴会的种类这三种情况来选择确定。首先，宴客应选择对主客双方都合适和方便的时间。注意不要选择在重大的节假日、有重要活动或有禁忌的日子和时间，还要考虑邀请对象的习俗和特殊性。例如，对信奉基督教的人士不要选 13 号；伊斯兰教在斋月内白天禁食，宴请宜在日落后举行。

小型宴请的时间，应首先征询主要客人的意见后再约请其他宾客。

2. 地点

宴请地点的选择主要根据宴请的规格来考虑。规格高的安排在国会大厦、人民大会堂或者高级饭店。但是一般的商务宴请要根据活动性质、规模大小、主人意愿以及实际情况等，安排在适当的饭店进行。在选择餐厅时，要特别留意餐厅的用餐环境。而挑环境时，必须考虑以下三方面因素：

(1) 包间要足够大。在一个相对宽松的空间里，气氛才能轻松。环境好，心情也会跟着变好，饭桌上气氛会比较融洽。

(2) 包间要有独立的沙发区和卫生间。吃饭时客人一般不会同时到达，沙发区可以给先到的人一个休息之处。另外，沙发最好为 U 字形或 L 字形，因为除了非常熟悉的人，人们并不习惯在沙发上并排而坐，尤其是初次见面的朋友，保持一个礼貌的距离很重要。

(3) 如果宴请政府领导或很重要的客户，要留好地面停车空间，最好不用地下车库。地下车库一般没有装修，看上去比较脏乱，客人一进入心情就会受影响。而且，从地下车库上地面的通道，没有人给开门，这样会让客人感到不太受尊重。选地上停车处，车门、楼门、房门都要有人给开，这才显出对客户的尊重。

(三) 邀请

邀请的形式一般有口头邀请（包括电话邀请）和书面邀请。

1. 口头邀请

口头邀请就是当面或者通过电话把这个活动的目的、名义以及邀请的范围、时间、地点等告诉对方，然后等待对方的答复。口头邀请可以提前 2～3 天，开宴的当天要再次与对方联系、确认。

口头邀请时，语气要恳切，表述要清晰、准确。

2. 书面邀请

书面邀请即给对方发送请柬（或称请帖），将宴会活动的内容告之对方。请柬是一种比较正式的邀请形式，这样做，既是出于礼貌，也是对客人的提醒和备忘。请柬通常提前 1～2 周发出，以便被邀请者及早作出安排。

请柬内容应该包括：活动的主题、形式、时间、地点、主人姓名。请柬的印制要精美，内容要完整，文字要简洁，措辞要热情。被邀者的姓名要书写整齐，不能潦草马虎。为了慎重起见，主办方在宴请前夕，还要确认邀请对象是否收到请柬，并对其能否出席宴会予以确认。

(四) 安排席位

正式宴会，一般都事先排好座次，以便宴会参加者各得其所，入席时井然有序；同时也是对客人的尊重礼貌。非正式的小型便宴，有时也可不必排座次。安排座位时，应考虑以下几点：

(1) 以主人的座位为中心。如有女主人参加时,则以主人和女主人为基准,以靠近者为上,依次排列。

(2) 要把主宾和夫人安排在最尊贵显要的位置上。通常做法,以右为上,即主人的右手是最主要的位置;其余主客人员,按礼宾次序就座。

(3) 在遵从礼宾次序的前提下,尽可能使相邻就座者便于交谈。例如,在身份大体相同时,把使用同一语种的人排在邻近。

(4) 主人方面的陪客,应尽可能插在客人之间坐,以便同客人接触交谈,避免自己人坐在一起,冷落客人。

(5) 夫妇一般不相邻而坐,西方习惯。女主人可坐在男主人对面,男女依次相间而坐。女主人面向上菜的门。我国和其他一些国家,不受此限。

(6) 译员可安排在主宾的右侧,以便于翻译。有些国家习惯,不给译员安排席次,译员坐在主人和主宾背后工作,另行安排用餐。

(7) 席位确定后,席位卡放在座位前方,桌次卡放在桌子中间。

(8) 通知席位。

通知席位的办法有以下几种:

(1) 较大型宴会,以在请柬上注明席次为最好;

(2) 中小型宴会,可在宴会厅门口放置一席位图,画明每个人的坐处,供参加者查看;

(3) 有的小型宴请,也可口头通知,或在入席时,由主人及招待人员引坐。

(五) 拟定菜单

宴会上的食品菜肴,要精致可口,适合于来宾的口味,而且还要美观大方,让人看了,悦目赏心,做到色香味俱全。客人往往从主人准备的美味佳肴中,体会到热诚待客的心意,留下久而难忘的记忆。所以,对于宴会菜单的拟定,主人大多比较重视。技艺精湛的厨师,也常常得到嘉宾的赞赏。

拟定菜单和用酒时要考虑客人的身份和宴会范围,要尊重客人的饮食习惯和禁忌。

拟定菜单要结合宴请的形式、档次、时间,以及宴请对象的喜好和禁忌进行,还应考虑开支的标准,做到丰俭得当。拟定菜单既要注意通行的常规,又要照顾到地方特色。

一桌宴席的菜单,应安排有冷有热,有荤有素,有主有次。主菜显示宴请的档次高低,还要略备些家常菜,以调剂客人口味。菜单以营养丰富、味道多样为原则。

拟定菜单要注意以下几点:

1. 宴请的种类

宴会的菜单比较正规,突出主菜,冷热荤素兼顾,规格较高。自助餐、酒会的菜单,相对要简单一些。

2. 宴请的时间

晚宴比午宴、早宴隆重些,所以菜的种类也应丰富一些。季节考虑是指应时、鲜、特。

3. 宾客的禁忌

比如海鲜虽名贵,但对于年龄较高、体质较差的客人来说,不宜多吃。对民族或地区禁忌风俗,也应有所了解,做到特殊对象特殊安排。

4. 定菜的方式

正规的宴会常会有多种档次套菜供应,菜肴品种和价格都是饭店定好的,但主办者也可不定套菜，在征求饭店同意的情况下，自己设计菜单，以更加适应客人的口味和宴会的需要。

5. 酒水的选用

宴会中使用的酒水主要是指酒类和清凉滋补的软饮料。酒在人们宴饮中的地位非常重要，我们平常有"无酒不成席"的俗语。世界上各个国家、各个民族在饮酒方面形成了自己的观念和生活方式。因此，在就餐过程中要特别重视酒水的运用。

酒水与宴会的搭配原则如下：

(1) 酒水的档次应与宴会的档次相符

宴会用酒应与其规格和档次相匹配。若为高档宴会，则其选用的酒品也应是高质量的。比如我国举办的许多国宴，往往选用茅台酒。其质量和价格与国宴相匹配；普通宴会则选用档次一般的酒品。若不遵守这一原则，在低档宴会上茅台做伴宴酒，则酒的价格在整桌菜肴之上，有时会抢去菜肴的风采，让人感到食之无味。若高档宴会选用低档酒品，则会破坏整个筵席的名贵气氛，让人对菜肴的档次产生怀疑。

(2) 酒水的来源应与宴席面的特点相符

通常中餐宴往往会选用国酒，西餐宴往往会选择外国酒。不同的席面在用酒上也应注意与其地域相适合。比如满汉全席应尽量选择中原地带的酒品。

(3) 要有助于充分体现菜肴色、香、味等风格

人之所以习惯于在进餐时饮酒，是因为许多酒品具有开胃、增加食欲、促进消化等功能。菜肴与酒品配饮得当，能充分体现和加强菜肴的色、香、味。比如，西餐讲究"白酒配白肉，红酒配红肉"，较为清淡的鸡肉、海鲜，适宜配饮淡雅的白葡萄酒，二者交相辉映，互增洁白晶莹的特色；而厚重的牛肉、羊肉，适宜配饮浓郁的红葡萄酒，相互映衬，更显浓郁、香馥的风格。

不论是以酒佐食还是以食助饮，其基本原则是：进餐者或饮酒者要能从中获得快乐和艺术享受。酒精含量过高的酒品对人体有较大的刺激，若进餐时过多饮用，会使肝脏来不及消化吸收，从而使肌体产生不同程度的中毒现象，使胃口猛减，对菜品的味觉迟钝。有的烈性酒辛辣过头，使人饮后食不知味，从而喧宾夺主，失去了佐助的作用。此外，配制酒、药酒、鸡尾酒的成分比较复杂，香气和口味往往较浓烈馥郁，这一类酒在佐食时对菜肴食品的风味和风格的表现有相当的干扰，通常不作为佐助酒品饮用。还有，甜型酒品，单饮时具有适口之感，但作为佐助酒品，便显得不太合适。甜味与咸味(菜肴的主导口味)相互冲突。

二、宴请程序

正式宴请，国际惯例有以下几个程序：迎宾、小憩、入座、致辞、进餐、休息，最后是送别。

(一) 迎宾

举行宴会，主人应站在大厅门口迎接客人。官方正式活动，还可以有少数主要官员陪同主人夫妇排列成行迎宾，通常称为迎宾线。客人握手后进入休息厅，如无休息厅则直接进入宴会厅，但不入座。在有些国家，正式隆重的宴会，客人到达时，还可雇请专人协助场面介绍。当主宾到达后，主人即陪同主宾进入休息厅。这时如有其他客人陆续前来，可由其他官员代表主人在门口迎接。

(二) 小憩

客人刚到需要稍事休息，这段时间也可等待其他还没有到来的客人。小憩可以在休息厅，也可在客厅，总之不要让客人看着服务人员准备饭菜。这时可以准备点茶水和擦洗手的

干湿纸巾，或者告诉客人卫生间的位置。主人应该在休息厅里陪客人叙谈一会儿。等预定时间一到而主要客人也已到齐时就可以开宴了。

（三）入座

开宴时最需要注意客人的落座。如果事先已经安放了座位卡，也需要引座，顺序是男主人引领女主宾第一个入座，女主人引领男主宾最后一个入席，服务人员为其他客人引座。如果没有安放座位卡则需要有秩序地引领客人们入席，先主后次，一批一批地领到座位上。

（四）致辞与进餐

如果主、宾双方需要在席上讲话表达某种意愿，入席以后就可以开始发表讲话了。讲话最好简短一些，并注意气氛的轻松幽默和礼貌客气，富于热情则更好。在主、宾双方讲话时，无论是否喜欢听，都必须耐心安静地等他们讲完，等主人宣布开始之后（一般是以祝酒的方式宣布开宴）再用餐。有时讲话也会安排在其他时间，如热菜之后，甜食之前，大家这时应停止进餐，放下餐具，停止与邻座的谈话而注意听主、宾双方的讲话。

一旦主、宾双方相互祝酒时，所有客人应举杯向主人示意。然后再在餐桌上相互交叉碰杯。

（五）休息与送别

吃完水果，主人与主宾起立，宴会即告结束。外国人的日常宴请如女主人为第一主人时，往往以她的行动为准。入席时女主人先坐下，并由女主人招呼客人开始就餐。餐毕，女主人起立，邀请全体女宾与之共同退出宴会厅，然后男宾起立，尾随进入休息厅或留下吸烟（吃饭过程中一般是不能吸烟的）。男女宾客在休息厅会齐，即上茶（或咖啡）。

主宾告辞，主人送至门口，主宾离去后，原迎宾人员顺序排列，与其他客人握别。

三、宴请服务

（一）宴会开始前做好准备工作

（1）秘书接到任务后，应该掌握宴会的规格、标准、餐别、人数、宾客的国籍以及民族、宗教信仰和生活习惯，确定服务方案及注意事项。

（2）布置场地时，要对所有设备及用具餐具进行检查，发现问题及时请求更换。美化环境，摆放花草，根据人数及餐别调整台椅的布局。

（3）整理会客厅、休息室和衣帽间。

（4）掌握宴会菜单和主要食品的特色与风味，做好上菜、分菜和回答宾客询问菜品食品特色的准备工作。

（5）备齐备足宴会所需要的餐具、酒具、酒水及调味品。

（6）根据餐别和规格摆台，并在宾、主入席前5至10分钟左右，摆放冷盘。

（二）宾、主抵达时做好接待工作

提前安排工作人员或服务员按照分工在各自岗位礼貌热情地迎接来宾。帮助宾客脱下衣帽后，将其引入休息室、会客室或直接陪同进入宴会厅。保管好宾客的衣物。宾客进入休息厅，安排服务员热情地递送茶水和香巾。宾客走近座位时，服务员拉开座椅，请其入座并轻稳地将座椅推至原位，使宾客坐稳、坐好。引导宾客入座，要按照先女宾后男宾，先主宾后一般宾客的顺序进行。

(三) 宾、主入座后做好服务工作

为宾客作酒水服务时，应按照宾客点的酒水，依据先主宾后主人，先女宾后男宾的顺序服务。席间，按照中餐或西餐的服务程序与标准上菜、分菜、分汤、斟酒。特别要注意照顾好主宾。

(四) 宴会结束时做好送别工作

宾客用餐完毕起身，工作人员或服务员应该为其拉开座椅，目送或者陪送宾客到宴会厅门口。如果宾客用餐后在会客室休息，要及时递送茶水或者酒水。宾客离开时，衣帽间服务员要及时准确地将衣帽取下递给宾客，并热情帮其穿戴。清台时，要注意检查是否有宾客遗留物品，如果发现有，要及时送给宾客。

其他注意事项：

宴会服务过程中工作人员和服务员要按照规范要求注重仪表，讲究语言，动作要轻、稳、敏捷。奏国歌时应该肃立，停止走动。遇到宾客不慎打翻酒水等，不可惊慌，马上处理，为其重新换上所需的餐具和物品。

二、赴宴礼仪

(一) 赴宴前的礼仪

1. 应邀礼仪

接到正式的请柬(或邀请电话)，不管能否出席，一般应尽早答复对方，以便对方安排席位。对注有英文字母“R. S. V. P”(敬请赐复)字样的请柬，无论出席与否，均应迅速答复。答复是否出席，可打电话或复信。不能应邀的，要婉言谢绝；接受邀请的不要随意变动，按时出席。如有意外不能出席，要提前解释并表示歉意。作为主宾不能履约，更应郑重其事，甚至登门解释、致歉。

2. 注意仪容、仪表

出席宴会前，要认真梳洗打扮，修饰仪容，整洁仪表，保持最佳精神状态，以表示对主人及参加宴会者的尊重。每个人都容光焕发地赴宴，会使整个宴会有一种比较隆重的气氛。最忌穿着工作服、带着倦容赴宴，这会使主人感到不受尊重。若请柬上对服饰有规定，要严格遵守。

3. 备礼

赴宴者视宴会的类型适当备礼。如参加家庭宴会，可准备鲜花、酒类等，也可为对方的孩子准备一些礼品。

(二) 赴宴中的礼仪

1. 按时到达

赴宴要遵守约定的时间，既不能迟到，也不能到得太早。迟到是非常失礼的，到得太早显得急于进餐，主人还未准备好，难免尴尬。有些请柬写明了客人到达和宴会开始的时间，如 6:00 到达，6:30 宴会开始，赴宴者应 6:00 到达；大多数请柬或约请电话，只表明宴会时间，赴宴者一般应提前 8～10 分钟。如果你与主人关系密切，则不妨早些到达，帮助主人招待宾客或做些准备工作。

2. 问候、赠礼

当你到达宴请地点时，首先要与主人握手、问候致意，按当地习惯，可送上礼品。对其他客人，无论认识与否，都应该礼貌问候，见到熟悉的人应落落大方地打招呼，对不熟悉的人应

微笑致意。对长辈、领导、老人应礼貌让座请安，对小孩要多加照应。万一迟到，在落座之前，应向所有客人微笑致意，同时说声抱歉。

3. 礼貌入座

通常客人的座位是由主人安排的，客方不要自己决定，也不要过分客气、推让。在服务人员的引导下按照主人安排的座次入席，不能乱坐座位。入席时，应与其他客人礼让，并从座位左边入座。如与上司同行，必要时应为上司作介绍，当主人或上司入座后，你再按规矩入座。入座后不要东张西望，也不能坐着发呆或摆弄餐巾、餐具，而应该将双手放在自己的腿上，神情自如、风度优雅地与邻座谈上几句，或神态安详地倾听别人的谈话。

4. 文明进餐

进餐时要文明、从容，闭上嘴细嚼慢咽，不要发出声音，喝汤要轻缓，用汤匙一勺一勺地喝，对热菜热汤不要用嘴去吹，待稍凉后再食用。骨头、鱼刺等不要直接往外吐，应轻轻地用筷子取出或轻吐在叉、匙上，放在自己的餐盘或备用盘里。如果不懂得某道菜的用法，可观察或借鉴别人的方法。嘴里有食物时不要说话，剔牙时要用手遮住，不要在就餐时打哈欠、打饱嗝。就餐时不要解开纽扣、松开领带，就餐时不要吸烟。

5. 交谈、敬酒

边吃边谈是宴会的重要形式，应适当地主动与同桌人交谈，特别注意与主人方面的人交谈，不要总是和自己熟悉的人谈话。话题要轻松、高雅、有趣，不要涉及对方敏感、不快的问题，不要对宴会和饭菜妄加评论。

宴会开始后，一般由主人起立敬酒，客人起立回敬。如果自己不善饮酒，可以饮料代之。敬酒时应先敬主人，如果人多可同时举杯致意。

6. 离席、致谢

等主人宣布宴会结束，客人方可离席。离开前应向主人道谢，如“谢谢你的热情款待”、“菜肴丰盛极了”、“您真是太好客了”，并向其他客人道别。如果有事要提前退席，应向主人及同席的客人致歉。

(三) 赴宴后的礼仪

如果宴会比较正式，即使你在当时已向主人道谢了，礼貌仍然要求你在回去后再写一封感谢信给主人，或打电话再次向主人道谢。这个程序很重要，有时可起到意想不到的效果。

任务三　运用中餐礼仪

案例导入

“莫名其妙”的不合作了

由于市场竞争激烈，蓝天和创意这两家策划公司对某机电公司即将进行的车展策划都志在必得。于是蓝天公司的李总就约了机电公司的王总在银都酒店三楼中餐厅吃饭。

李总和秘书小刘刚到银都酒店三楼中餐厅的一号房间，机电公司的王总也到了，双方问好就座后，小刘便叫服务员开始点菜。15 分钟后，小刘点好菜对王总说：“王总，我也不知道这些菜合不合你的口味，你看还要再点些其他的吗？”王总说不必了。

在吃饭过程中，小刘为了表示热情就用自己的筷子不停地给王总夹菜，当两位老总因谈话逐渐深入时，小刘把筷子随意地横放在碗上为两位老总添加饮料，由于加饮料时没有给予提示，差点把饮料泼在王总身上。

不久，李总收到了王总发来的邮件，内容是：本来我还在犹豫该选择哪家公司为我公司策划车展的事，现在我已经决定了，我是不会和一家礼仪如此差的公司合作的。

蓝天公司的李总有些莫名其妙。

【简析】在这次宴请中，蓝天公司的秘书小刘有不少礼仪不规范的地方，导致机电公司不与蓝天公司合作。可见宴请礼仪的规范运用在人们的日常交往、商务洽谈中起着重要的作用。

中餐宴会是指具有中国传统民族风格的宴会。有一套完整的宴请流程和礼仪要求。

一、桌次和席位的排列

中餐的席位排列，关系到来宾的身份和主人给予对方的礼遇，所以是一项重要的内容。中餐席位的排列，在不同情况下，有一定的差异。可以分为桌次排列和位次排列两方面。

(一) 桌次排列

在中餐宴请活动中，往往采用圆桌布置菜肴、酒水。排列圆桌的尊卑次序，有两种情况。

第一种情况，四桌以内(含四桌)的小型宴请。桌次的排列一般原则是面门定位、以右为尊、以远为上。这里所说的右和左，是由面对正门的位置来确定的；远与近，是以距离正门的远近而言。

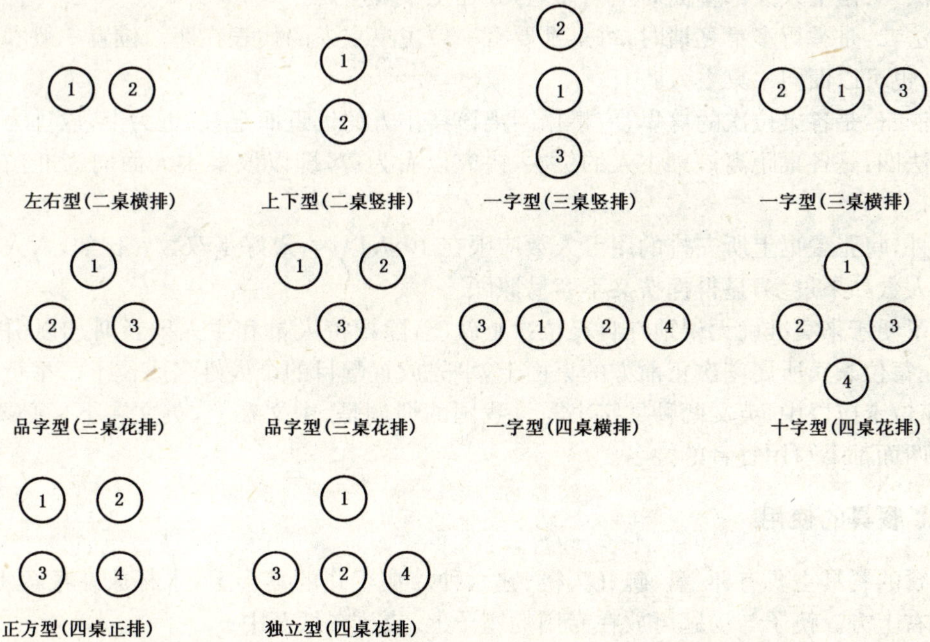

图 5-2　桌次排列

第二种情况，多桌宴请。在安排多桌宴请的桌次时，除了要注意“面门定位”、“以右为尊”、“以远为上”等规则外，还应注意：如果有舞台（主持台）并利用时，主桌一般靠近舞台前正中；没有舞台时，主桌一般置于餐厅中央；主人与主宾就座的这桌为主桌。距离主桌越近，桌次越高。

在安排桌次时，所用餐桌的大小、形状要基本一致。除主桌可以略大外，其他餐桌都不要过大或过小，为了确保在宴请时赴宴者及时、准确地找到自己所在的桌次，可以在请柬上注明对方所在的桌次，或在宴会厅入口悬挂宴会桌次排列示意图，或安排引位员引导来宾按桌就座，或在每张餐桌上摆放桌次牌（用阿拉伯数字书写）。

（二）席位排列

1. 位次的排列原则

一是右高左低的原则。两人一同并排就座，通常以右为上座，以左为下座。这是因为中餐上菜时多以顺时针方向为上菜方向。

二是中座为尊的原则。三人一同就座用餐，坐在中间的人在位次上高于两侧的人。

三是面门为上的原则。用餐的时候，按照礼仪惯例，面对正门者是上座，背对正门者是下座。

四是观景为佳。高档餐厅里，室内外往往有优美的景致或高雅的演出，供用餐者欣赏。这时候，观赏角度最好的座位是上座。

五是靠墙为好。在某些中低档餐馆用餐时，通常以靠墙的位置为上座，靠过道的位置为下座。

2. 排列位次的基本方法

排列位次的基本方法有四条，它们往往会同时发挥作用。

方法一：是主人大都应面对正门而坐，并在主桌就座。

方法二：是举行多桌宴请时，每桌都要有一位主桌主人的代表在座。位置一般和主桌主人同向，也可以面向主桌主人。

方法三：是各桌位次的尊卑，应根据距离该桌主人的远近而定，以近为上，以远为下。

方法四：是各桌距离该桌主人的位次，讲究以右为尊，即以该桌主人面向为准，右为尊，左为卑。

另外，每张餐桌上所安排的用餐人数应限在10人以内，最好是双数。比如，六人、八人、十人。人数如果过多，显得拥挤又不容易照顾。

为了便于来宾准确无误地在自己位次上就座，除招待人员和主人要及时加以引导指示外，应在每位来宾所属座次正前方的桌面上，事先放置醒目的个人姓名座位卡。举行涉外宴请时，座位卡应以中、英文两种文字书写。我国的惯例是，中文在上，英文在下。必要时，座位卡的两面都书写用餐者的姓名。

二、餐具的使用

中餐的餐具主要有杯、盘、碗、碟、筷、匙六种。在正式的宴会上，水杯放在菜盘上方，酒杯放在右上方。筷子与汤匙可放在专用的座子上，或放在纸套中。

1. 筷子

筷子是中餐中最主要的进餐用具。握筷姿势应规范，进餐时需要使用其他餐具时，应先将筷子放下。筷子一定要放在筷子架上，不能放在杯子或盘子上。如果不小心把筷子碰掉在地上，可请服务员换一双。在用餐过程中，已经举起筷子，但不知道该吃哪道菜，这时不可将筷子在各碟菜中来回移动或在空中游弋。不要用舌头舔食筷子上的附着物，更不要用筷子去推动碗、盘和杯子。有事暂时离席，不能把筷子插在碗里，应把它轻放在筷子架上。

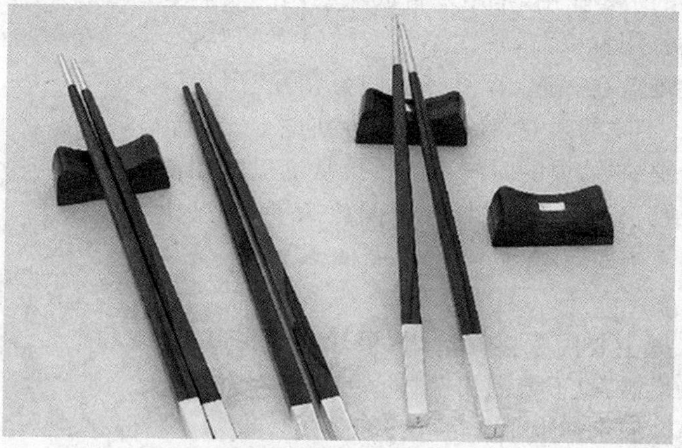

图 5-3　筷子的摆法

在长期的生活实践中，人们对使用筷子也形成了一些礼仪上的忌讳：

一忌敲筷。即在等待就餐时，不能坐在餐桌边，一手拿一根筷子随意敲打，或用筷子敲打碗盏或茶杯。

二忌掷筷。在餐前发放筷子时，要把筷子一双双理顺，然后轻轻地放在每个人的餐桌前；距较远时，可以请人递过去，不能随手掷在桌上。

三忌叉筷。筷子不能一横一竖交叉摆放，不能一根是大头，一根是小头。筷子要摆放在碗的旁边，不能搁在碗上。

四忌插筷。在用餐中途因故需暂时离开时，要把筷子轻轻搁在桌子上或餐碟边，不能插在饭碗里。

五忌挥筷。在夹菜时，不能把筷子在菜盘里挥来挥去，上下乱翻，遇到别人也来夹菜时，要有意避让，谨防"筷子打架"。

六忌舞筷。在说话时，不要把筷子当做道具，在餐桌上乱舞；也不要在请别人用菜时，把筷子戳到别人面前，这样做是失礼的。

2. 汤勺

它的主要作用是舀取菜肴、食物。有时，用筷子取食时，也可以用勺子来辅助。尽量不要单用勺子去取菜。用勺子取食物时，不要过满，免得溢出来弄脏餐桌或自己的衣服。在舀取食物后，可以在原处"暂停"片刻，汤汁不会再往下流时，再移回来享用。暂时不用勺子时，应放在自己的碟子上，不要把它直接放在餐桌上，或是让它在食物中"立正"。用勺子取食物后，要立即食用或放在自己碟子里，不要再把它倒回原处。而如果取用的食物太烫，不可用勺子舀来舀去，也不要用嘴对着吹，可以先放到自己的碗里等凉了再吃。不要把勺子塞到

图 5-4　汤勺

嘴里，或者反复吮吸、舔食。

3. 食碟

稍小点的盘子就是碟子，主要用来盛放食物，在使用方面和碗略同。食碟的主要作用，是用来暂放从公用的菜盘里取来享用的菜肴的。用食碟时，一次不要取放过多的菜肴，也不要把多种菜肴堆放在一起，弄不好它们会相互"窜味"，不好看，也不好吃。不吃的残渣、骨、刺不要吐在地上、桌上，而应轻轻取放在食碟前端，放的时候不能直接从嘴里吐在食碟上，要用筷子夹放到碟子旁边。如果食碟放满了，可以让服务员重新更换。

图 5-5 食碟

4. 杯子

注意中餐的水杯主要用于盛放清水、果汁、汽水等软饮料。不要用水杯来盛酒，也不要倒扣水杯。另外需注意喝进嘴里的东西不能再吐回水杯里，这样是十分不雅的。

图 5-6 酒水杯

5. 牙签

牙签也是中餐餐桌上的必备之物。它有两个作用，一是用于扎取食物；二是用于剔牙。但是用餐时尽量不要当众剔牙，非剔不行时，要用另一只手掩住口部，剔出来的食物，不要当众"观赏"或再次入口，更不要随手乱弹、随口乱吐。剔牙后，不要叼着牙签，更不要用其来扎取食物。

6. 湿毛巾

中餐用餐前，一般会为每位用餐者上一块湿毛巾。这块湿毛巾的作用是擦手，擦手后，应该把它放回盘子里，由服务员拿走。而宴会结束前，服务员会再上一块湿毛巾，和前者不同的是，这块湿毛巾是用于擦嘴的，不能用其擦脸或抹汗。

三、上菜顺序的安排

不同种类的宴会上菜的程序是不完全一样的，但从总体上说，中餐上菜的程序是基本固定的。中餐一般讲究：先凉后热，先炒后烧，咸鲜清淡的先上，甜味、浓味的后上，最后是主食。有规格的宴席，热菜中的主菜——比如燕窝席里的燕窝，海参宴里的海参，鱼翅宴里的鱼翅，应该先上，即所谓最贵的热菜先上。再辅以溜炒烧扒。

一般中餐上菜的顺序为：

(1) 冷盘→热菜→炒菜→大菜→汤菜→炒饭→面点→水果(北方)

(2) 汤菜→冷盘→海鲜→荤菜→小菜→面点→水果(南方)

注意：宴会上桌数很多时，各桌的同一道菜应同时上。上菜的方式大体上有以下几种：一是把大盘菜端上，由各人自取；二是由侍者托着菜盘逐一给每位分让；三是用小碟盛放，每人一份。

四、席间礼仪要求

1. 就座礼仪

应邀出席宴请活动，应听从主人安排。如果是宴会，进入宴会厅之前，先了解自己的桌次座位，入座时注意桌上座位卡是否写着自己的名字，不可随意乱坐。如邻座是年长者或妇女，应主动协助他们先坐下。入座后坐姿要端正，不可用手托腮或将双臂肘放在桌上。坐时脚应踏在本人座位下，不可随意伸出，影响别人。不可玩弄桌上酒杯、盘碗、刀叉、筷子等餐具，不要用餐巾或面巾纸擦餐具，以免使人认为餐具不洁。

2. 用餐礼仪

入席后，不要立即动手取食。而应待主人打招呼，由主人举杯示意开始时，客人才能开始。

用餐的时候，不要吃得摇头摆脑，满脸油汗，汁汤横流，响声大作。不但失态欠雅，而且还会败坏别人的食欲。

可以劝别人多用一些，或是品尝某道菜肴，但不要不由分说，擅自作主，主动为别人夹菜、添饭。这样做既不卫生，还会让人勉为其难。

取菜的时候，不要左顾右盼，翻来覆去，在公用的菜盘内挑挑拣拣。更不能夹起来又放回去，显得缺乏教养。多人一桌用餐，取菜要注意相互礼让，依次而行，取用适量。够不到的菜，可以请人帮助，不要起身甚至离座去取。如果你想转动餐桌上的转菜盘，应顺时针方向慢慢转动。因为人们大都习惯顺时针方向转动，一般只有运动场跑步、殡仪馆向遗体告别是逆时针方向。

用餐期间，不要敲敲打打，比比划划。还要自觉做到不吸烟。用餐时，如果需要有清嗓子、擤鼻涕、吐痰等举动，尽早去洗手间解决。

用餐的时候，不要当众修饰。比如，不要梳理头发，化妆补妆，宽衣解带，脱袜脱鞋等。如必要可以去化妆间或洗手间。

用餐的时候不要离开座位，四处走动。如果有事要离开，也要先和旁边的人打个招呼，可以说声“失陪了”、“我有事先行一步”等。

3. 餐巾的使用

使用餐巾的目的是为了避免进食时弄脏衣服，此外，还可以用它来擦手上、嘴上的油渍。当宴会开始的时候，主人拿起餐巾，表示准备进餐了，客人看到主人已先拿起餐巾后，才能随后拿起。从餐桌上拿起餐巾，先对折，再将褶线朝向自己，摊在腿上。绝不能把餐巾抖开，如围兜般围在脖子上，或塞在领口，也不能把餐巾的一角塞进扣眼或腰带里。

用餐完毕要站起来，首先将腿上的餐巾拿起，随意叠好，再把餐巾放在餐桌的左侧，然后起身离座。餐巾用完后无须折叠得太过整齐，但也不能随便搓成一团。如有主宾或长辈在座，一定要等他们拿起餐巾折叠时才能跟着动作。

4. 斟酒

酒水一般在饮用前才斟入酒杯，有时，主人为了表示对来宾的敬重、友好，会亲自为其斟酒。斟酒时需注意三点。

(1) 要面面俱到，一视同仁，切勿有挑有拣，只为个别人斟酒。

(2) 要注意顺序。可以按顺时针方向从自己所坐之处开始，也可以先为尊长、嘉宾斟酒，再为其他宾客斟酒。

(3) 斟酒需适量。白酒和啤酒可以斟满，其他洋酒则不必斟满。

另外，在宴会中，除主人与侍者外，其他宾客一般不宜自行为他人斟酒。

在侍者为自己斟酒时，要道谢，但不必起身，也不必拿起酒杯；但是，在主人为自己斟酒时，必须拿起酒杯致谢，必要时还要起身站立或欠身点头致意。

5. 敬酒

敬酒也就是祝酒，是指在正式宴会上，由男主人向来宾提议，提出某个事由而饮酒。在饮酒时，通常要讲一些祝愿、祝福类的话，在正式宴会上，主人和主宾还要发表一篇专门的祝酒词。祝酒词内容越短越好，不可长篇大论、滔滔不绝，让人久等。

敬酒可以随时在饮酒的过程中进行。如果要致正式祝酒词，就应在特定的时间进行，并不能因此影响来宾的用餐。祝酒词适合在宾主入座后、用餐前开始。也可以在吃过主菜后、甜品上桌前进行。

在他人敬酒或致辞时，其他在场者应停止用餐或饮酒，坐在自己的座位上，面向敬酒者，认真倾听，对其所言所行不可笑声讥讽或者公开表示反感。

6. 干杯

在饮酒特别是祝酒、敬酒时进行干杯，需要有人率先提议，可以是主人、主宾，也可以是在场的人。提议干杯时，应起身站立，右手端起酒杯，面带微笑，目视其他特别是自己的祝酒对象，嘴里同时说着祝福的话。

面对他人敬酒，被敬者即使是滴酒不沾，也要拿起杯子做做样子。将酒杯举到眼睛高度，说完“干杯”后，将酒一饮而尽或喝适量。然后，还要手拿酒杯与提议者对视一下，这个过程就算结束。

在中餐里，干杯前，可以象征性地和对方碰一下酒杯；碰杯的时候，应该让自己的酒杯低于对方的酒杯，表示你对对方的尊敬。当你离对方比较远时，可以用酒杯杯底轻碰桌面，表示和对方碰杯。如果主人亲自敬酒干杯后，一般应该回敬主人，和他再干一杯。回敬时，应该右手持杯，左手托底与对方一同将酒饮下。

7. 拒酒技巧

假如因为某种原因不能饮酒，可以用下列符合礼仪的方式拒绝他人的劝酒。

(1) 主动要一些非酒类的饮料，并说明自己不饮酒的原因；

(2) 让对方在自己面前的杯子里稍许斟一些酒，然后轻轻以手推开酒瓶。按照礼节，杯子里的酒是可以不喝的。

(3) 委托亲友、部下或晚辈代为饮酒。

当主人或朋友们向自己热情地敬酒时，不要东躲西藏，更不要把酒杯翻过来，或将他人所敬的酒悄悄倒在地上甚至偷偷倒进别人的酒杯中。

总之，当我们和客人、长辈一起用餐时，要时刻注意席间礼仪，处处使对方感到轻松、愉快、和谐。

任务四　熟悉西餐礼仪

案例导入

宴会上的洗手水

有一次，英国王室为了招待印度当地居民的首领，在伦敦举行晚宴，当时还是"皇太子"的温莎公爵主持了这次宴会。

宴会中，达官贵人们觥筹交错，相与甚欢，气氛融洽。可就在宴会结束时，发生了一件小事。

侍者为每一位客人端来了洗手盅，印度客人对西餐礼仪并不熟悉，看到那精巧的银制器皿里盛着亮晶晶的水，还以为是喝的水呢，就端起来一饮而尽。作陪的英国贵族目瞪口呆，不知如何是好，大家纷纷把目光投向主持人。

只见温莎公爵神情自若，一边与客人谈笑风生，一边也端起自己面前的洗手水，像客人那样"自然而得体"地一饮而尽。接着，大家也纷纷效仿，本来要造成的难堪与尴尬顷刻释然，宴会取得了预期的成功，宾主双方都非常高兴。

【简析】这个案例告诉我们：随着国际交往的日益频繁，我们应尽可能多了解世界各国的风土人情和礼仪规则。当对方在不知情的情况下造成难堪，主人应随机应变，礼貌地化解尴尬的局面。

随着中西方文化交流的深入，人们的生活方式也发生了一定的变化，在组织涉外活动中，有时也要用西餐来招待客人，所以掌握一些西餐方面的礼仪知识十分必要。

一、桌次和席位的排列

西餐席位比较讲究礼仪，西餐的位置排列与中餐有相当大的区别，中餐一般使用圆桌，而西餐一般使用方桌。

（一）桌次排列

餐桌的排列次序同中餐桌次的排列原则一样，主桌为首位，但是西餐桌子设置的方法可以根据用餐人数的多少和场地大小而定。有时还会拼成各种图案。如，长条形，T 字形，门字形，E 字形等。

（二）座次的安排

1. 西餐座次排列的规则

中餐一般用圆桌，而西餐一般用长桌。

西餐的位置排列与中餐排列既有相同之处，也有相当大的区别；中餐多使用圆桌，而西餐的餐桌一般有方桌、长桌或由其拼成各种图案的桌型。其中，最常见、最为正规的西餐桌当属长桌。西餐座次排列的基本规则如下：

(1) 女士优先

在西餐礼仪里,女士处处备受尊重和照顾,这也是西方绅士风度的体现。

(2) 恭敬主宾

在西餐中,主宾极受尊重。即使用餐的来宾中有人在身份、地位、年纪方面高于主宾,但主宾仍是主人关注的中心。在位次排列时,男、女主宾应分别紧靠着女主人和男主人就座,以便受到很好的照顾。

(3) 以右为尊

在排定位次时,以右为尊是基本规则。

(4) 距离定位

西餐桌上位次的高低,往往是根据离主人座位的远近而定的,离主人座位越近的位次越高,离主人座位越远的位次越低。

(5) 面门为上

和中餐一样,面门而上是指面对餐厅正门的位子为上位。

(6) 交叉排列

西餐用餐惯例是男女交叉安排座位,所以用餐人数最好是偶数,并且男女人数相同。

2. 西餐长桌、方桌座位的具体排列方法

(1) 西餐长桌座位的排列方法

西餐长桌座位的排列一般有两种方法。一是男女主人分坐于长桌两端;二是男女主人对坐于长桌横面的中央,其他男女宾相间入座。如下图。

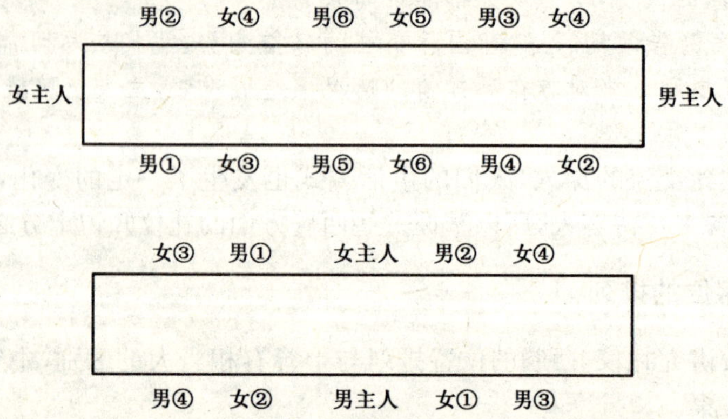

图 5-7 西餐长桌座位

(2) 西餐方桌座位的排列方法

以方桌排列位次时,就座于餐桌四面的人数应相等。一般每侧各坐两人的情况比较多见。排列座位时,应使男、女主人与男、女主宾对面而坐。现在还流行厨师现场工作,表演特定的技巧,所以要把最佳的观赏位置留给男女主宾坐。如图。

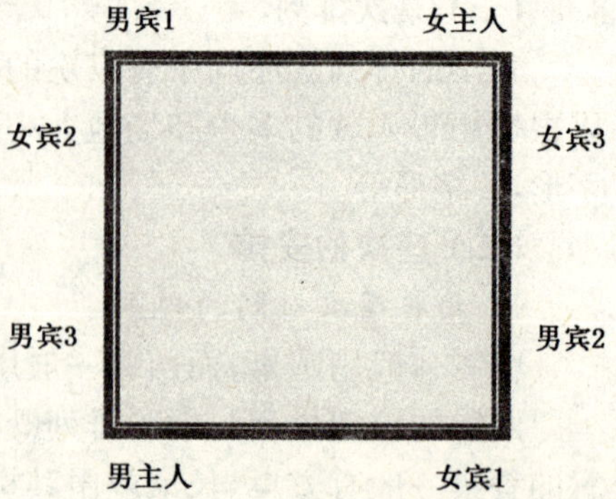

图 5-8 西餐方桌座位

二、西餐餐具的使用礼仪

(一) 餐具的种类

西餐餐具有刀、叉、匙、盘、杯等。刀分为食用刀、鱼刀、肉刀、奶油刀、水果刀；叉分为食用叉、鱼叉、龙虾叉；匙有汤匙、茶匙等；杯的种类更多，茶杯、咖啡杯多为瓷器，并配小碟；水杯、酒杯多为玻璃制品，不同的酒使用不同的酒杯，宴会有几道酒，就配有几种酒杯。

(二) 餐具的摆放

西餐餐具的摆设：垫盘放在餐席的正中心，盘上放折叠整齐的餐巾或餐巾纸(也有把餐巾或餐纸折成花状放在玻璃杯内的)。两侧的刀、叉、匙排成整齐的平行线，如果有席位卡，则放在垫盘的前方。右手位放刀，刀刃朝向垫盘，左手位放叉，叉齿朝上。食盘上方放匙，再上方放酒杯，右起依次为葡萄酒杯、香槟酒杯、水杯。餐巾插在水杯内或摆在食盘上。面包盘、黄油刀放在左上方。吃正餐，刀叉数目应与上菜道数相等，并按上菜顺序由外向里排列，刀口向内。用餐时可按此顺序使用，吃一道，换一套刀叉，撤盘时，要一并撤去使用过的刀叉。

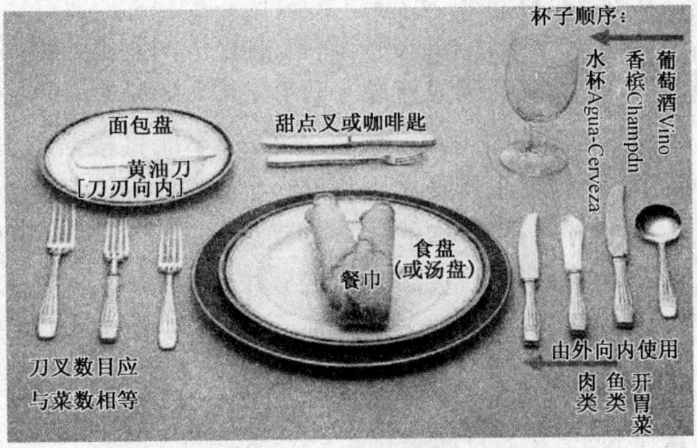

图 5-9　西餐餐具

(三) 餐具的使用

西餐桌上的餐具很多，吃每一样东西要用特定的餐具，不能替代或混用。基本原则是右手持刀或汤匙，左手拿叉。若有两把以上，应由最外面的一把依次向内取用。刀叉的拿法是轻握尾端，食指按在柄上。汤匙则用握笔的方式拿即可。如果感觉不方便，可以换右手拿叉，但更换频繁则显得粗野。边说话边挥舞刀叉也是失礼之举。

1. 刀

宴席上最正确的拿刀姿势是：手握住刀柄，拇指按着柄侧，食指则压在柄背上。不要把食指伸到刀背上，另外，不要伸直小指来拿刀，尤其是女性以为这种姿势才优雅，其实这是错误的。

刀是用来切割食物的，不要用刀挑起食物往嘴里送。记住：右手拿刀。如果用餐时，有三种不同规格的刀同时出现，一般正确的用法是：带小小锯齿的那一把用来切肉制食品；中等大小的用来将大片的蔬菜切成小片；而那种小巧的，刀尖是圆头的、顶部有些上翘的小刀，则是用来切开小面包，然后用它挑些果酱、奶油涂在面包上面。切割食物时双肘下沉，手肘不要离开桌子，这样会令对方觉得你的吃相十分可怕，而且正在切割的食物没准也会飞出去呢！

2. 叉

叉子的拿法有背侧朝上及内侧朝上两种，要视情况而定。背侧朝上的拿法和刀子一样，以食指压住柄背，其余四指握柄，食指尖端大致在柄的根部，若太前方，外观不好看，太往后，叉不太能使劲，硬的食物就不容易叉进去。叉子内侧朝上时，则如铅笔拿法，以拇指、食指按柄上，其余三指支撑柄下方；拇指和食指要按在柄的中央位置，如果太向前，会显得笨手笨脚。

左手拿叉，叉齿朝下，叉起食物往嘴里送，如果吃面条类软质食品或豌豆叉齿可朝上。动作要轻，捡起适量食物一次性放入口中，不要拖拖拉拉一大块，咬一口再放下，这样很不雅。叉子捡起食物入嘴时，牙齿只碰到食物，不要咬叉，也不要让刀叉在齿上或盘中发出声响。吃体积较大的蔬菜时，可用刀叉来折叠、分切。较软的食物可放在叉子平面上，用刀子整理一下。

3. 勺子

在正式场合下，勺有多种，小的是用于咖啡和甜点心；扁平的用于涂黄油和分食蛋糕；比较大的，用来喝汤或盛碎小食物；最大的是公用于分食汤的，常见于自助餐。切莫搞错。汤匙和点心匙除了喝汤，吃甜品外，绝不能直接舀取其他主食和菜品；不可以将餐匙插入菜肴当中，更不能让其直立于甜品、汤或咖啡等饮料中。

在吃西餐时，你的一举一动就告诉了服务人员你的意图，受过训练的服务员会按照你的愿望去为你服务，去满足你的要求，这就是"刀叉语言"。

继续用餐：把刀叉分开放，大约呈三角形，那么示意你要继续用餐，服务员不会把你的盘收走。

请再给我添加饭菜：盘子已空，但你还想用餐，把刀叉分开放，大约呈八字形，那么服务员会再给你添加饭菜。注意：只有在准许添加饭菜的宴会上或在食用有可能添加的那道菜时才适用。如果每道菜只有一盘的话，你没有必要把餐具放成这个样子。

我已用好餐：盘子已空，你也不再想用餐时，把刀叉平行斜着放好，那么服务员会在适当时候把你的盘子收走。

三、西餐菜序的安排

西餐有正餐和便餐之分，两者之间存在很大差距。

（一）正餐的菜序

西餐正餐，尤其是在正式场合所用的正餐，其菜序复杂多样，一般由八道菜肴构成，一顿内容完整的正餐须耗时1～2小时。

1. 开胃菜

开胃菜，又称西餐的头盘。有时它不被列入正式的菜序，而仅作为正餐的"前奏曲"。一般情况下，开胃菜由蔬菜、水果、海鲜、肉食等组成的拼盘，这些菜一般色彩美观，容易引起食欲。

2. 面包

西餐正餐中的面包以切片面包为主，个人根据自己口味可在面包上涂果酱、奶油或奶酪等。

3. 汤

汤是西餐的"开路先锋"，其口感芬芳浓郁，具有较好的开胃作用。只有开始喝汤时，才标志西餐正餐的正式开始。西餐中常见的汤有白汤、红汤、清汤等。

4. 主菜

作为西餐的"主旋律"，西餐的主菜分为冷菜和热菜。在比较正规的西餐中，一般上一个冷菜，包括各类泥子、冻子；热菜则一般有两道，一道为鱼菜，另一道为肉菜。肉菜可谓重中之重，它标志着本餐的档次与水平。有时还会再上一个海味菜。

5. 点心

点心放在主菜之后，意在使没有吃饱的人填饱肚子，一般包括蛋糕、饼干、馅儿饼、三明治等。已经吃饱的人可以不吃点心。

6. 甜品

吃完点心，接着要上甜品。常见的甜品有布丁、冰淇淋等。

7. 果品

甜点之后上果品。果品有干、鲜果之分。常用的干果有核桃、榛子、腰果、开心果等；常用的鲜果则包括草莓、菠萝、苹果、橙子、葡萄等。

8. 热饮

西餐通常将热饮放于最后，帮助消化。最正规的热饮是红茶或什么都不加的黑咖啡。西餐的热饮就餐地点灵活，可以是餐桌、客厅或休息厅等。

(二) 便餐的菜序

一般场合中，出于节约时间和经济方面的考虑，人们也习惯于采用便餐的形式。一般说来，接待人员接触西餐便餐的机会相对多些，因此对便餐的菜序要有清晰的了解。

西餐便餐菜序从简，但每一道菜都是有代表性的，一般由五道菜肴构成：开胃菜、汤、主菜、甜品、咖啡。

四、西餐席间礼仪

参加西餐宴会，除了应该遵循中餐宴会中的基本礼仪外，还应分别掌握以下几个方面的进餐礼仪常识。

进餐时，除了用刀、叉、匙取送食物外，有时也可以用手取。如吃鸡、龙虾等，经主人示意，可以用手撕着吃。吃饼干、薯片或颗粒状水果，也可以用手取食。面包一律用手取，注意取自己左手前面的，不可取错。取面包时左手拿取，右手撕开，再把奶油涂上去，一小片一下片地撕着吃。不能用嘴咬着吃，也不能用面包蘸汤吃。

用手取食物前，有时会送上一小水杯(铜盘、瓷碗或水晶玻璃钢)，水上漂着玫瑰花瓣或柠檬片。这是专供洗手用的，切不可误解为饮用水而闹成笑话。洗手时两手轮流沾湿指头，轻轻刷洗，然后用餐巾或小毛巾擦干。

喝汤时，不可以把汤盘就着嘴喝，必须用汤匙舀着喝。不要发出吱吱的响声，也不可频率太快。如汤菜过热，可待稍凉后再吃，不要用嘴吹。汤盘中的汤快喝完时，用左手将汤盘的外侧稍稍翘起，用汤勺舀净即可。吃完汤菜时，将汤匙留在汤盘(碗)中，匙把指向自己。

吃鱼或肉时，要特别小心。用叉按好后，慢慢用刀去切，切好后用叉子送入口中，千万不可用叉子将其整个叉起来，送到嘴边去咬。吃带刺或骨的菜肴时，不要直接外吐，可用餐巾捂嘴轻轻吐在叉上放入盘内。吃鸡时，欧美人多以鸡胸脯肉为贵。吃鸡腿时应先用力将骨去掉，不要用手拿着吃。吃鱼时不要将鱼翻身，要吃完上层后用刀叉将鱼骨剔掉后再吃下层吃肉时，要切一块吃一块，块不能切得过大，或一次将肉都切成块。

喝咖啡时如愿意添加牛奶或糖，添加后要用小勺搅拌均匀，将小勺放在咖啡的垫碟上。喝时应右手拿杯把，左手端垫碟，直接用嘴喝，不要用小勺一勺一勺地舀着喝。

吃水果时用水果刀，不可直接用手拿水果吃。吃苹果、梨等带核、体积稍大的水果时，应先用水果刀切成四至八块，再用刀去掉皮、核后，用叉取食。如吃葡萄，不可整串拿着吃，应当用手一颗一颗楸着吃。

吃西餐还要注意坐姿，身体要端正，手肘不要放在桌面上，不要跷腿，和餐桌的距离以便于使用餐具为佳。餐台上摆好的餐具不要随意摆弄。女主人拿起餐巾时(没女主人就看男主人)，表示开始用餐，把餐巾铺在双腿上，如果餐巾很大就对折放腿上，盖住膝盖以上的双腿部分。

不要在餐桌上化妆，用餐巾擦鼻涕。用餐时打嗝是大忌。取食时，拿不到的食物可以请别人传递，不要站起来。每次送到嘴里的食物别太多，在咀嚼时不要说话。就餐时不可以狼吞虎咽。对自己不愿吃的食物也应要一点放在盘中，以示礼貌。不应在进餐中途退席。确实需要离开，要向左右的客人小声打招呼。进餐过程中，不要解开纽扣或当众脱衣。如果主人请客人宽衣，男客人可以把外衣脱下搭在椅背上，但不可以把外套或随身携带的东西放到餐台上。

饮酒时，不要把酒杯斟得太满，也不要向别人劝酒(这些都不同于中餐)。饮酒干杯时，即使不喝，也应该将杯口在唇上碰一碰，以示敬意。当别人为你斟酒时，如果不需要，可以简单地说一声“不，谢谢！”或以手稍盖酒杯，表示谢绝。

总之，西餐非常重视礼仪，只有认真掌握好，才能在参加西餐宴会时表现得温文尔雅，具有风度。

五、西餐礼仪运用技巧集锦

(1) 预约的窍门。越高档的饭店越需要事先预约。预约时，不仅要说清人数和时间，也要表明是否要吸烟区或视野良好的座位。如果是生日或其他特别的日子，可以告知宴会的目的和预算。在预定时间内到达，是基本的礼貌。

(2) 再昂贵的休闲服，也不能随意穿着上餐厅。

(3) 吃饭时穿着得体是欧美人的常识。去高档的餐厅，男士要穿着整洁的上衣和皮鞋；女士要穿套装和有跟的鞋子。如果指定穿正式服装的话，男士必须打领带。

(4) 由椅子的左侧入座. 最得体的入座方式是从左侧入座。当椅子被拉开后，身体在几乎要碰到桌子的距离站直，领位者会把椅子推进来，腿弯碰到后面的椅子时，就可以坐下来。

(5) 用餐时，上臂和背部要靠到椅背，腹部和桌子保持约一个拳头的距离，两脚交叉的坐姿最好避免。

(6) 点菜。没有必要全部都点，点太多却吃不完反而失礼。稍有水准的餐厅都不欢迎只点前菜的人。前菜、主菜(鱼或肉择其一)加甜点是最恰当的组合。点菜并不是由前菜开始点，而是先选一样最想吃的主菜，再配上适合主菜的汤。

(7) 点酒时不要硬装内行。在高级餐厅里，会有精于品酒的调酒师拿酒单来. 对酒不大了解的人，最好告诉他自己挑选的菜色、预算、喜爱的酒类口味，请调酒师帮忙挑选。

(8) 主菜若是肉类应搭配红酒，鱼类则搭配白酒。上菜之前，不妨来杯香槟、雪利酒或吉尔酒等较淡的酒。

(9) 餐巾在用餐前就可以打开。点完菜后，在前菜送来前的这段时间把餐巾打开，往内摺三分之一，让三分之二平铺在腿上，盖住膝盖以上的双腿部分。最好不要把餐巾塞入领口。

(10) 用三根手指轻握杯脚。酒类服务通常由服务员负责将少量酒倒入酒杯中，让客人鉴别一下品质是否有误。只需把它当成一种形式，喝一小口并回签 Good。接着，侍者会来倒酒，这时，不要动手去拿酒杯，而应把酒杯放在桌上由侍者去倒。正确的握杯姿势是用手指轻握杯脚。为避免手的温度使酒温增高，应用大拇指、中指、食指握住杯脚，小指放在杯子的底台固定。

(11) 喝酒的方法。喝酒时绝对不能吸着喝，而是倾斜酒杯，像是将酒放在舌头上似的喝。轻轻摇动酒杯让酒与空气接触以增加酒味的醇香，但不要猛烈摇晃杯子。此外，一饮而尽，边喝边透过酒杯看人，都是失礼的行为。不要用手指擦杯沿上的口红印，用面巾纸擦较好。

(12) 喝汤也不能吸着喝。先用汤匙由后往前将汤舀起，汤匙的底部放在下唇的位置将汤送入口中。汤匙与嘴部呈 45°角较好。身体上的半部略微前倾。碗中的汤剩下不多时，可用手指将碗略微抬高。如果汤用有握环的碗装，可直接拿住握环端起来喝。

(13) 面包的吃法。先用两手撕成小块，再用左手拿来吃的原则。吃硬面包时，用手撕不但费力而且面包屑会掉满地，此时可用刀先切成两半，再用手撕成块来吃。避免像用锯子似割面包，应先把刀刺入另一半。切时可用手将面包固定，避免发出声响。

(14) 鱼的吃法。鱼肉极嫩易碎，因此餐厅常不备餐刀而备专用的汤匙。这种汤匙比一般喝汤用的稍大，不但可切分菜肴，还能将调味汁一起舀起来吃。若要吃其他混合的青菜类食物，还是使用叉子为宜。首先用刀在鱼鳃附近刺一条直线，刀尖不要刺透，刺入一半即可。将鱼的上半身挑开后，从头开始，将刀叉在骨头下方，往鱼尾方向划开，把针骨剔掉并挪到盘子的一角。最后再把鱼尾切掉。由左至右面，边切边吃。

(15) 如何使用刀叉。基本原则是右手持刀或汤匙，左手拿叉。若有两把以上，应由最外面的一把依次向内取用。刀叉的拿法是轻握尾端，食指按在柄上。汤匙则用握笔的方式拿即可。如果感觉不方便，可以换右手拿叉，但更换频繁则显得粗野。吃体积较大的蔬菜时，可用刀叉来折叠、分切。较软的食物可放在叉子平面上，用刀子整理一下。

(16) 略事休息时，刀叉的摆法。如果吃到一半想放下刀叉略作休息，应把刀叉以八字形状摆在盘子中央。若刀叉突出到盘子外面，不安全也不好看。边说话边挥舞刀叉是失礼举动。用餐后，将刀叉摆成四点钟方向即可。

实训任务1 案例分析

案例一

一天傍晚，巴黎的一家餐馆迎来了一群中国人，于是老板特地派了一名中国侍者去为他们服务。侍者向他们介绍了一些法国菜，他们却不问菜的贵贱，一下子点了几十道。点完菜，他们开始四处拍照留念。用餐时嘴里还不时发出咀嚼食物的声音，而且还弄得桌子、地毯上到处是油渍和污秽。邻座的客人实在看不下去了，对他们提出了抗议。

请指出中国客人的失礼之处。

案例二

某公司林总请刚回国的朋友刘先生吃饭，叫秘书小欧去安排，小欧便安排在上岛西餐厅吃西餐。

在吃西餐时，小欧把餐巾围在了衣领前，为了对刘先生的到来表示欢迎，她一口气喝完餐前的开胃酒，而林总和刘先生只是随意地喝了一点点，刘先生略显惊讶地说："欧小姐真是好酒量啊！"林总却尴尬地笑了笑。在吃饭过程中林总与刘先生聊得十分开心，小欧嘴里含着还没有咽下去的食物，手里摇晃着刀叉时不时插上几句。中途小欧外出接电话时就把刀叉和餐巾往桌上一丢说："不好意思，我先离开一会。"

从西餐礼仪角度分析评价小欧吃西餐时的言行举止。

案例三

王海的好朋友从国外回来了，王海很热情地请好友来家中吃饭，席间王海不顾好友夫妇的一再推托，非常热情地为好友夫妇夹菜，王海自己在吃肉骨头的时候突然有肉渣钻进了牙缝，于是，王海拿起桌上的牙签，当众剔牙，还将剔出的肉渣放在了桌上。

请谈谈王海的表现是否符合礼仪规范，他应该怎样做才正确？

案例四

严非今天心情特别好，要去参加同学聚会。聚会时气氛非常热烈，大家都在回忆过去的美好时光。吃饭时，严非发现曾住他下铺的小武吃饭时发出"吧唧吧唧"的声音，还边吃边说，唾沫横飞，吃完后，小武伸了伸懒腰，做出很满足的样子，打了一个响嗝。严非的心情顿时暗淡下来。

针对此案例谈谈你的看法，严非的心情为什么会顿时暗淡下来？

实训任务2 宴请宾客

1. 任务描述

新东方文化发展有限公司是一家拥有广告发布权，以经营户外媒体为主的专业型广告公司。公司不断开发新的媒体资料，在江苏各主要城市的高速公路主干道、繁华商业区、机场高速路拥有众多T型立柱、楼顶广告牌等大型户外广告媒体，自有媒体30 000平方米，成为江苏地区最完备的户外媒体投放平台之一，并广泛与国内外各4A公司及媒体公司进行了成功的合作，在社会各界及众多客户的支持下，公司不断地发展壮大。优越的自有户外广告媒体资源，专业的媒介投放经验及真诚的服务理念，是新东方广告的核心竞争力。公司将根据客户的需求，秉承直接、准确、有效的广告经营理念，为客户提供最佳的服务。"提升品牌形象，扩大产品销售量，为企业创造价值"是我们的永恒追求。

(1) 为了巩固原有客户关系和开发新的客户源，公司要在年底举办一次晚宴，邀请客户和相关管理部门的代表参加，拟邀请人数为80人左右。公司要你负责安排桌次和座位，并陪同其中一桌客人进餐，你如何出色完成工作任务？

(2) 公司在明珠大酒店西餐厅宴请来自香港的考察团一行7人(4男3女)，公司安排你(女)负责这次宴会，你将如何完成工作任务？

2. 实训要求

（1）以小组为单位进行，各小组 8～10 人，分别扮演任务描述中的角色。实训的准备工作需要 2～4 课时（课外完成），模拟用餐需要 4 课时（中餐和西餐各 2 课时）；

（2）可以在校内实训中心进行，也可以由学生自主联系中餐馆或者西餐厅进行。每组配备相机或者摄像机，对实训过程进行记录，实训结束后，制作成 PPT 或者视频资料，在全班进行演示，学生和教师共同点评。

（3）训练前布置学生复习中、西餐宴会的礼仪要求和注意事项，写出宴请策划方案，各组学生分工合作完成。

（4）在这项训练中，你最好利用课余时间参加一个真实的宴会，注意观察活动的程序并总结其得失，为本次实践活动提供借鉴。

项目六
商务仪式礼仪

警示语

◆ 凡事预则立，不预则废。《礼记》

◆ 礼貌使有礼貌的人喜悦，也使那些受人以礼貌相待的人们喜悦。（孟德斯鸠）

◆ 商务活动的成败，准备工作很重要，如果不经过充分的准备，那么活动是不可能取得成功的。

任务一　熟悉开业仪式

案例导入

成功的开业仪式

香港迪斯尼乐园开业，安排了为期三天的开幕庆典活动。有1 000名世界各国及各地嘉宾和900多名中外传媒人士参加了开幕典礼。乐园向嘉宾发出了“童话式”请柬，由一个金色大礼盒装载，内有请柬、立体式设计的乐园简介以及一个开幕纪念章。

作为中国首个迪斯尼乐园，乐园特别将开幕庆典安排了3天时间，并为3天定下不同的主题，分别“Welcome The Magic”（欢迎神奇）、“Experience The Magic”（感受神奇）、“Celebrate The Magic”（庆祝神奇）。

第一天，位于香港大屿山的迪斯尼乐园举行了盛大的开幕仪式。国家副主席曾庆红、香港特别行政区行政长官曾荫权亲临开幕现场并致辞，4名主礼嘉宾为舞狮队举行了点睛仪式。来自美国加利福尼亚、佛罗里达、日本东京、法国巴黎等4个迪斯尼主题乐园的小朋友表达了对香港迪斯尼加入大家庭的美好祝愿。

当天中午，“名誉大使”张学友和“亲善大使”杜莰乐分别出现在睡公主城堡前面。在米老鼠的见证下，4位主礼嘉宾为香港迪斯尼剪彩，全球最小的米老鼠家园开业迎宾了。

第二天上午9时，随着“轰、轰、轰”三声巨响，五彩缤纷的礼花在香港迪斯尼乐园上空冲天怒放。喇叭里一声“奇妙世界开始了”，宣告乐园里最受欢迎的游乐项目“飞越太空山”正式启动。以此为标志，香港迪斯尼乐园所有游乐设施全面启动，开始迎接游客的到来。

当天中午11时45分，第一个位于中国的迪斯尼乐园正式揭幕。乐园在下午1时正式对外开放。

【简析】香港迪斯尼乐园的开业仪式举办了三天，隆重而全面，是开业仪礼的一个典范。乐园通过开业仪式引起社会的普遍关注，扩大了影响，提高了知名度，奠定了乐园发展的基础。

庆典活动是商业组织在取得某项重大成绩或庆祝组织的某个纪念日时举行的庆贺活动。庆典活动可以邀请政府人员、媒体公众、社区公众、重要顾客等参加。

典礼是一种常用的和隆重的仪式。办一件事通过举行典礼仪式,会产生强烈的效果。一方面可以表示自己的郑重、庄严,渲染出与内容相应的浓烈气氛;一方面可以引起社会各方面和广大群众的注意和重视,强化效果。

典礼有多个类型:如开业仪式、落成仪式、竣工仪式、签字仪式、颁奖仪式、交接仪式等。

一个企业、一个组织的开幕、开工、开业,总希望第一次亮相便为自己创造一个良好的社会形象,扩大影响,提高知名度。举行隆重、热烈的开幕、开业典礼,是一个常用的形式。通过典礼,首次向社会展示自己的形象,表现出领导人的高度组织能力、社交水平和文化素养。典礼中的致辞,更可以宣传企业的宗旨、目标、地位和实力。第一次亮相在人们头脑所形成的第一印象是深刻的,不易磨灭的。所以,开幕、开业典礼都要精心筹划。

请从下面这个案例中了解开业仪式的全过程。

开业典礼方案

——天地公司开业庆典

时间:2007 年 9 月 9 日上午 10 时

地点:天地公司

活动名称:天地公司开业庆典

活动简介:

天地公司于 9 月 9 日在公司所在地隆重举行开业剪彩仪式,届时会有许多当地的各界商业人士、新闻媒体及市府领导出席。活动中,大家可以了解到公司代理的各种酒类产品,同时公司准备了丰盛的晚宴款待各位嘉宾,另外还有内容丰富的娱乐。

10:00—10:30 礼仪小姐迎宾

10:30—11:00 开业典礼正式开始

邀请张总经理致辞,邀请嘉宾剪彩

11:00—11:30 参观公司

12:00—14:00 公司在亚洲大酒店设宴,请嘉宾共进午餐

17:30—18:00 在度假村酒店星光厅迎宾

18:00 晚宴开始入席

18:10 司仪邀请张总经理致辞

致辞完毕,晚宴正式开始

19:00—20:30 精彩节目表演及黄金抽奖活动

20:30—02:00 世纪之星夜总会活动

一、开业仪式的作用

第一,有助于扩大本单位的影响,吸引社会各界的关注。

第二,有助于塑造本单位的良好形象,提高自己的知名度与美誉度。

第三,有助于加强与商界同仁的联系,共享成功的喜悦,为日后的进一步合作奠定良好的基础。

第四,有助于增强本单位的自信心与自豪感,从而为自己创造出一个良好的开端,增强

组织的凝聚力。

二、筹备工作

开业仪式作为单位的一项活动，需要做方方面面的准备工作。从地点、时间的选择到人员、物质的准备，每一项都不能马虎。下面逐一介绍：

(一) 选择场地

开业地点一般设在企业经营所在地、目标公众所在地或租用大型会议场所，要考虑场地是否够用，场内空间与场外空间的比例是否合适等因素，同时，也要考虑交通是否便利，停车位是否足够等等。

开业仪式的场地环境要精心布置，用彩带、气球、标语、祝贺单位条幅、花篮、牌匾等烘托喜庆热烈气氛。

(二)选择时间

首先，要关注天气预报，提前向气象部门咨询近期天气情况。最好选择阳光明媚的良辰吉日，天气晴好，更多的人才会走出家门，走上街头。参加典礼活动，天气情况也是典礼活动能够顺利进行的因素之一。

其次，选择主要嘉宾、主要领导和大多数目标公众能够参加的时间，以保证参加人员的规模。同时，要考虑民众消费心理和习惯，考虑周围居民生活习惯，避免因过早或过晚而扰民，一般安排在上午 9:00—10:00 之间最恰当。

(三) 邀请宾客准备

首先要确立邀请对象，邀请对象要尽量全面，并考虑到今后单位的发展。邀请上级领导以提升档次和可信度；邀请工商、税务等直接管辖部门，以便今后取得支持；邀请潜在的、预期的未来客户是企业经营的基础；邀请同行业人员，以便相互沟通合作。

再次，要做好邀请工作。可以电话邀请，还可以制作通知、发传真，最能够表明诚意与尊重的方法是发邀请函或派专人当面邀请。邀请工作应该提前一周完成，以便于被邀者及早安排和准备。

(四) 做好开业仪式的舆论宣传工作

企业可以利用报纸、杂志等视觉媒介物和运用电台、电视台等大众媒体方式进行舆论宣传工作，提高典礼的知名度；同时，在企业建筑物周围设置醒目的条幅、广告、宣传画等也可以起到宣传的作用。

(五) 场地布置

为显示隆重与敬客，可在来宾尤其是贵宾站立之处铺设红色地毯；在场地四周悬挂标语横幅；悬挂彩带、宫灯；在醒目处摆放来客赠送的花篮、牌匾、空飘气球等。如：在大门两侧各置中式花篮 20 个，花篮飘带上的一条写上“热烈庆祝 XXX 开业庆典”字样，另一条写上庆贺方的名称。正门外两侧，可设充气动画人物、空中舞星、吉祥动物等造型。

(六) 物质准备

礼品准备：赠与来宾的礼品。

设备准备：音响、录音录像、照明设备以及开业仪式所需的各种用具、设备，由技术部门进行检查、调试，以防在使用时出现差错。

交通工具准备：接送重要宾客、运送货物等。

就餐准备：人数、座次、食物、就餐用具等。

庆典活动所需用品的准备：如剪彩所需的彩带、剪刀、托盘等；工作人员服装的统一定做；留作纪念或用以宣传的礼品、画册、优惠卡、贵宾卡的定做。

三、程序

(一) 宣布典礼开始

这时可以安排锣鼓、鞭炮或音乐，使典礼一开始便形成一个隆重、热烈、喜庆的气氛。

(二) 宣读重要宾客名单

政府有关部门负责人、社会名人、同行领导、新闻单位的参加，会使企业增加知名度，显示自己的地位，为典礼增加光彩。

(三) 主管部门、上级领导致贺辞

上级领导致贺辞的内容包括对开幕表示祝贺，指出该企业的意义、作用，并提出要求等。贺词应言简意赅、热烈庄重、真诚祝愿。

对外来的贺电、贺信等不必一一宣读，但对其署名的单位或个人应予以公布。

(四) 东道主致辞

由开业单位的领导介绍本企业的情况、宗旨，对各位宾客的光临表示感谢，欢迎顾客惠顾等。

(五) 客方致辞

也可将(三)与(五)合并。一种是以主管部门、上级领导为主，将宾客与领导一起置于主方致辞之前。一种是以宾客为主，那么客方致辞就在主方致辞之后进行。

(六) 揭幕或剪彩

揭幕的具体做法是：揭幕人行至彩幕前恭立，礼仪小姐双手将开启彩幕的彩带递交对方。揭幕人随之目视彩幕，双手拉启彩带，令其展开彩幕。全场目视彩幕，鼓掌并奏乐。

剪彩的目的是创造一个郑重、欢快的气氛。参加剪彩的除主方主要负责人外，还要事先邀请宾客中身份较高，有社会声望的知名人士共同剪彩。剪彩后可以安排群众喜闻乐见的民间文艺活动。

(七) 参观

主方陪同来宾参观，介绍本单位的主要设施、商品、经营项目等。

(八) 迎接顾客

开业典礼仪式结束后，商场随即开始正式对外营业。商场负责人可引导来宾进商场参观，导购小姐则在商场门口欢迎首批顾客。商场还可以准备一些印有商场开业典礼字样的购物袋，赠送顾客作为纪念品。

上述过程可以根据具体情况而定，不能一成不变。开幕典礼，形式不复杂，时间也不长，但一定要隆重热烈，丰富多彩，给公众留下美好难忘的第一印象。

四、礼仪

开业仪式的礼仪要求指在典礼仪式过程中举办方和宾客方应该遵循的礼仪规范。

(一) 开业仪式举办方的礼仪

对典礼的组织者来说，整个仪式过程都是礼待宾客的过程，企业每个人的仪容仪表、言谈举止都关系到企业的形象。为此，作为开业仪式的举办方，应注意如下礼仪：

1. 保持良好的个人形象

仪容仪表要整洁：组织方参加人员，事前应适当修饰仪容仪表。女士化淡妆，男士整理好发型，清理胡须。

服饰要规范：按职业要求，男女都应穿颜色庄重的套服，配饰和谐。

举止行为要文明：典礼过程中，主办方人员要约束自我行为，不得嬉笑打闹，不得做与典礼无关的事。要精力集中，注意典礼每个细节。

2. 准备周全

要做好各项准备工作，如：按时发放请柬，不得遗漏；安排好礼宾次序，讲求位次，一般按来宾的身份与职务确定。

3. 遵时守约

典礼要严格按规定的仪式起止时间进行，言而有信。企业方每个人员都要准时出席，不得迟到、无故缺席或中途退场。

4. 礼遇宾客

作为主办方，要主动问候，遇到来宾要主动热情问好，对来宾提出的问题予以友善回答。要热情友好，当来宾发表贺词后，应主动鼓掌感谢，不随意打断来宾讲话，更不能向来宾提出挑衅性问题。

(二) 宾客礼仪

参加开业仪式的宾客应尽量做到以下几点：

1. 准时参加，为主办方捧场。如有特殊情况不能到场，应尽早通知主办方，并表示歉意。

2. 赠送贺礼。在开业仪式前或开业仪式时，可送些贺礼，如花篮、镜匾、楹联等表示对开业方的祝贺，并在贺礼上写明庆贺对象、庆贺缘由、贺词及祝贺单位。

3. 主动交往。见到主人应向其表示祝贺，并说些祝顺利、发财、兴旺的吉利话。应礼貌地与相邻的宾客打招呼，通过自我介绍、互换名片等方式结识更多的朋友。

4. 贺词到位。致贺词时，要简短精练，不能随意发挥，拖延时间，表现要沉着冷静、心平气和，用语要文明，不用含义不明的手势。根据典礼进行情况，作一些礼节性的附和，如鼓掌、跟随参观、写留言等。

5. 仪式进行中要微笑、鼓掌，结束后要跟随主方的安排进行活动。

6. 礼貌告别。典礼结束离去时，应与主办单位领导、主持人、服务人员等握手告别，并致谢意。

五、特别的开业仪式

开业仪式只是一个统称，在不同的适用场合，往往会采用其他一些名称。

(一) 开工仪式

开工仪式通常指工厂准备正式生产产品、矿山准备正式开采矿石等时候，专门举行庆祝性、纪念性活动。

开工仪式大多在生产现场举行。即以工厂的主要生产车间、矿山的主要矿井等处，作为举行开工一时的场所。

(二) 破土仪式

破土仪式是指在道路、河道、水库、桥梁、电站、厂房、机场、码头、车站等正式开工之际，举行的动工仪式。

破土仪式的地点，大都应选在工地的中央或一侧。举行仪式的现场，务必要事先进行过认真的清扫、平整、装饰。至少要防止出现道路坎坷泥泞、飞沙走石或蚊蝇扑面的状况。

(三) 奠基仪式

奠基仪式通常指一些建筑物，如楼房、场馆、园林、纪念碑等，在动工修建之前举行的庆贺性活动。

奠基仪式现场的选择与布置，有特别之处。奠基仪式所举行的地点，一般应选在动工建筑物的施工现场。而奠基的具体地点，按照常规应选择在建筑物正门的右侧。

选择一款完整无损、外观精美的长方形史料作为奠基石。在其右上款，刻建筑物的正式名称；在其正中央，刻"奠基"两个大字；在其左下款，刻奠基单位的全程以及举行奠基仪式的具体年月日。奠基石上的字体，大都讲究以楷体字竖着刻写，并且最好是白底金字或黑字。奠基石的下方或一侧，还应安防一只密封完好的铁盒，内装建筑物的各项资料以及奠基人的姓名。

(四) 竣工仪式

竣工仪式有时又称为落成仪式或建成仪式。它是某一建筑物或某项设施建设、安装工作完成之后，或者是某一纪念性、标志性建筑物，诸如纪念碑、纪念塔、纪念堂、纪念像、纪念雕塑等建筑成功之后，举行的庆贺性活动。

举行竣工仪式的地点，以现场为第一选择，如，新建成的厂区之内、新落成的建筑物之外，以及纪念碑、纪念塔、纪念堂、纪念像、纪念雕塑旁边。

竣工仪式举行时，全体出席者的情绪应与仪式的具体内容相符合，庆祝工厂、大厦的落成，应当表现出喜悦。庆祝纪念碑、纪念塔、纪念堂、纪念像、纪念雕塑的简称，则需表现得严肃。

(五) 下水仪式

下水仪式是在新船建成下水之时举行的仪式。下水仪式基本上都在新船码头举行。

对下水的新船，须认真装扮。要在船头扎上用红绸结成的大红花，新船的两侧船舷扎上彩旗，系上彩带。

行掷瓶礼，是下水仪式上的一个独具特色的节目。具体做法是：由身着礼服的特邀嘉宾双手持着一瓶香槟酒，用力将瓶身向新船的船头投掷，使瓶破之后酒香四溢，酒沫飞溅。在嘉宾掷瓶以后，全体到场者须面向新船行注目礼，并随即热烈鼓掌。

(六)通车仪式

通车仪式大多是在重要的交通建筑完工并验收合格之后，举行的启用仪式。例如公路、铁路、地铁以及重要的桥梁、隧道等。举行通车仪式的地点，通常均为公路、铁路、地铁新线路的某一端，新建桥梁的某一头，或者新建隧道的某一侧。

(七) 通航仪式

通航仪式，又称首航仪式，它是指飞机或轮船在正式开通某一条新航线之际，举行的庆祝性活动。

任务二 筹划剪彩仪式

案例导入

失之仪礼的剪彩

一次涉外商务活动，我国企业代表在与外国商务代表协商签订了一份商务合同后，举办了一场相关商品的剪彩仪式。我国企业代表在致辞时说："先生们、女士们，大家下午好！我非常高兴……"外国商务代表中有两位女士、三位男士，他们均表现出不愉快的神请，但没有做出什么举动。后来在剪彩过程中，中方企业代表不小心把剪下来的红缎带大花掉落在主席台上。尽管他一再道歉，为自己因疏忽而造成的错误做解释，但外商代表仍非常生气，离席而去。

【简析】首先，中企代表不以客方"女士优先"的习俗为中心，其次按照惯例，剪彩后，红色花团应准确无误地落入托盘者手中的托盘里，忌讳使之坠地，中方企业代表的行为严重失礼。

在形式各异的开业仪式中，剪彩是一项十分重要、不可缺少的程序，它往往被单独地"分离"出来，成为常人所说的剪彩仪式。根据仪式仪礼的规范与惯例，剪彩原则上应当附属于开业仪式。

剪彩的基本活动，是请人使用剪刀剪断被称之为"彩"的红色缎带，故此叫做剪彩。剪彩表示一个新的开始，可以通过这一仪式，引起社会各界对自己企业的关注。

剪彩的来历有两种传说。一种是认为剪彩起源于西欧。古代，西欧造船业比较发达，新船下水往往吸引成千上万的观众。为了防止人群涌向新船而发生意外事故，在新船下水前，主持人在离船体较远的地方，用绳索设置了一道"防线"。等新船下水典礼就绪后，主持人就剪断绳索让观众参观。后来绳索改为彩带，人们就给它起了"剪彩"的名称。

另一种传说认为剪彩起源于美国。1912 年，美国一家大百货商店将要开业，老板为了讨个吉利，一大早就把店门打开，并在门前横系一条布带引起人们的注意。

可是，在开店前不久，老板 10 岁的小女儿牵着一条小哈巴狗从店里跑出来，无意中碰断了这条布带。顿时，在门外久等的顾客鱼贯而入，争相购买商品，店里的生意越来越红火。不久，老板又开了一家新店，他又让女儿有意把布带碰断，果然又财源广进。于是，人们认为小女孩碰断布带的做法是一个好兆头，群起效仿。后来，人们用彩带代替布带，用剪刀剪断彩带来代替小孩碰断布带，就成了今天盛行的"剪彩"仪式。

组织剪彩仪式要注意以下几个方面：

一、筹备工作

剪彩仪式的准备工作，一般来说，和开业仪式的准备工作大同小异。剪彩的目的也是为了引起社会上众多人士的注意，扩大宣传效果，提高企业的知名度。

(一) 剪彩人员的确定

1. 剪彩人员

一般由上级领导、主管部门负责人或某一方面的知名人士来担任，因此，应由举办剪彩活动单位的领导亲自出面或委派代表专程邀请。若要邀请几位剪彩者一同剪彩(一般最多不超过5人)，应事先征求每位剪彩者的意见，得到同意后才能正式确定下来。

2. 助剪人员

(1) 助剪人员指在剪彩过程中为剪彩者提供帮助的人员，多为东道主一方的礼仪小姐。礼仪小姐常由举办方挑选年轻、精干、身材和面貌姣好的年轻女职员担任，也可以到专业组织聘请。礼仪小姐确定并做好分工后，要进行必要的培训和演练，让她们熟悉礼节，保证剪彩仪式的顺利进行。

(2) 剪彩仪式上礼仪小姐的分工

A 迎宾。任务是在活动现场负责迎来送往；

B 引导。任务是在进行剪彩时负责带领剪彩者登台或退场；

C 服务。任务是为来宾尤其是剪彩者提供饮料等生活关照；

D 拉彩。任务是在剪彩时展开、拉直红色缎带；

E 捧花。任务是在剪彩时手托花团；

F 托盘。任务是为剪彩者提供剪刀、手套等剪彩用品。

(二) 剪彩仪式用品的准备

剪彩用品主要有红色缎带、新剪刀、白色薄纱手套、托盘以及红地毯等。

图6-1 剪彩仪式

(来源：http://image.baidu.com)

1. 红色缎带

亦即剪彩仪式之中的"彩"。按照传统做法，它应当由一整匹未曾使用过的红色绸缎在中间结成数朵花团而成，现在为了节约，通常使用长2米左右的红色缎带。一般来说，红色缎带上所结的花团，不仅要醒目硕大，而且具体数目往往同现场剪彩者的人数相关。通常，红色缎带上所结的花团数目较现场剪彩者的人数多一个，使每位剪彩者总是处于两朵花之间，尤显正式。

2. 新剪刀

专供剪彩者在剪彩仪式上正式剪彩时使用。它必须是剪彩者人手一把，而且是崭新锋利的，避免因剪刀不好用而让剪彩者尴尬。因此，剪彩仪式前，要逐一检查，确保剪彩者"一剪破的"，切忌一再补剪。在剪彩仪式结束后，举办方可以将每位剪彩者所使用的剪刀包装好，送给对方作为纪念。

3. 白色薄纱手套

专供剪彩者在剪彩仪式上正式剪彩时使用。在准备白色薄纱手套时，除要确保人手一副外，还需使之大小适度，确保手套洁白无瑕，以示郑重和尊敬。

4. 托盘

专供盛放剪刀、白色薄纱手套使用。最好是崭新洁净的，通常为银色的不锈钢制品，为了显示正规，还可以在使用时铺上红色绒布或绸布。在剪彩时，礼仪小姐可以用一只托盘依次为各位剪彩者提供剪刀和手套，也可以为每一位剪彩者各提供一只托盘，后一种方法尤显正式。

5. 红色地毯

主要用于铺设在剪彩者正式剪彩时站立之处，其长度可视剪彩者的人数多少而定，宽度不应在1米以下。在剪彩现场铺设红色地毯，主要是为了提升仪式的档次，营造一种喜庆的气氛。

二、剪彩的一般程序

剪彩仪式，通常应包含如下五项基本的程序：

(1) 请来宾就位。在剪彩仪式开始时，即应敬请大家在已经排好顺序的座位上就座。在一般情况下，剪彩者应就座于前排，可按照剪彩时的具体顺序就座。

(2) 宣布仪式正式开始。在主持人宣布仪式开始后，乐队应演奏音乐，现场可燃放鞭炮，全体到场者应热烈鼓掌。此后，主持人向全体到场者介绍到场的重要来宾。

(3) 进行发言。发言者依次应为东道主单位的代表、上级主管部门的代表、地方政府的代表、合作单位的代表等。其内容应言简意赅，每人不超过三分钟。

(4) 进行剪彩。此刻，全体应热烈鼓掌，必要时还可奏乐或燃放鞭炮。在剪彩前，须向全体到场人员介绍剪彩者。

(5) 进行参观。剪彩之后，主人应陪同来宾参观被剪彩之物。仪式至此宣告结束。随后东道主单位可向来宾赠送纪念性礼品，并以自助餐款待全体来宾。

三、剪彩的礼仪

(一) 举办方的礼仪

(1) 布置好会场。可用会标、彩旗、气球、花篮、花盆、红地毯等布置会场。

(2) 做好来宾和剪彩者的引导工作。剪彩者到达后可先安排在休息室休息，等主要人员到齐后再由工作人员引导剪彩者和主要来宾到达剪彩现场。

(3) 主办方发言要顾及来参加剪彩仪式的每一位剪彩者，同时要对来宾致以谢意。

(4) 助彩人员即礼仪小姐要落落大方，举止优雅，步调一致，体现出良好的素质和风度。

(5) 剪彩仪式结束后，举办方应组织参观或聚会，并向来宾赠送礼品，以尽主人之意。

(二) 剪彩者的礼仪

(1) 衣着、服饰要大方、整洁，容貌适当修饰，看上去容光焕发、充满活力，女性要化淡妆。

(2) 举止文雅。当宣布剪彩开始时，剪彩者要面带微笑，步履稳健地走向礼仪小姐扯起的彩带，礼貌地拿起托盘上的剪刀，庄重认真地剪断彩带。

按照惯例，剪彩后，红色花团应准确无误地落入托盘者手中的托盘里，切勿使之坠地。为此，需要剪裁者与礼仪小姐的配合。

（3）剪彩完毕，应转身向四周的人们鼓掌致意，所有来宾与会人员应鼓掌响应。

任务三　把握签字仪式

案例导入

联合国国际援助体系签约仪式程序（主持人：经纪人代表杨光亚）

一、宣读加盟申请书（宣读人：项目负责人杨玉君）；

二、商务通知函（宣读人：联合国世界财富名人企业家协会李有明）；

三、签约仪式申请书（企业负责人递交苏总签字）；

四、联合国国际援助体系申请批复（苏总宣读）；

五、经纪人代表 NCND/ ICC500/ 600 国际商业保密协议；

六、由经纪人代表签署《联合国战略合作伙伴审查移交证明》两份；

七、由加盟企业签署《加盟单位承诺保证书》两份；

八、由加盟企业签署《3723 确认证明》一份；

九、由加盟企业签署《不可撤销佣金协议》两份；

十、由联合国世界财富联盟财团与加盟企业签署《联合国国际援助体系加盟协议书》四份；

十一、签约企业和联盟财团签字人合影；

十二、签约企业和联盟财团全体经纪代表合影；

十三、全体合影；

十四、签字仪式圆满结束；

十五、进入就餐。

【简析】在参加签字仪式时，不仅要准备充分，还要充分了解签字仪式的基本程序，签字仪式从准备到组织实施，任何细节都要考虑周到，上文的案例就体现了这一点。

签字仪式是一个组织与对方经过会谈、协商，形成了某项协议或协定，再互换正式文本的仪式。它是一种比较隆重的活动，礼仪规范也比较严格。

一、签字仪式的类型

签字仪式一般分为双边签约仪式和多边签约仪式两大类。双边签约仪式通常是指参加签约仪式的主体是甲乙双方，而参加多边签约仪式的主体则通常是两个以上的组织。无论哪种形式的签字仪式都要求简短、隆重、热烈、节俭。

二、待签合同文本的要求

（1）依照商界的习惯，在正式签署合同之前，应由举行签字仪式的主方负责准备待签合同的正式文本。并应会同有关各方一起指定专人，共同负责合同的定稿、校对、印刷与装订。

按常规，应为在合同上正式签字的有关各方均提供一份待签的合同文本。必要时，还可再向各方提供一份副本。

(2) 签署涉外商务合同，按照国际惯例，待签的合同文本应同时使用有关各方法定的官方语言。

(3) 待签的合同文本，应以精美的白纸印制而成，按大八开的规格装订成册，并以高档质料如真皮、金属、软木等作为封面。

三、启动签字仪式的筹备工作

(1) 选好签字地点，即签字厅。

(2) 确定签字日期。

(3) 签字厅布置，要做到如下方面：

① 要庄重、整洁、清静。

② 室内应铺满地毯，正规的签字桌应为长桌，其上最好铺设深绿色的台呢布。

③ 签字桌应横放于室内，在其后可摆放适量的座椅。

④ 签署双边性合同时，可放置两张座椅，供签字人就座。

⑤ 签署多边性合同时，可以仅放一张座椅，供各方签字人签字时轮流就座；也可以为每位签字人提供座椅。签字人就座时，一般应面对正门。

⑥ 签字桌后一般要挂与签字内容有关的横标，横标形式不定。

(4) 在签字桌上，循例应事先安放好待签的合同文本以及签字笔、吸墨器等签字时所用的文具。

(5) 与外商签署涉外商务合同时，还需在签字桌上插放有关各方的国旗。插放国旗时，在其位置与顺序上必须按照礼宾序列。例如，签署双边性涉外商务合同时，有关各方的国旗需插放在该方签字人座椅的正前方。

(6) 准备好酒水和双方的签字文本、签字笔。

(7) 选派两个助签人员和若干礼仪小姐。

(8) 通知有关方面人员出席仪式。

四、签字座次的礼仪

1. 签署双边性合同

(1) 应请客方签字人在签字桌右侧就座，主方签字人则应同时就座于签字桌左侧。

(2) 双方各自的助签人，应分别站立于己方签字人的外侧，以便随时向签字人提供帮助。

(3) 双方其他随员，可以按照一定的顺序在己方签字人的正对面就座。也可依照职位的高低，依次自左至右(客方)或是自右至左(主方)列成一行，站立于己方签字人的身后。

(4) 当一行站不完时，可按照以上顺序并遵照“前高后低”的惯例，排成两行、三行或四行。

原则上，双方随员人数应大体上相当。

2. 签署多边性合同

(1) 一般仅设一个签字椅。

(2) 各方签字人签字时，须依照有关各方事先同意的先后顺序依次上前。

(3) 助签人应随之一同行动。在助签时，依“右高左低”的规矩，助签人应站立于签字人的左侧。

(4) 有关各方的随员，应按照一定的序列，面对签字桌就座或站立。

五、签字程序的礼仪要求

(1) 请双方人员进入签字厅。

(2) 签字人员入座，客右、主左。

(3) 其他领导各按顺序在己方签字人座位后面站立排好。

(4) 助签人员分别在己方主签人外侧协助翻文本，指明签字处，协助交换文本，签两次字后再交换文本各自保存。

通常的做法是，首先签署己方保存的合同文本，接着再签署他方保存的合同文本。

商务活动规定：每个签字人在签署己方保留的合同文本上签字时，按惯例应当名列首位。因此，每个签字人均应首先签署己方保存的合同文本，然后再交由他方签字人签字。这一做法在礼仪上称为“轮换制”。它的含义是在位次排列上，轮流使有关各方均有机会居于首位一次，以显示机会均等、各方平等。

签完字后，各方签字人应握手互致祝贺，并相互交换各自一方刚才使用过的签字笔，以示纪念。全场人员应鼓掌表示祝贺。

(5) 礼仪小姐送上香槟酒或其他红酒，主客双方干杯相互祝贺。交换已签的合同文本后，有关人员、尤其是签字人当场干一杯香槟酒，是国际上通行的用以增添喜庆色彩的做法。

(6) 双方简短致词（主先、客后）后合影留念。

在一般情况下，商务合同在正式签署后，应提交有关方面进行公证，此后才正式生效。

图 6-2　签字仪式

六、签字人员的礼仪要求

(1) 服装要求：按照规定，签字人、助签人以及随员，在出席签字仪式时，应当穿着具有礼服性质的深色西装套装、中山装套装或西装套裙，并且配以白色衬衫与深色皮鞋。男士还必须系上单色领带，以示正规。在签字仪式上露面的礼仪人员、接待人员，可以穿自己的工作制服，或者旗袍一类的礼仪性服装。

(2) 行为举止要求：签字人员、助签人员都要落落大方、举止文雅。签字人员要郑重地签字，助签人员要在旁边提供必要的帮助，体现双方人员良好的精神风貌。

任务四 认知交接仪式

案例导入

学以致用的礼仪“小兵”

翠微大厦竣工，经有关部门验收合格后将正式交付翠微商厦营业，王总经理与董事长准备与施工单位一起举行交接仪式以示庆祝。但是双方都没有能够找到合适的人选筹划这个仪式。施工单位办公室吴主任只好将此事交给暑假在家休息的侄女吴贝贝。小吴上个学期选修了商务礼仪课，正好所学派上了用场。她写好策划书，要求伯伯吴主任给她调遣人员去实施的权利。交接仪式的地点就选在商厦大门前的广场上。庆典当日，按照拟定的程序进行。

交接仪式隆重、正式、有条不紊地进行，各方来宾十分满意。小吴的能力也被董事长赏识。

【简析】交接仪式可以起到庆祝合作完成的作用，又是为合作双方提高知名度和美誉度的宣传，小吴学以致用，顺利组织、安排交接仪式。可见礼仪课程具有实用价值。

当一项重要的工程竣工或大型设备安装完毕，为了表示郑重严肃，施工单位和使用单位可以在交付使用时，举行交接仪式，如商厦、机场、轮船、机械等，经验收合格后正式移交给接收单位时，举行庆祝仪式，交付。

交接仪式既是庆祝合作完成的方式，又是接收单位与施工、安装单位为双方提高知名度和美誉度而进行的宣传。交接仪式的礼仪，是指在举行交接仪式时双方遵守的行为规范。它包括交接仪式的准备、参加交接仪式的礼仪、交接礼仪的程序三个方面。

一、筹备工作

（一）选择、布置会场

(1) 交接仪式一般选择完工项目的所在地，在现场可以给人以身临其境的感受，比较直观。有时也可安排东道主单位的会议厅，或者双方商定的其他场所。

(2) 布置要隆重、热烈，又不铺张浪费。会场正面应悬挂红色巨额横幅，上书交接仪式的具体名称，如“XXX 工程交接仪式”，或“热烈庆祝 XXX 工程正式交付使用”。在举行交接仪式的现场周围，尤其是在正门入口之处、干道两侧、交接物四周，可悬挂一定数量的彩带、彩旗、彩球，并放置一些色泽鲜艳的花卉。还可以安排乐队，进行演奏。

(3) 主席台可以搭台子，可以因地制宜选择在建筑物大门的台阶上；也可以选择在平整开阔的地面。

(4) 主席台的正前方和现场入口处应该留出空间——来宾赠送的祝贺花篮，将会放置在这里。依照先来后到的顺序，或一字排开来放在主席台的正前方，或分成两行摆放在现场入口处的两侧。

（二）人员安排

(1) 邀请来宾。参加交接仪式的人数越多，场面越热闹、喜庆。如果参加人数太少，难免显得冷清，一般应由施工、安装单位拟定参加者的名单，但要兼顾双方意见事先应征求接收单位的意见。

(2) 按照惯例，出席交接仪式的人员应当包括：施工、安装单位的有关人员，接收单位的有关人员，双方上级、双方主管部门领导和政府代表，行业组织的代表，社会知名人士，新闻媒体等等，还要注意邀请对工程给予支持和帮助的单位和个人。

(3) 双方协商、明确落实组织者、主持人、现场分工、服务接待等。

(三) 准备物品

交接仪式上所需要的物品，举办单位应提前准备。

(1) 作为交接象征的物品。例如，验收文件、一览表、钥匙等。

① 验收文件是指已经公证的、有交接双方正式签署的接受验证性的文件。

② 一览表是指交付给接收单位的全部物资、设备或其他物品的名称、数量明细表。

③ 钥匙是指开启被交接的建筑物或机械的钥匙。

(2) 除了悬挂在交接现场的装饰物，彩带、彩旗、彩球可以多备一些，分送给观众。

(3) 馈赠礼品。交接仪式上赠送给来宾的礼品，应突出纪念性、宣传性，交接的工程项目、大型设备的微型模型，或以其为主角的画册、明信片、纪念章、领带针、钥匙扣，等等，皆为上乘之选。

二、交接仪式的程序

(一) 介绍贵宾

主持人邀请有关各方人士在主席台上就座。

(二) 仪式开始

(1) 宣布交接仪式开始；

(2) 全体起立，奏国歌，并演奏主办单位的标志性歌曲(该项程序，有时可略去)。

(三) 正式交接

(1) 施工、安装单位的代表，将有关工程项目、大型设备的验收文件和有关证件、一览表、钥匙等象征性物品，正式递交给接收单位代表。

(2) 双方应面带微笑，双手递交、接受有关物品，并握手。

(四)各方代表发言

(1) 首先是交付方的代表讲话；

(2) 其次是接受方的代表讲话；

(3) 来宾代表发表祝贺讲话；

(4) 双方代表感谢各方前来祝贺。

(五) 剪彩

(该项程序，有时可略去。)

(六) 宣告交接仪式结束

全体再次热烈鼓掌庆祝顺利交接。

(七)安排全体来宾参观或观看文娱表演

三、交接仪式的礼仪

(1) 仪式收有贺信、花篮的，应在仪式上展示，主持人还应宣布祝贺单位。

(2) 迎接、安排来宾要热情、礼貌。

(3) 要有始有终,特别是在结束后,要对来宾照顾周全。

(4) 交接仪式的时间一般不应超过一个小时。双方代表和宾客的发言时间不宜太长,每个人以三分钟为限。

(5) 结束后如有参观、文娱活动或宴请,应事先告知来宾,并安排好引导人员及时做好先导服务。

四、参加者的礼仪

参加交接仪式,表现应得体。

(1) 修饰仪表。参加交接仪式的成员,应仪表美观、服饰得体、举止优雅。男士着西装,女士着职业装,化淡妆。

(2) 保持风度。在交接仪式上,应遵循主办单位的安排,不要东游西逛、交头接耳。

(3) 有"备"而来。被邀请参加交接仪式的单位或个人,应尽早以单位或个人的名义发出贺电或贺信,向东道主表示热烈祝贺。此外,还应略备贺礼,如花篮、牌匾等。如果与主办单位关系密切,则还须提前预备一份书面贺词,供发言时用。

(4) 守时。无论宾主,均应树立良好的时间观念,准时到场。若客人因故无法出席,则应尽早通知主办单位,使其早作准备。

任务五 策划庆典仪式

案例导入

值得效仿的庆典

举世闻名的长江三峡大坝全长 2 309 米,是世界上规模最大的钢筋混凝土大坝,全线封顶标志着三峡工程的最核心建筑物——大坝的基本完成。

三峡总公司曾计划花上百万元搞一个盛大庆典活动,但最终放弃了这一计划,改为在坝顶举行一个简短的仪式。整个过程只有 20 来分钟。庆典仪式没有领导讲话,参加人员主要是工程建设者。三峡总公司庆典活动日程安排:下午 13 时 45 分,主持人介绍参会单位和嘉宾。14 时整,施工单位青云公司负责人向项目法人单位三峡总公司负责人报告:三峡大坝最后一个仓面混凝土浇筑胜利收仓。随后,三峡总公司总经理宣布:最后一个仓面混凝土浇筑完毕,标志着长江三峡大坝全线到达 185 米高程。14 时 10 分,庆典结束。

整个仪式连鞭炮、标语、彩旗等在内只花费了几百元钱。李永安总经理说:"仪式虽然俭朴,但无碍三峡工程的伟大。"

【简析】并非巨额投资、铺张浪费才能举办庆典仪式,这个案例表明时注意节俭,妥当筹备典礼,同样可以获得典礼仪式需要达到的热烈、隆重效果。

庆典仪式总的要求是喜庆的气氛、隆重的场面、热烈的情绪和灵活的形式,在组织程序和礼宾形式等方面都要求较高的规范性。喜庆的气氛,是由庆典的内容决定的。组织庆典仪式体现着吉祥、和美、欢乐之意，要求组织者突出热烈、吉庆的基调。隆重的场面要求仪式活动的组织者在开展活动的现场布置和规格上精心设计，通过环境装饰体现隆重和吉庆；通过嘉宾邀请等，增加场面的隆重和新闻界及社会公众的注意，扩大组织的社会影响。

一、庆典活动的类型

1. 节日庆典

重大节日庆祝。"五一"、"十一"、元旦、春节等重大节日庆祝；组织特殊纪念日庆祝，如本单位成立周年庆典。这种周年庆典一般都是逢五、逢十进行的。即在本单位成立五周年、十周年以及它们的倍数时进行。

2. 重大业绩庆典

如本单位产品生产数量、销售额达到特别的数量，取得重大成绩，往往要举行庆祝仪式。

3. 荣获某项荣誉的庆典

当单位本身荣获了某项荣誉称号，或科技产品获得奖励等，都要举行庆典仪式。

二、组织庆典仪式的注意事项

庆典活动的成功与否决定着公众对企业组织印象的好坏。庆典组织工作是庆典活动的重要环节，在庆典组织工作中特别要注意以下事项：

（1）考虑庆典活动的预期效应。

（2）制订庆典活动的全局性计划。

（3）做好庆典活动前的各项准备工作。

（4）接待工作中的礼仪规范。

（5）庆典活动总结并与预期效果比较。

图 6-3　庆典仪式

三、筹备工作

1. 选择时间

庆典仪式举办时间的选择，一般结合组织特点，如经营妇女儿童用品的商场，庆典仪式时间可选择在"三八"妇女节、"六一"儿童节；行业庆典活动宜选择在行业中的名人诞辰纪念日等。

2. 仪式地点确定及布置

（1）现场选择。举行庆祝仪式的现场，是庆典仪式的中心地点。仪式具体地点的确定，应根据庆典的形式、规模、出席人数和一些附加活动以及本单位的实际情况来决定。本单位的礼堂、会议厅，本单位内部或门前的广场，以及外借其他场地（如宾馆的礼堂、宴会厅）等等，均可考虑。

（2）现场布置与装饰。现场布置与装饰应体现出庆典仪式的热烈与隆重，可在现场张灯结彩，悬挂彩灯、彩带，张贴一些宣传标语，悬挂标明庆典具体内容的大型横幅等。

（3）音响的准备。在举行庆典之前，务必把将要使用的音响准备好，尤其是麦克风和传声设备，应先期进行审查。还可以事先安排播放喜庆的音乐。

3. 做好典礼的舆论宣传工作

(1) 组织可运用传播媒介在报纸、电台、电视台广泛发布广告，或在告示栏中张贴庆典告示，以引起公众的注意。

(2) 广告或告示的内容一般包括：庆典举行的日期；庆典地点；组织的经营范围及特色；活动的优惠情况，等等。

(3) 庆典广告或告示发布时间：活动前的 3～5 天内。

(4) 在庆典仪式举行时邀请记者到现场进行采访、报道，予以正面宣传。

4. 邀请嘉宾

邀请的嘉宾名单事先要考虑周全并仔细斟酌，尽量不要有所遗漏，但也要量力而行。嘉宾通常包括以下人员：

(1) 上级负责同志。主要是对本单位的发展有过关心、指导的地方党政领导、上级主管部门的领导。

(2) 社会名流。根据公共关系学中的“名人效应”原理，社会上的各界名人对于公众最有吸引力，能够请到他们，将有助于更好地提高本单位的知名度。

(3) 传媒机构。主要邀请报纸、杂志、电视、广播等传媒机构的记者，请他们客观、公正地介绍本单位的成就，加深社会对本单位的了解。

(4) 合作伙伴。在商务活动中，合作伙伴们经常是同呼吸、共命运的。请他们来与自己一起分享成功的喜悦，是完全应该的。

(5) 社区关系单位。指与本单位共居于同一区域，对本单位具有种种制约作用的社会实体。如本单位周围的居民委员会、街道办事处、医院、学校、幼儿园、商店以及其他单位等等。请它们参加本单位的庆典，加深对本单位的了解，进一步融洽邻里关系，营造和谐氛围。

对确定要邀请出席的来宾，应以请柬形式正式通知，以示对客人的敬重。请柬要精美、大方，一般用红、白、蓝色，请柬填写好后，应放入信封内，提前一周左右的时间邮寄或派人送到有关单位和个人。重要领导或嘉宾，可以派专人亲送请柬、郑重邀约，对方一旦同意出席，要安排专人做好迎送工作。

5. 组织分工

庆典仪式规模比较大，因此应建立庆典仪式领导组，下设宣传组、秘书组、会务组等小组，分工负责整个仪式庆典的组织实施。

(1) 领导组。主要任务是对整个庆典活动进行整体构思与策划，组织协调各小组行动，并随时检查各部门和各环节的工作落实情况。

(2) 宣传组。主要负责活动的对内和对外宣传，设计制作组织标识，宣传材料、宣传画、广告设计、各种条幅和主题词、音乐设计等，烘托庆典仪式的喜庆气氛；联络新闻媒体，对组织的开业仪式进行采访、报道，进一步扩大组织的影响。

(3) 秘书组。主要负责仪式活动中的各种文字材料的撰写与印制。如邀请信、致辞、报告及讲话稿。

(4) 会务组。主要负责嘉宾接待、会场布置、各种仪式用品准备及后勤工作。

6. 做好礼品馈赠工作

举行庆典仪式时赠予来宾的礼品，一般属于宣传性传播媒介的范畴之内。根据常规，向来宾赠送的礼品，应具有如下三大特征：

（1）宣传性。可选用本单位的产品，也可在礼品及其外包装上印有本单位的企业标志、广告用语、产品图案等；

（2）荣誉性。要使之具有一定的纪念意义，使拥有者对其珍惜、重视，并为之感到光荣和自豪；

（3）独特性。应当与众不同，具有本单位的鲜明特色，使人一目了然，或令人过目不忘。

四、庆典仪程

（一）迎宾

接待人员就位在会场门口接待来宾，宾客来临后要有专人请他们签到，签到簿以红色封面、装饰美观的宣纸簿为宜，请宾客用毛笔或签字笔签名，既示庄重，又便于作为档案或纪念物收藏；同时，如印制有程序表，即可分发给来宾。

宾客签名毕，由接待人员引导至备有茶水、饮料的接待室，让他们稍事休息，相互结识。

要由专人接待记者，为他们提供方便，如系大规模活动的庆典活动，则最好设立新闻中心。

（二）庆典程序

第一项：宣布庆典正式开始，全体起立，奏国歌。

第二项：介绍重要来宾，或者宣布来宾名单。

第三项：宣读重要单位的回信、贺电或者贺信、贺电单位名单。

第四项：本单位主要负责人致辞。内容是对来宾表示感谢，介绍此次庆典的缘由等。

第五项：邀请嘉宾讲话。一般出席庆典的上级主要领导、协作单位及社区关系单位。

第六项：剪彩（或者揭牌、揭幕布）。

第七项：颁奖仪式。

第八项：宣布庆典仪式结束，安排其他活动，如参观、表演、宴请等。

五、庆典礼仪细节

（一）让宾客熟知仪式程序

组织的庆典仪式程序安排应事先制好“节目单”，宾客人手一份，以便了解、掌握活动安排。

（二）请柬礼仪

（1）提前一周发出请柬。

（2）请柬的印制要精美，内容要完整，文字要简洁，措辞要热情。被邀者的姓名要书写整齐，不能潦草马虎。

（3）给有名望的人士或主要领导的请柬应派专人送达，以表示诚恳和尊重。

（三）接待服务礼仪

（1）在举行庆典的现场，一定要有专人负责来宾的接待服务工作。

（2）除教育本单位全体员工在来宾面前人人都要以主人翁的身份热情待客、有求必应、主动相助之外，更重要的是分工负责，各尽其职。

（3）在接待贵宾时，须由本单位主要负责人亲自出面。

(4) 在接待其他来宾时，则可由本单位的礼仪小姐负责。

(5) 若来宾较多时，须为来宾准备好专用的停车场、休息室，并应为其安排饮食。

(四) 庆典主持礼仪

(1) 通常由单位负责人主持典礼，并宣布重要嘉宾名单。

(2) 宣读嘉宾名单的顺序：先宣读前来出席的重要领导人名单，再宣读知名人士名单，然后宣读致贺电、致贺函单位或个人名单。

(五) 致贺词与答词礼仪

贺词一般由领导人或知名人士宣读。答词一般由举办单位的主要负责人宣读。致词和答词应简洁、热情。

(六) 礼品馈赠

专人负责赠予来宾礼品，防止漏发、错发，造成宾客不愉快。

实训任务1 开业仪式

1. 训练内容

大众书局要在XX职业技术学院的学生住宿区开一家连锁店，准备于2011年9月6日举行开业仪式，届时有当地文化教育界人士、知名作家、新闻媒体及普通读者参加，书店还将向普通来宾赠书、赠送优惠卡。仪式之后即正式开业，开门迎客。

2. 实训任务

请分别扮演不同角色，按照开业仪式要求模拟这一过程。

3. 实训要求

(1) 每小组8～10人，小组讨论、写出开业仪式的筹备计划(1 000字以上)，形成一份可行的方案。

(2) 角色分配，根据方案每人拟写自己所扮演角色的脚本，例如主持人、主客方代表发言稿、引导嘉宾入座或读者进入书店的台词等。

(3) 道具制作，如海报、请柬、馈赠嘉宾的礼品等；现场座次安排(含座位牌)。

(4) 着装准备。

(5) 教师布置实训内容与要求，学生利用课后时间完成。

(6) 按照开业仪式的程序，按组情景模拟，课堂展示(有条件的在实训室进行)，教师当堂评测。

(7) 提交(1)、(2)以及开业仪式新闻报道的文字打印稿(有条件的小组提交新闻图片)。

实训任务2 剪彩仪式

1. 训练内容

某服装公司在开业时举办剪彩仪式，向首先进入服装公司营业厅的20位顾客发放了号码，并邀请8号与18号两位顾客为公司开业剪彩。

2. 实训任务

扮演仪式上的不同角色，模拟完成剪彩仪式。

3. 实训要求

(1) 每小组4～6人，小组讨论、写出剪彩仪式的筹备方案(列出要点即可)。

(2) 角色分配，根据方案每人拟写自己所扮演角色的脚本，例如主持人、主客方代表发言稿等。

(3) 道具制作，如缎带、剪刀、手套、托盘等。

(4) 着装准备。

(5) 教师布置实训内容与要求，学生利用课后时间完成。

(6) 按照剪彩仪式的程序，按组情景模拟，课堂展示(有条件的在实训室进行)，教师当堂评测。

(7) 提交(1)、(2)以及剪彩仪式新闻报道的文字打印稿(有条件的小组提交新闻图片)。

实训任务3 签字仪式

1. 训练内容

XX职业大学国际交流学院与XX国XXX大学进行中外合作办学项目合作，双方将于XXXX年X月X日签订合作协议。

2. 实训任务

扮演仪式上的不同角色，模拟完成签字仪式。

3. 实训要求

(1) 每小组4～6人，小组讨论、写出开业仪式的筹备计划(1 000字以上)，形成一份可行的方案(可模仿附录中方案的写法)。

注意：应查询你所在学校的相关信息，使用你校所建立的中外合作办学的项目名称。

(2) 角色分配，根据方案每人拟写自己所扮演角色的脚本。

(3) 道具制作，如签字文具、国旗、香槟酒与酒具等。

(4) 着装准备。

(5) 签字场所安排，如座次。

(6) 按照签字仪式的程序，按组情景模拟，课堂展示(有条件的在实训室进行)，教师当堂评测。

(7) 提交(1)、(2)以及签字仪式新闻报道的文字打印稿(有条件的小组提交新闻图片)。

附：签字仪式方案例文

XX公司与XX公司XX项目签字仪式方案

一、时间

XXXX年XX月XX日下午2:30—3:50

二、地点

三、参加对象

1. 签字人：公司副总经理陈XX，达达公司副总经理XXXX。

2. 领导人：公司董事长张 XX，达达公司董事会主席 XXXX。

3. 致辞人：公司董事长张 XX，达达公司董事会主席 XXXX。

4. 主持人：公司总经理助理胡 XX。

5. 见证人：参加该项目会谈的人员。

6. 助签人：公司秘书 XX。

四、文本的准备

本次签字仪式的文本在双方达成一致意见后由 XXX 撰写，并由双方领导审核，用中文印刷。

五、进行现场布置和物品准备

1. 签字桌椅：

2. 国旗：

3. 文具：

4. 文本：

5. 参加人员位置安排：

6. 讲台：

7. 香槟酒：

六、签字仪式程序

1. 签字各方参加人员在工作人员的引导下进入预定的位置。

2. 主持人向全体参加人员介绍签字各方的主要领导以及其他贵宾。

3. 主持人宣布签字仪式开始。

4. 签字。

5. 双方签字人起立，相互交换文本并握手致意。

6. 主持人请各方领导人先后致辞。

7. 举行小型酒会，举杯庆贺。

总公司办公室秘书处

实训任务4 颁奖仪式

1. 训练内容

某单位为了纪念建党 90 周年，分别举办了党员和普通员工的演讲比赛，决赛后随即在比赛现场举办颁奖仪式。

2. 实训任务

从图书、网络等资源了解颁奖仪式的准备、程序、仪礼知识，策划颁奖仪式方案。扮演不同角色，模拟完成颁奖仪式。

3. 实训要求

(1) 每小组 4～6 人，小组讨论、写出颁奖仪式的筹备方案(列出要点即可)。

(2) 角色分配，根据方案每人拟写自己所扮演角色的脚本，例如主持人、颁奖嘉宾等。

(3) 道具制作，如证书、托盘等。

(4) 着装准备。

(5) 教师布置实训内容与要求，学生利用课后时间完成。

(6) 按照颁奖仪式的程序，按组情景模拟，课堂展示（有条件的在实训室进行），教师当堂评测。

(7) 提交(1)、(2)以及演讲比赛与颁奖仪式新闻报道的文字打印稿。

项目七
求职礼仪

警示语

◆ 礼貌——一个人的介绍信。
◆ 教养体现于细节，细节展示素质，细节决定成败。
◆ 都说做学生苦，步入职场更艰辛，有本事才是硬道理。
◆ 要什么比干什么重要——职业方向；
选择比努力重要——职业行业选择；
智慧比吃苦重要——职业态度。

任务一 做好求职准备

案例导入

求职信

刘经理：

……

我个人觉得做好秘书工作的要诀是：你要懂得公文写作，这无疑是最重要的一点；你要懂得协调上下级关系，做好桥梁；你要辅助领导办好事，秘书就是参谋；你要有甘当幕后英雄的心理准备；你还要懂得观察……要会交际应酬。而上述各个方面我都有心得体会，可以说样样精通。我相信能胜任。

同时，在我入职之后，希望能与大家齐心协力使公司得到前所未有的发展。

……

求职者：李××

×年×月×日

读了这封信以后，该公司人事部刘经理说：好像就他懂，我们是傻瓜似的，以为我们不知道呀。

【简析】首先可以肯定求职者李某不可能被录用。因为：从求职信的内容来看，口气太大，把自己说成一个完人，太过狂妄；从信中的语言表达来看，实在有给读信人上课、教育人、居高临下之嫌，位置没有摆正。

这封信说明了李某求职准备不当。

一、知己知彼，有的放矢

许多大学生，在求职时，像只无头的苍蝇，只要哪儿有招聘会就蜂拥而至，广撒求职信，以求“广种薄收”。自然，这种做法的成功率比较低，既耽误了时间，又浪费了金钱。其实，求职是一种双向选择，在确定求职意向的时候，首先一定要既“知己”，又“知彼”，不要盲目出击，瞎碰运气，这样容易使人产生挫败感，令自己沮丧。

“知己”就是要明确自己的专业特长、个性特点、兴趣爱好以及职业向往，这是今后职业生涯成功与否的基石；同时，“知己”也要求要清楚自己的优势和弱势，使求职更具有针对性，以增加求职的成功率。“知彼”则是指求职者应提前了解和掌握准备应聘单位的相关资料，包括单位的性质、经济效益、用工制度和要求、本次招聘的职位及要求，还有你所希望申请职位的工作职责和必备的专业技能，甚至有些企业有影响的人物如创始人等的信息都应该熟悉。

表 7-1　SWOT 分析表

S(优点) 1、工作技能、经验 2、性格	W(缺点) 1、学历 2、经验
O(机会) 1、自己的能力 2、良好的社会关系	T(威胁) 1、竞争环境 2、学习能力 3、社会环境

明确了自己的所长所求，也了解了用人单位基本情况和所提供的职位的要求，这样才能够准确定位，有的放矢，把握机会，充分发挥自己的长处，积极展示自己的才能，从而获得成功。

二、应聘资料的准备

如果说求职的过程就是一个推销自我的过程，那么应聘资料就好似广告和说明书，把求职者的特点、能力及基本情况全都反映出来了。呈送应聘资料的目的是为了得到面试的机会，它必须在有限的篇幅内突出个人的特点，以赢得招聘者的关注。因此，一份好的应聘材料无疑是求职时一个重要的敲门砖。

一份完整的应聘材料包括个人简历、求职信和相关的证明材料复印件，一些企业还要求有一份推荐信。下面分别介绍这些应聘材料的撰写要求。

(一) 个人简历

简历的重要用途：是向用人单位展示应聘者的核心竞争优势——即应聘者与此职位的匹配度、应聘者和他人相比的合适度，以获得面试的机会。

简历是一个人在一定时期内的重要经历，它是了解一个人大致情况的主要依据。而求职简历则有它特殊的一面，用人单位通过简历是要了解求职人学过些什么，做过些什么，是否具有某方面的能力或发展潜力，是否与招聘职位的要求吻合。因此，在拟写简历的时候要注意以下几个问题：

(1) 简历要“简”。简洁明了的简历既能够突出个人的重要信息，减少不必要的干扰信息，也能够照顾到招聘者的阅读。招聘者在每一次招聘活动中，要收到大量的求职材料，长篇大论的材料是一定不会受欢迎的。一般的简历有一至两页就足够了。

(2) 重点突出。用人单位想要了解的重点是你可以为他们做什么，所以简历的重点在于突出个人的学习(或培训)经历、工作经验及曾取得的成绩。但如果把自己写成一个什么都能干的人，也许最后会什么都不让你干，因此，若有多个求职目标，最好写上多份不同的简历，在每一份上突出重点，这将使你显得与众不同，获得招聘者更多的青睐。

(3) 真实准确。在简历的编写中一定要遵循诚实的基本原则，如实地表达出你的学习能力、工作能力和各项技能水平，以及工作经历和所取得的成绩，不可夸大其词，更不许有虚构的成分。要知道，讲真话不一定总能使你得到工作，但是谎言往往总能被人们找到破绽，哪怕是一个小小的细节，它既会让你人格受损，也会让你错失良机。

(4) 用词得当。语言表达能力是一个人最基本的素质之一，不管什么行业对此都是非常重视的。首先，应该是用词要准确，表情达意清楚明了，不模糊含混。其次，用词要讲究表现力，比如专业术语的使用就比一般性叫法要更能表现你的专业素养，具体数据的使用比用“大量”、“很多”等词更让人信服。最后还要注意的是，在简历(包括后面的求职信)中，一定要避免出现错别字，许多招聘人员都谈到过，当他们发现错别字时，就会停止阅读。

另外，如果你写得一手漂亮的字，那么你的简历不妨用手写的方式来写，为自己多提供一个展示才能的舞台，也能使自己的简历在众多的打印材料中显得与众不同，以吸引招聘人员的眼球。

现在许多学校都自己设计了简历的标准格式，多为表格的形式。这样可以规范简历的内容与形式，也使页面显得干净整洁，一目了然。

(二) 求职信

如果说简历是对一个人基本情况的简要介绍，那么求职信就是一个人能力与水平的综合展示。在求职信中，要突出个人的优势、能力，阐述个人的特性与意愿，给招聘人留下强烈深刻的印象。求职信总的要简洁精练，语言优美，言辞恳切，要求作者要有较高的写作能力。

求职信的结构大致可以分为以下几个方面：

开头部分：称呼得体礼貌，比如“尊敬的××单位领导”、“尊敬的××公司经理”，再加上问候语“您好”，以及“打扰”等谦语，充分表现出求职人应有的礼貌修养。

自我情况介绍部分：本部分内容与简历不同，重点在自己的优势上，要扬长避短，重点突出，条理清晰，语言简洁，点到为止，不做过多评述，否则有王婆卖瓜之嫌。这些优势可包括学习能力、工作能力、个性优势、获奖情况等。

自我评价部分：这部分是展示自己独到见解的部分，你要精心选择一适合的角度，或自我评价，或抒发志趣，或对工作中的某个问题发表自己见解，但也不宜太长，目的是让招聘人了解你的人生观、价值观。前部分展示的是你的能力水平，而这部分展现的就是你的思想认识水平。

求职意向：这部分表达要直接明了，不要含糊不清，模棱两可，只需回答“你想做什么”或“你能为公司做什么”，最直接的方式就是写出要申请的职位。

结语：包括联系方式、“此致、敬礼”等礼貌用语、求职人姓名、时间。

【例文】

导游求职信

尊敬的导游部经理：

您好

首先请允许我向您致以真诚的问候和良好的祝愿，感谢您能在百忙中阅读我的求职信，祝愿贵单位事业欣欣向荣、蒸蒸日上！

我是江西教育学院旅游管理专业大二在校学生，近期获知贵旅行社正在招聘导游员，我希望能有机会到贵旅行社工作。

在校期间，我勤奋学习专业知识，并为其投入了巨大的热情和精力，在认真学习课本知识的同时，我积极参加培训实践，并取得了一定的成绩，我在2009年通过了全国导游人员资格考试，并获得证书，在2010年5月～6月参加了江西教育旅行社的培训和跟团实践活动，积累了一定的工作经验，在课余时间我认真背读各景点导游词，掌握相关行业信息，又进行演讲训练，锻炼自己的口才，具备较强的从业知识和技能。我擅长讲故事，性格活泼开朗，喜欢与人交往，能够很好地处理各种突发事件，在两次实践活动中都得到了游客的认可。我平时喜欢运动，身体素质良好，能够吃苦耐劳。对我而言，导游是一份具有挑战性、趣味性的工作，我对它充满了热情！

我渴望学有所用，渴望自己的知识能够得到实践的检验，更憧憬能够丰富我的工作经验和人生阅历。相信我会在这份工作上做得精彩，期待您能给我一个展现自己的舞台！

如果方便，期待能与您面谈。电话：×××××××2233；E-mail：yangzhouzd@yahoo.com.cn

此致

敬礼！

应聘人：张霞

二〇一一年六月二十日

附：1. 简历1份

2. 推荐信1封

（三）相关证明材料

这部分是对简历中所提到的相关内容的进一步证明，包括成绩单、获奖证书、英语等级证、计算机等级证、各类专业技能等级证以及发表过的作品、论文等的复印件，附在简历和求职信的后面。要求复印质量要好，清晰、整洁，在放置顺序上，最好根据求职意向的不同，将与该职务重点要求的相关材料放在前面，例如，申请秘书的职位，秘书资格证、计算机等级证、发表过的作品等就很重要，而申请某个技术性的职位，该技术的技能等级证书就是最重要的材料。另外，在参加各类招聘会时，最好不要将原件带在身上，以防丢失，但在进一步面试的时候，就应将原件带上，以备对方核查原件之需。

（四）推荐信

一些涉外企业等在求职时需要有推荐信，推荐人主要是熟悉自己的学校老师，也可由校方组织部门出具，并加盖公章。社会人士求职，推荐信可由原来的老板或单位出具。

以上四个方面按简历、求职信、推荐信和相关证明材料复印件的顺序装订在一起，并设计一个封面作简单的包装。封面的设计一定要简洁大方，清新醒目，千万不要弄得花里胡哨，或太过另类。

任务二　掌握面试礼仪与技巧

案例导入

小处不可随便

元世祖忽必烈一次召见应聘官员，应聘者中有一位学士叫胡石塘。此人生性粗心，不拘小节，歪戴着帽子，就径直进去面见元世祖。元世祖忽必烈看见他，问道："你有什么本事啊？说来我听听。"胡学士回答说："我有治国平天下的学识。"忽必烈听了哈哈大笑说："你连自己头上的帽子都戴不平，还能平天下吗？"

【简析】胡学士因为歪戴帽子、不拘小节而葬送了前程，难道不足以说明礼仪礼貌的重要吗？记住：小处不可随便。

一、面试仪表礼仪

仪表指的是个人的外表，包括仪容、发型、服饰等。在面试时注意个人的仪表美，既是自尊自爱的表现，也是对他人尊重的体现。现在许多大学生赶场似的奔波于各个招聘会之间，匆匆忙忙，风尘仆仆，来不及整理个人的仪容仪表，使个人气质形象受到损害。同时也给招聘单位留下一个不重视形象的印象，试想一个不重视个人形象的人，今后怎么能重视单位的形象呢？因此，在面试前对自己的仪表进行适当修饰是十分必要的。

（一）仪容整洁

仪容整洁，首先是要保持面部的清洁，尤其是要注意局部卫生，如眼角、耳后、脖子等易被人们忽略的地方。其次，作为女学生，最好化一些淡妆，将面部稍做修饰，做到清新、淡雅，色彩和线条运用都要"宁淡勿浓"，恰到好处，使人显得精神、干练即可，一定不能过浓或过于夸张，免得给人留下过分招摇和落俗的印象；男生则需要修面，不可胡子拉碴，显得无精打采，邋里邋遢。另外，还要注意身体异味的问题，勤洗澡，不抽烟，面试前不吃大蒜等有强烈异味的东西，以免口气熏人。

（二）发型适宜

发型既要与个人的特点相符，也要与服饰相配。但在面试时，许多学生很注意着装，却忽略了发型的设计，认为头发只要干净就好。其实，发型在整个仪表美中，占有很重要的位置。所以，除了发型要适合个人的脸型、个性特点和当时的着装以外，还要注意面试的特殊要求。面试时，对发型总的要求是端庄、文雅、自然，避免太前卫、太另类的发型，同时还应与所要申请的职位要求相宜，比如，秘书要端庄、文雅，营销人员要干练，与机器打交道则要求要短发或盘发。一些长发披肩的女生要注意，在面试时，头发切忌遮住脸庞，除非是为了掩饰某种生理缺陷，否则会让主考官对你印象模糊。男生的发型以短发为主，做到前不覆额，侧不遮耳，后不及领。

（三）着装得体

一位人力资源部经理曾说过："你不可能仅仅因为打了一根领带而获取某个职位，但你肯定会因戴错了领带而失去一个职位。"由此可见，得体的衣着对求职的顺利进行有着不容忽视的作用。那么,大学生求职时的着装应注意些什么呢?保留学生装清新自然的风格。很多同学误以为求职时的服装要高档、华丽、时髦,其实学生装纯真自然的本色才是它最大的魅力,年轻人蓬勃的朝气、清新脱俗的风格,都可以从中显露出来,进而赢得主考官的青睐。但这并非就是说面试时就可以穿成平时的样子,在服饰色彩的搭配、细节等方面还是要做精心的准备。

首先,服装要整洁。整洁意味着你重视这份工作,重视这个单位。整洁也不要求过分的花费,洗得干净、熨烫平整即可。其次,要简洁大方。尽可能抛弃各种装饰,如繁杂的花边、色彩鲜艳的刺绣、叮当着响的配饰等,同时还要切忌那些过短、过紧、过透和过露的衣服。女生一般以样式简洁的套装套裙、连衣裙等为主,男生则是清爽的衬衣、平整的夹克,或西服都可以。第三,颜色的选择要适宜。过于鲜艳夺目或跳跃度过大的颜色都不宜穿,这会让主考官很不舒服。一般柔和的颜色具有亲和力,而深色则显得比较庄重,你可根据所求职位的要求,选择不同的色系。最后,还要注意与服饰搭配的其他饰物,尽量不要戴太贵重的和一走动就发出响声的饰物,配饰一定要与服装统一;穿裙子时,一定不要光着腿,宜穿肉色长筒丝袜;鞋子不能穿类似拖鞋的后敞口鞋,皮鞋要擦拭干净,不能带灰带泥。

总之,出门前对着镜子再好好审视一下自己的仪容仪表,务求做到整洁、大方、端庄、得体。

二、面试举止礼仪

个人的举止礼仪,既有"站"、"行"、"坐"等姿态方面的内容,同时也包含了众多的细节。本节更多地从细节入手来谈面试的举止礼仪。

(一) 准时赴约

守时是一种美德,也是一个人良好素质修养的表现。因此,面试时一定要准时守信。迟到,既是一个人随随便便、马马虎虎、缺乏责任心的表现,同时也是对一种不礼貌、对主考官不尊重的行为。特别是外资企业,对不守时的员工都随时会解雇,更何况是在面试的时候呢。一般最好提前15~20分钟到达,这样既可以熟悉一下考场周围的环境,也有时间让自己调整心态,稳定情绪,以避免仓促上阵。

(二) 尊重接待人员

到达面试地点后,应主动向接待人员问好,并做自我介绍,同时要服从接待人员的统一安排。要知道,有些单位对你的考核从这一刻就已经开始。

(三) 重视见面礼仪

首先,进门时应先敲门,即使房门虚掩,也应礼貌地轻轻叩击两三下,得到允许后,轻轻推门而进,然后顺手将门再轻轻地关上,整个过程要自然流畅,不要弄出大的声音,以显示个人良好的习惯。其次,进入面试室后,先向各位主考人员问好,当对方说"请坐"时,一定要说了"谢谢"后,方可按指定的位置坐下,并保持良好的坐姿。

(四) 注意表情礼仪

面试的时候,大多数人都会很紧张,这会使应试者的表情不自然。其实,保持自信的微笑,从容镇定,把自己的真挚和热情"写"在脸上,才能让人产生值得信赖的好感。另外面试时的目光也很重要,应大方地注视着对方,不可游移不定,左顾右盼,让人怀疑你的诚意。

（五）适时告退

当考官有意结束面试时，要适时起身告辞，面带微笑地表示谢意，与考官等人道别，离开房间时轻轻带上门。出场时，别忘了向接待人员道谢、告辞。

（六）致信道谢

面试结束后，为给对方加深印象，或弥补面试时的不足，最好再给主考人员写封感谢信，篇幅要短，在信中一方面致谢，另一方面可再次表达对该单位的向往之情。

三、面试谈话礼仪

（一）谈话内容方面应注意的问题

首先，应该注意用语的礼貌，切忌出现不文明的语句，称对方公司时要用第二人称的尊称“贵”，比如“贵公司”，如果你是一个归宿感很强的人，也可以直接称“我们公司”。另外，“请”、“谢谢”等礼貌用语要常挂在口，少说或不说口头禅，更不能出言不逊，贬低他人。

其次，在回答问题时，对方问什么答什么，问多少答多少，切忌问少答多、问多答少。

最后，还要注意把握谈话的重点，不要离题，不要啰嗦，一个说话不得要领的人，也是一个思路不清晰的人。最后还要强调的是，在回答任何问题时都要诚实，做到准确客观，不可编造谎言，夸夸其谈，炫耀自己，令人心生反感。

（二）谈话形式方面应注意的问题

第一，一般的应聘应该用普通话对答，要求发音准确，吐字清楚，语速适中，语调不宜过高，声音不能太小。

第二，说话时态度诚恳、谦逊，不要咄咄逼人，如果自己要提一些要求，也尽量使用商量的语气。

第三，切忌任意打断考官的谈话，喧宾夺主，随意插话，这是极不礼貌的行为。

第四，说话时不要滔滔不绝，口若悬河，狂妄自大。

第五，注意聆听别人的谈话。当考官在说话的时候，一定要用心地听，不能东张西望，毫不在意。

四、面试应答技巧

（一）善于发表意见

针对某一问题考生能否发表合理的、深刻的、有建设性的观点，是面试中的一项一般的而且是重要的测评项目。为了争取考官的认可，考生除了要具备真才实学能够发表真知灼见，也要掌握表达自己观点的艺术，以此来促进考官对自己的观点的理解和接受。

(1) 考官提问时请考生注意听，抓住考官提问的要点，同时合理组织自己的语言，考官未说完，绝不能打断其话头，静待考官说完后再从容不迫地发言。

(2) 保持与考官的及时沟通。发言时，一定要密切观察考官的反应；考官未听清楚，要及时重复；考官表示困惑，要加以解释或补充说明；如果考官流露出不耐烦的情绪，请自己结束话题，而不要等到被打断。

(3) 不要固执己见，应该允许考官提出相反意见，并且虚心倾听，真诚请教。若经过讨论仍坚持自己的观点，也要记住不要明确否定考官的意见（尽管实质上已经这样做了），同时尊重考官的意见。

(4) 当问题属于中性或不易引起争论时，可直接坦率地提出自己的观点。

(5) 当自己的观点不易被接受时，可以使用“层层递推法”和“反证法”。

前者指先从考官易接受的但离考生的真实主题较远的观点谈起，逐步接近考生的真实观点——以清晰的逻辑和考官们充分的思想准备，去推销自己的观点。后者是指用“相反”的方法提出观点，然后逐步去证明这种观点是错误的，最终阐明自己真正的观点。人们反对错误的观点往往比接受正确的观点更容易。

提供确切的信息支持自己的观点。当考生提供了确切翔实的论据，而不是仅提自己的主张时，这样的观点就容易被接受。

考生的发言需简洁、精炼，谈吐流利、清楚，以中心内容为线索，展开发挥。考生不要东拉西扯，将主题漫无边际地外延。

为了突出自己的中心论点，考生可采用结构化的语言。回答问题时，开宗明义，先做结论，然后再做叙述和论证，条理清晰地展开主要内容。当然也要避免议论冗长。

(二) 会做恰当的解释

在面试中解释是常用的表达方式。解释的目的是将考官不明白或不了解的事实、观点说清楚；或者是阐释某件事的原因，或者是将考官的误解及时澄清。

“解释”本身并不难，但要使自己的解释达到预期效果，这就需要一定的原则和技巧了。

1. 解释的态度应端正

考生在做解释时，不能因为考官要求自己解释的问题太简单而表现得不耐烦或自傲。很多时候，考官并不是真的不懂或没听清，他们也不是想搞清楚考生到底懂多少。考官要求考生解释某一问题，往往考察的就是考生会不会解释。

考生也不能因为自己被误解或自己的回答被怀疑，需要自己做出解释，而感到委屈和不满。考生在做解释时必须态度诚挚，用渗着情感的语言来说明问题。

2. 应适时收尾

当解释实在难以奏效时，考生不必着急，“话不投机半句多”。如果考官已经做了某个判断，考生往往很难改变他的观点。这时转移话题是最好的解决办法。而考生若抓住这个问题不放，非要让考官明白，那样就可能将考生与考官的关系弄僵.

3. 有理有据

解释其实就是阐明考生的论点的论据。在考生确凿的证据和一定的逻辑推理的支持下，考官将很容易接受考生的解释。

4. 实事求是

解释时若真实情况难以直言，请考生不要寻找借口，强调夺理，更不能巧言令色，凭空编造。该解释的，就讲明客观原因，表明自己态度；不该解释的，不要乱加说明。

考生若有不便直说的，或考生不愿在考场表露的，可以如实向考官说明并请求他们的谅解。

5. 承担责任

当考生被要求解释自己过去工作中的失误或某些不足时，若仅仅说明事情的经过而回避自己的责任，就不明智了。

欲通过自己的解释获得考官的信任和谅解. 考生最好勇于承担责任。请放心，对此考官不会只注意“错误是谁造成的”，他们真正感兴趣的是“谁承担的责任并做了怎样的解释”。

在自己承担责任时，要就事论事，将责任严格限定于所解释的事情上，不要随意扩大。有的考生误以为自己承担的责任越大，就表明自己的态度越诚恳，这种误解后果会很严重。

有的问题甚至只需自己坦然承认自己的失误或不懂，不用解释。例如考生迟到五分钟，除非有确实的理由，否则不要解释，诚恳地向考官道歉就可以了。

6. 间接解释

即以第三者的角度去解释，包括自己原单位领导、大学的老师、奖状证书等书面材料以及媒体资讯等等。引用第三者的身份进行解释将增强自己解释的客观性和说服力。

考生回答问题时，若采取封闭式的回答，即只回答“是”或“不是”而不加以说明，则只表明了态度，而未使考官接受你的表态，甚至让考官感觉考生并不希望自己的表态被认可，因为考生只是淡漠地回答“是”与“不是”，“对”与“错”等。

五、面试时提问的技巧

在面试中，应聘者除了要接受别人的提问外，常常也会给你提问的机会。通过你的提问，可以使考官们看到你的目标、业务水平、看问题的角度及深度等。所以，如果遇到这个环节，一定要抓住机会，在最后给考官留下一个完美的印象。

那么，究竟应该问些什么问题呢？

首先，一些常识性的问题不要问，诸如“公司有多少年的历史？”、“有多少员工？”等等，只能显出你缺乏准备和无知。

其次，以自我为中心的问题少问，或者从侧面来问，不要太直接。如“工资多少？”、“福利有哪些？”“休假有多少天？”等等，否则显得太急功近利，视野狭隘。

多问与职位相关的问题，比如“这个职位还有其他的要求吗？”、“我们这个部门近期的工作目标是什么？”，除此之外，还可以针对一些专业的特殊要求来设计这类问题。这样的问题既能反映出你的敬业精神，也能够反映出你的业务水平和思考能力，同时考官们也很乐意回答，这会为你的应聘成功奠定坚实的基础。

六、面试忌语

语言是考生在面试中与招聘考官沟通情况、交流思想感情的工具，更是考生敞开心扉、展示自己的知识、智慧、气质的一种主要渠道。恰当得体的语言无疑会增强考生的竞争力，帮助考生获得成功，而不恰当、不得体的语言就会损害考生的形象，削弱考生的竞争力，甚至导致面试的失败。那么，在面试中通常有哪些影响自己成功的忌语呢？

1. 缺乏自信

“你们要几个？”这种问法就显得信心不足。对用人单位来讲，招一个是招，招十个也是招，问题不在于招几个，而是考生有没有成为百分之一或二分之一或独一无二的竞争力和实力。

“你们要不要女性？”这样询问的女性，首先就给自己打了“折扣”，是一种缺乏自信心的表现。面对已露怯意的女性，用人单位正好“顺水推舟”，予以回绝。考生若是来一番非同凡响的陈词或巧妙的介绍，反倒会让对方认真“考虑考虑”。

“外地人要不要？”一些外地人或出于坦诚，或急于得到“兑现”，一见用人单位的招聘人员劈头问这么一句，弄得人家无话可说。因为一般情况下，不是不要外地人，也不是所有外地人都要，这要看考生的实际情况能否与对方的需求接上口，让人家很有必要接纳考生。这么简单地一问，很可能得到同样简单的回绝答复。

2. 开口谈待遇

有的考生开口就问“我们的待遇怎么样?”对此考官的反映是：“工作还没干就先提条件了，何况我还没说要呢!”谈论报酬，无可厚非，只是要看时机，一般是在双方已有初步意向时再委婉地提出。

3. 不合逻辑

考官问：“请你告诉我你的一次失败。……我想不起我曾经失败过。”这样的搪塞之词在逻辑上是讲不通的。又如：“考生有何优缺点？……我可以胜任一切工作。”这既不符合逻辑，也不符合实际。

4. 报熟人、拉近乎

如“我认识你们单位某某”、“某某经理，我们是同学，我们关系很不错”等等。这种话主考官听了会反感，如果主考官与考生所说的那个人以往关系就不怎么好，甚至有矛盾，那么，这话引起的结果就会更糟。

5. 装腔作势

有一位从新加坡回国求职的机电工程师，由于在新加坡待了两年，“新加坡腔”比新加坡人还厉害，每句话后面都长长地拖上一个“啦”字，诸如“那是肯定的啦——”，“我看是没有问题的啦——”，“OK 啦——”，“如果你们认为可以不妨让我试一试的啦——”。半个小时面试下来，考官们被他“啦”得晕头转向，临别时也“回敬”了他一句：“请回去等消息啦——!”

又有一位考生，虽然从未在国外待过，可是洋腔洋调倒是学到了不少。在求职一家著名酒店公关经理的面试中，每当考官向她介绍一些内容时，她便从鼻腔深处拿腔拿调地发出“嗯哼——”一声，说得越多，“嗯哼——”得越厉害，这边说得抑扬顿挫，那边“嗯哼”得此起彼伏，简直成了“弦乐二重奏”，使人受不了，最终给人留下的印象是“太过做作”。像这种拿腔拿调的做作有什么好的结果呢?

6. 半土半洋

有的考生在回答问题时不断地夹杂一些英语单词，可是参加面试的考官英语不甚精通。例如考生慷慨陈词：“其实我这个人不是十分 sophisticated(老于世故)，相反我待人倒是十分的 sincere(诚恳)，与同事们相处也是 extremely harmonious(极其融洽)……”面试结束后，考官互相询问：“感觉怎么样?”……“不怎么样!”考官无奈地苦笑着说。这种“洋泾浜”式的语言显然也是不受欢迎的。

7. 不当反问

如：考官问：“关于薪资你的期望值是多少?”考生反问：“你们打算出多少?”这样反问就很不礼貌，很容易引起考官的不快。

8. 本末倒置

面试快要结束时，考官向考生问道：“请问你有什么问题要问我们吗?”这位考生欠了欠身，开始了他的发问：“请问你们的投资规模有多大？中外方比例各是多少?”……“请问你们董事会成员中外方各有几位?”……“你们未来五年的发展规模如何?”……“你们对住房的贷款政策如何?”……参加公务员面试，一定要把自己的位置摆正，像这位考生，就是没有把自己的位置摆正，所问的一些问题已经超出了应当提问的范围，使考官产生了反感。

9. 借别的单位要挟招聘方

如:“现已有多家公司欲聘用我了,所以请贵公司从速答复。”这实际上是在威胁人家,是在别的单位来压聘用方,好像是说:“我可是一个人才,大家都在抢着要聘用我。你不聘用我,就是不识才,不爱才,不用才。”这往往会激怒对方,导致面试失败。

10. 以上压下

如:“贵单位某某局长要我直接找您,请多关照。”这样语言也会让人听后很反感。

11. 给招聘方限定时间

如:“我于某月某日要赴外地出差,敬请贵单位务必于某月某日之前给我答复。”这种说法.虽然表面上看相当客气,可实际上是在限定对方的时间,好像是在给对方“下命令”。

12. 冗繁琐碎

如:“本人芳龄27,学历大专,1996年结婚,次年4月喜得一子,初为人母的我不得不暂时放弃了一份收入不算太差的工作。且因父母年事已高,先生又长年出差在外,生活的艰辛没有使我屈服,我挺住了!如今我儿已寄入托儿所,使我得以脱身,强烈的求职愿望促使我来面试……”这段语言读来似乎情真意切,但却是一些多余的话,给人以累赘、唠唠叨叨、太过沉溺于家庭琐事之感。

13. 虚情虚假,说话过头

如:“我怀着无比崇敬的心情来参加这次面试,我曾经有幸听过您讲的一堂课,您的音容笑貌深深地印在我的脑海、使我怀念……”这种饱含感情的烫人话语,本来是想打动人、抓住人的,但却给人以虚假、过头之感。

任务三 注重面试细节

案例导入

张俊面试

刚从大学毕业的张俊获得了去罗盛公司面试的机会。张俊在校期间是校学生会主席,能说会道,善于交际。面试这天,他做了充分的准备,早早来到面试点。在等候面试时他接到一个同学电话,交谈得意时,面试工作人员叫他进屋面试,他对着电话说:“好了,哥儿们,我面试去了,等我被录用,我请你吃饭。”随后推门走进了面试室。张俊笑容满面,主动与各位面试官握手寒暄,一点也不紧张。回答考官提问,滔滔不绝,并使用了大量的辅助语言,自认为效果不错。20分钟的面试时间,张俊说了18分钟,面试场的气氛似乎由张俊控制。结束后张俊又主动与考官握手告别,主考官在被动握手时对张俊说了一句话:你真的很能说,到讲师团当个讲师很合适。

【简析】案例告诉我们:张俊面试失败了。张俊的问题是面试过程中的环节、细节未把握好,为人太过张扬,交往过于主动,不分主次,自我定位不当。

一个完整的面试过程,需经过好多环节,包含很多细节,面试时应处理好各个细节,细节决定成败。

一、等待面试时

到达面试地点后应在等候室耐心等候，并保持安静及正确的坐姿。可以翻阅为面试准备的材料，而不要来回走动显得浮躁不安，也不要与别的接受面试者聊天，因为这可能是你未来的同事，甚至决定你能否称职的人，你的谈话对周围的影响是你难以把握的，这也许会导致你应聘的失败。更不应该的是：在接待室恰巧遇到朋友或熟人，就旁若无人地大声说话或笑闹；吃口香糖、抽香烟、接手机。

二、把握进屋时机

如果没有人通知，即使前面一个人已经面试结束，也应该在门外耐心等待，不要擅自走进面试房间。自己的名字被喊到时有力地答一声"是"，然后再敲门进入，敲两三下是较为标准的。敲门时千万不可敲得太用劲，以里面听得见的力度为宜。听到里面说"请进"后，再进入房间。开门关门尽量要轻，进门后不要用后手随手将门关上，应转过身去用手轻轻将门合上。回过身来将上半身前倾 30 度左右，向面试官鞠躬行礼，面带微笑称呼一声"您好"或"各位考官，你们好"，彬彬有礼而大方得体，不要过分殷勤、拘谨或过分谦让。

三、专业化的握手

面试时，握手是最重要的一种身体语言。专业化的握手能创造出平等、彼此信任的和谐氛围。你的自信也会使人感到你能够胜任而且愿意做任何工作。这是创造好的第一印象的最佳途径。怎样握手？握多长时间？这些都非常关键。因为这是你与面试官的初次见面，这种手与手的礼貌接触是建立第一印象的重要开始，不少企业把握手作为考察一个应聘者是否专业、自信的依据。所以，在面试官的手朝你伸过来之后就握住它（前面已讲过如何握手），有力地摇两下，然后把手自然地放下。握手应该坚实有力，有"感染力"。双眼要直视对方，自信地说出你的名字，即使你是位女士，也要表示出坚定的态度，但不要太使劲，更不要使劲摇晃；不要用两只手，用这种方式握手不够专业。手应当是干燥、温暖的。如果他/她伸出手，却握到一只软弱无力、湿乎乎的手，这肯定不是好的开端。如果你刚刚赶到面试现场，用凉水冲冲手，使自已保持冷静。如果手心发凉，就用热水捂一下。

握手时长时间地拖住面试官的手，偶尔用力或快速捏一下手掌。这些动作说明你过于紧张，而面试时太紧张表示你无法胜任这项工作；轻触式握手显处你很害怕而且缺乏信心，你在面试官面前应表现出你是个能干的、善于与人相处的职业者。

注意：你不能主动与面试官握手。

四、无声的形体语言

加州大学洛杉矶分校的一项研究表明，个人给他人留下的印象，7%取决于用辞，38%取决于音质，55%取决于非语言交流。非语言交流的重要性可想而知。在面试中，恰当使用非语言交流的技巧，将为你带来事半功倍的效果。

除了讲话以外，无声语言是重要的公关手段，主要有：手势语、目光语、身势语、面部语、服饰语等，通过仪表、姿态、神情、动作来传递信息，它们在交谈中往往起着有声语言无法比拟的效果，是职业形象的更高境界。形体语言对面试成败非常关键，有时一个眼神或者手势都会影响到整体评分。比如面部表情的适当微笑，就显现出一个人的乐观、豁达、自信；服饰的大方得体、不俗不妖，能反映出大学生风华正茂，有知识、有修养、青春活泼，独有魅力，它可以在考官眼中形成一道绚丽的风景，增强你的求职竞争能力。

1. 如钟坐姿显精神

进入面试室后，在没有听到“请坐”之前，绝对不可以坐下，等考官告诉你“请坐”时才可坐下，坐下时应道声“谢谢”。坐姿也有讲究，“站如松，坐如钟”，面试时也应该如此，良好的坐姿是给面试官留下好印象的关键要素之一。坐椅子时最好坐三分之二，上身挺直，这样显得精神抖擞；保持轻松自如的姿势，身体要略向前倾。不要弓着腰，也不要把腰挺得很直，这样反倒会给人留下死板的印象，应该很自然地将腰伸直，并拢双膝，把手自然的放在上面。有两种坐姿不可取：一是紧贴着椅背坐，显得太放松；二是只坐在椅边，显得太紧张。切忌跷二郎腿并不停抖动，两臂不要交叉在胸前，更不能把手放在邻座椅背上，或加些玩笔、摸头、伸舌头等小动作，容易给别人一种轻浮傲慢、有失庄重的印象。

2. 眼睛是心灵的窗户

面试一开始就要留心自己的身体语言，特别是自己的眼神，对面试官应全神贯注，目光始终聚焦在面试人员身上，在不言之中，展现出自信及对对方的尊重。眼睛是心灵的窗户，恰当的眼神能体现出智慧、自信以及对应聘单位的向往和热情。注意眼神的交流，这不仅是相互尊重的表示，也可以更好地获取一些信息，与面试官的动作达成默契。正确的眼神表达应该是：礼貌地正视对方，注视的部位最好是考官的鼻眼三角区（社交区）；目光平和而有神，专注而不呆板；如果有几个面试官在场，说话的时候要适当用目光扫视一下其他人，以示尊重；回答问题前，可以把视线投在对方背面墙上，约两三秒钟做思考，不宜过长，开口回答问题时，应该把视线收回来。

3. 微笑的表情有亲和力

微笑是自信的第一步，也能为你消除紧张。面试时要面带微笑，亲切和蔼、谦虚虔诚、有问必答。面带微笑会增进与面试官的沟通，会百分之百的提高你的外部形象，改善你与面试官的关系。赏心悦目的面部表情，应聘的成功率，远高于那些目不斜视、笑不露齿的人。不要板着面孔，苦着一张脸，否则不能给人以最佳的印象，争取到工作机会。听对方说话时，要时有点头，表示自己听明白了，或正在注意听。同时也要不时面带微笑，当然也不宜笑得太僵硬，一切都要顺其自然。表情呆板、大大咧咧、扭扭捏捏、矮揉造作，都是一种美的缺陷，破坏了自然的美。

4. 适度恰当的手势

说话时做些手势，加大对某个问题的形容和力度，是很自然的，可手势太多也会分散人的注意力，需要时适度配合表达。中国人的手势往往特别多，而且几乎都一个模子。尤其是在讲英文的时候，习惯两个手不停地上下晃，或者单手比划，这一点一定要注意。平时要留意外国人的手势，了解中外手势的不同。另外注意不要用手比划一二三，这样往往会滔滔不绝，令人生厌。而且一二三的表达方式和意义优势也有不同，用错了反而造成误解。交谈很投机时，可适当地配合一些手势讲解，但不要频繁耸肩，手舞足蹈。有些求职者由于紧张，双手不知道该放哪儿，而有些人过于兴奋，在侃侃而谈时舞动双手，这些都不可取。不要有太多小动作，这是不成熟的表现，更切忌抓耳挠腮、用手捂嘴说话，这样显得紧张，不专心交谈。

五、面试必考题

面试时，有几个问题是面试人员常常会提出的，针对这些问题好好准备，在面试时也就不会哑口无言，无言以对了，下面就面试十大必考题做出分析：

1. 为什么想进本公司？

这通常是面试官最先问到的问题。此时面试官就开始评断录用与否了，应聘者应先判断自己去应聘的工作性质，是专业能力导向呢，还是需要沟通能力？这是就看你的思维判断能力和口才表现了。口才好的就好好表现自己的口才，而口才较差的就务必表现出自己的专业能力，以弥补口才不足的部分。

回答这个问题时，一定要积极正面，如想要使自己能有更好的发展空间，希望能在相关领域中有所发展，希望能在公司多多学习等等；此时可以稍稍夸一下面试单位，但切记一定要诚恳，不然就会画蛇添足，得不偿失。对于新人的建议则是，由于之前没有工作经验，所以建议你可以坦诚的说出自己的动机，不过要慎重思考、恰当表达。

2. 喜欢这份工作的哪一点？

其实大家心中一定都有答案。每个人的价值观不同，自然评断的标准也会不同，但是，在回答面试官这个问题时可不能太直接就把自己心里的话说出来，尤其是薪资方面的问题。可以对交通方便，工作性质及内容颇能符合自己的兴趣等方面进行叙述，如果能自己能仔细思考出这份工作的与众不同之处，相信在面试上会获得加分。

3. 自己的优缺点是什么？

有许多面试官都喜欢问这个问题，目的是在于检视求职者的诚恳度，所选人才是否适当。应聘者在这之前应该好好分析自己，将自己的优点与缺点列张单子，在其中挑选亦是缺点亦是优点的部分，在回答问题时，以优点作为主要诉求，强调可以为公司带来利益的优点，如能吃苦、肯学习等，而缺点部分则建议选择一些无伤大雅的小缺点，或是上述那些模棱两可的优缺点作为回答，这样才不会使面试官太过针对缺点借题发挥，造成面试上的困难。

4. 对公司的了解有多少？

应答这个问题，事先的准备显得尤其重要。应将你之前所吸收的信息发挥出来，至少也要知道公司的产品是哪些，提供哪些服务等等，如果事先不好好准备，当场傻眼是不可避免的。

5. 对工作的期望与目标何在？

这是面试者用来评断求职者是否对自己有一定程度的期望、对这份工作是否了解的问题。工作有确定目标、学习能力较强、适应环境快的人，对新工作自然较容易进入状态。建议你最好针对工作的性质找出一个确切的答案，如业务员的工作可以这样回答："我的目标是能成为一个超级业务员，将公司的产品广泛的推销出去，达到最好的业绩成效；为了达到这个目标，我一定会努力学习，而我相信以我认真负责的态度，一定可以达到这个目标。"

6. 为什么要离职？

回答这个问题时一定要小心，就算在前一个工作受过再大的委屈，对公司有多少的怨言，都千万不要表现出来，尤其要避免对公司本身主管的批评，避免面试官的负面情绪及印象;建议此时最好的回答方式是将问题归咎在自己身上,例如觉得工作没有学习发展的空间,或是前一份工作与自己的生涯规划不合等等,回答的答案最好是积极正面的。

7. 选择这份工作的原因为何?

这是面试官用来测试应聘者对工作理解度的问题,借以了解求职者对这份工作到底了解多少、求职者是否确实对这份工作有兴趣、能力方面能否适任。针对这个问题,之前所强调的事先研究功夫又再度派上用场,建议你的回答应以个人的兴趣配合工作内容特质,表现出高度的诚意,这样才可以为自己铺下迈向成功之路。

8. 你认为该行业的发展如何?

这也是需要事前准备的,多阅读一些相关的报章杂志、专业书籍,收集与该行业相关的资讯,做一些思考,表达出自己对该行业的认识和见解。如果是同业转职者,可以自己的经验为基础,结合实际谈谈个人的见解。但若是初次接触此行业,建议采取较为保守的方式,以目前资讯所提供的资料为主作答,表现出高度兴趣及诚意。

9. 你希望的待遇为多少?

这是一个非常敏感的问题,其实在目前,一般大型企业在招聘时就会事先说明基本底薪等薪资待遇标准,而一般中小型企业有许多仍以个人能力、面试评价作为议薪的依据,所以建议求职者可以多途径地查询薪资定位的相关资料,结合个人的价值观、经验、能力等条件,估算出最基本的薪资底限。建议无工作经验者应采取保守的态度,以客观资料作为最主要考量重点,一般不建议用“依公司规定”作答,这样不但表示出自己对于工作的自信程度不高,在薪资无法符合个人要求时也会造成许多困扰。

10. 在工作中学习到了什么?

这是针对转职者提出的问题,建议此时可以结合面试工作的特点来回答,如业务工作需要与人沟通,便可举出之前工作与人沟通的例子,经历了哪些困难,学习到哪些经验,把握这些要点做陈述,就可以轻易过关了。

友情提示:

个人自我介绍是面试实战非常关键的一步,这是众所周知的“前因效应”。2～3 分钟的自我介绍,将是你所有工作成绩与为人处世的总结,也是你接下来面试的基调,考官将基于你的材料与介绍进行提问。这在很大程度上决定你在各位考官心里的形象。

实训任务1

案例分析

案例一

某航空公司要面向社会招一批空姐,前来报名的人络绎不绝。其中有几个女孩,心想空姐是多么时髦的职业,招的都是那些漂亮的女孩。于是,几个姑娘就到美容院将自己浓妆重彩地打扮了一番,活像电视剧里的韩日明星。她们高高兴兴地来到报名地点,谁知工作人员连报名的机会都不给她们,就让她们走。看着别的姑娘一个个报上了名,她们几个很纳闷:“这是为什么呢?”

问题:

1. 工作人员为什么不给这几个姑娘报名?

2. 空姐的漂亮究竟有什么样的含义?

3. 如果你要去应聘,你会怎么打扮自己?

案例二

某公司经理对他为什么要录用一个没有任何人推荐的小伙子时如是说:“他带来了许多介绍信。他神态清爽,服饰整洁;在门口蹭掉了脚下带的土,进门后随手轻轻地关上了门;当他看见残疾人时主动让座;进了办公室,其他的人都从我故意放在地板上的那本书上迈过去,而他却很自然的俯身捡起并放在桌上;他回答问题简洁明了,干脆果断,这些难道不是最好的介绍信吗?”

问题:

1. 经理话中的“介绍信”指的是什么?

2. 这些“介绍信”介绍了小伙子哪些优点?

3. 小伙子在应聘中遵守了哪些礼仪规范?

案例三

一家公司招聘行政助理,几个应聘者在一楼大厅接待处办好手续,接待人员让他们一起到三楼人力资源部去面试,在上楼梯时,一位怀抱文件的工作人员急匆匆下来,与他们撞了个正着,文件散落一地,只有一个应聘者停下来帮着捡起地上的文件,而其余的人都毫不犹豫地直奔三楼。结果,这位帮着捡起文件的小伙子被录取了。

恰科——法国一个银行大亨。在他年轻时,工作并不顺利,52 次应聘均遭失败。第 53 次时,他直接来到最大一家银行的董事长办公室,可是没谈上几句又被拒绝了,他虽很失意,但还是礼貌地说完再见,转身往外走。忽然,他看见一枚大头针横在门口,他知道这东西虽小,弄不好也会对人造成伤害,就弯腰把它拾了起来。第二天,他出乎意料地接到了这家银行的录用通知。原来,他拾大头针的举动被董事长看见了。

一位涉外文秘专业毕业的女孩玲玲,在一家外资企业应聘总经理秘书,顺利通过了初试、复试,最后一关是总经理面试。玲玲凭借自己出色的专业知识和流利的英语口语,赢得了总经理的赞许,当面试快结束时,总经理故意碰了一下桌面上的文件,一页文件掉在了地上。但玲玲似乎没有注意到这一动作,她仍在兴致勃勃地说话,总经理这时也似乎没了刚才的兴趣,他对玲玲说:“面试就到这里吧!”玲玲一脸茫然地出去等待结果。一会人力资源部的经理来了,被录取的是另外一个人。经理遗憾地对玲玲说:“我们本来很看好你的,但你连捡一张纸都不愿意,又怎么能当个好秘书呢?”

一天,一家公司的人力资源部经理来上班,在公司大楼的大厅里有很多人在等电梯。电梯来了,人们一拥而进,十分地挤满,于是站在电梯按钮旁的人就开始为大家按要到的楼层。这时,一个陌生的小伙子想从人群中挤到按钮跟前去自己按,旁边的人说:“你就说你到几楼吧,前面的人会帮你的。”小伙子说了声“九楼”,别人就替他按了一下“九”,小伙子再也没吭气。等人力资源部经理到了办公室,刚坐下一会儿,助理就来说有人来应聘,经理一看,就是刚才在电梯里的小伙子。经理询问了一下他的专业学习情况,说实话,经理对他的专业水平很满意,但一想到他刚才在电梯里的表现,还是决定不录取他。旁边的助理很奇怪,问经理原因,经理说:“电梯里那么挤,他还要自己去按,说明他缺乏合作精神;别人帮助了他,他连个谢谢都不说,说明这个人没礼貌,所以,我不能要他。”

问题:根据案例分析被录用及不被录用的原因,体会“小处不可随便”的道理。

实训任务2

应聘形象设计

实训要求：结合面试的仪容和服饰礼仪的要求，请分别设计到以下几类单位去应聘时的形象：

1. 到学校应聘教师。
2. 到外企公司去应聘秘书。
3. 到酒店去应聘接待人员。

实训任务3

模拟面试

实训要求：每 6 人为一组，根据本项目所讲内容，自行设计招聘情境，每个人都做好应聘准备。模拟面试，1 人为应聘者，其他 5 人为面试官，轮流进行。

项目八
文书礼仪

警示语

◆ 礼仪文书，适时应景，情溢于言，礼出于心。

◆ 感谢信：词浅意深、纸短情长。

◆ 对遭遇不幸者的慰问：哀而不伤；节日慰问：喜庆+褒奖。

任务一　制作礼仪信电

案例导入

文书的礼仪之误

王华是天地公司销售部秘书。公司为了庆祝成立十周年将举办大型客户联谊会。销售部经理列出了邀请名单，王华负责拟请柬，并按照名单发送。王华上街买了精美的请柬若干，按照名单填写好之后，匆忙寄出。由于填写请柬时忘记了写上每人的桌号，并且有几个信封匆忙中装错了，所以到庆典当天，宴会厅里好多客人找不到自己的座位，有些客人由于收到了不是寄给自己的请柬而没有出席，使得这次庆典活动的效果大打折扣，公司的形象受损。公司领导为此十分恼火。（常州轻工职业技术学院讲义《商务礼仪案例汇编》，文字有改动）

【简析】王华在礼仪文书——请柬的拟写、发送方面所犯的错误，不仅没有使客户联谊会达到目的，还使公司蒙受巨大的损失。

一、表扬信

(一) 含义

表扬信是对其他单位或个人的先进事迹、模范行为、高尚品格等公开表示赞扬与称颂的书信体专用文书。

表扬信通过对表扬对象的赞扬与称颂，使相关范围内的人们受到感染和教育，激励人们互相学习，有利于弘扬正气，净化心灵，提高境界，对于构建社会主义和谐社会有着不可忽视的重要作用。根据表扬者与表扬对象的关系，表扬信大体可以分为两类：一类是上级对下级进行表扬，可以称之为下行式表扬信；另一类是群众之间进行表扬，可以称之为平行式表扬信。表扬信可以直接写给表扬对象，也可以写给表扬对象的所属单位，还可以写给报刊社、电台、电视台等新闻媒体。

(二) 格式与写法

1. 标题

(1) 只标示文种名称。即在第一行居中用较大字体书写“表扬信”三字,也可以直接书写“表扬”二字。

(2) 表扬者+表扬对象+文种名称。如“××社区致××职业技术学院的表扬信”。

(3) 表扬对象+文种名称。如“致××职业技术学院的表扬信”。

2. 称谓

在标题之下另起一行顶格书写受信者的名称。如果受信者是表扬对象,应当书写表扬对象的个人姓名,前面可以加上“尊敬的”等敬语,后面应当加上“同志”、“同学”等称呼,或书写表扬对象的群体泛称;如果受信者是表扬对象的所属单位,应当书写其单位名称,后面加上“领导”等称呼,前面可以加上“尊敬的”等敬语,或直接书写其单位名称;如果受信者是报刊社、电台、电视台等新闻媒体,则可以书写“编辑同志”等称呼,前面可以加上“尊敬的”等敬语。称谓后加冒号。

3. 正文

在称谓之下另起一行空两格开始书写,一般由陈述事实、适度评价和表明态度三部分内容构成。

(1) 陈述事实,通过事实来阐明表扬的原因,重点叙述事件的时间、地点、发生、发展和结果。陈述事实要在真实无误的基础上做到简明扼要,突出重点,凸显所要表扬的最本质的内容及意义。平行式表扬信在正文开头一般应当先交代一下表扬者的身份,以免给人突兀之感。

(2) 适度评价,赞扬或称颂表扬对象在事件中表现出来的可贵的精神品质,揭示其模范意义,平行式表扬信还可兼表感谢之情。评价要恰如其分,实事求是,不能空讲道理,随意拔高,更不能以点代面,以偏概全。

(3) 表明态度,如果是下行式表扬信,一般对表扬对象提出勉励和希望;如果是平行式表扬信,直接写给表扬对象的一般表达向其学习的决心,写给表扬对象的所属单位的一般建议其对表扬对象予以公开表扬。

4. 结语

在正文之下另起一行空两格书写“此致”、“致以”等表示恭谨之意的词语,再另起一行顶格书写“敬礼”、“崇高的敬意”等表示敬意或祝愿的话,后面不加标点符号。

5. 落款

在结语的右下方署上表扬者的名称。表扬者的名称可以是单位名称,也可以是个人姓名。单位名称应当书写其全称,个人姓名前应当标示其所属单位的名称。在署名的下方写上写信的准确日期。

(三) 礼仪要求

(1) 内容要凸现本质,充分陈述事实,有力凸现表扬对象的先进、模范、高尚之处。表扬与赞颂,恰如其分,不以偏概全。

(2) 语言要恰如其分,表达要亲切热情,富于感情色彩,文字朴素,不要冷冰冰的纯客观表述,也忌讳堆砌溢美之词。

(3) 篇幅短小,不宜过长。

(4) 表扬信可送对方本人、单位,也可张贴。

【例文】

表 扬 信

尊敬的编辑：

您好！

我是××学院的学生。今年寒假回家时，乘坐由××开往××的火车。火车到站时，我没有很好检点便匆忙下了车。出站后才发现双肩背包忘在车上了，里边有现金、学生证、身份证，十分重要。我心急如焚，整个寒假我都过得不愉快。

我寒假后返校。留校的同学立刻递给我一张包裹单。我的背包被寄回来了！包裹单上的署名是“解放军战士”。他肯定是那天和我坐在一起的解放军同志，他的这种雷锋精神永远值得我学习，催我进步！我要用实际行动来回报他的高尚之举。

诚借贵报一角，恳请贵报对这位不知名的解放军战士予以表扬。

恭祝

撰安！

××学院学生：李××

××××年×月×日

二、感谢信

(一) 含义

感谢信是在得到其他单位或个人的关心、支持、帮助等之后，为向对方表达诚挚谢意所使用的书信体专用文书。

感谢信使用的范围广泛，感谢相助、感谢捐赠、感谢祝贺、感谢鼓励、感谢慰问等都可以使用。感谢信可以写给感谢对象个人，也可以写给感谢对象的所属单位，还可以写给报刊社、电台、电视台等新闻媒体，甚至通过网络传播。

(二) 格式与写法

1. 标题

(1) 只标示文种名称。即在第一行居中用较大字体书写“感谢信”三字。

(2) 感谢者＋感谢对象＋文种名称。如“北京市高职中专语文教研室给陕西语文教研会的感谢信”。

(3) 感谢对象＋文种名称。如“致佛山市第一人民医院的感谢信”。

2. 称谓

在标题之下另起一行顶格书写受信者的名称。受信者的名称可以是单位名称，也可以是个人姓名。受信者多是作为感谢对象的所属单位或其本人，但是当感谢者受到感谢对象的帮助而后者是没有留下姓名和单位的陌生人时，感谢者将感谢信写给新闻媒体希望借助新闻媒体予以宣传并表谢意，这时的受信者则是新闻媒体。个人姓名前常加上“尊敬的”等敬语，写给感谢对象所在单位领导的，一般用泛称。称谓后加冒号。

3. 正文

在称谓之下另起一行空两格开始书写，一般由陈述事实、赞颂对方和表明态度三部分内容构成。

(1) 陈述事实。简明扼要地交代所要感谢的人和事，写清事件发生的时间、地点、原因、结果等要素，着重表现感谢对象在整个事件中体现出来的先进事迹及高尚品格。

(2) 赞颂对方。赞扬感谢对象在事件中表现出来的可贵精神，表达真挚的谢意。

(3) 表明态度。一般表示向对方学习、做好本职工作的态度和决心。

另外，正文开头最好交代一下感谢者的身份，还可以表达一下激动的心情。

4. 结语

在正文之下另起一行空两格书写“此致”、“致”、“致以”等表示恭谨之意的词语，再另起一行顶格书写“敬礼”、“最诚挚的感谢”、“最崇高的敬礼”等表示敬意或祝愿的话，后面不加标点符号。也有的在正文之后另起一行空两格书写一句再次完整表达感谢的句子，后加句号或感叹号。

5. 落款

在结语的右下方署上感谢者的名称。感谢者的名称可以是单位名称，也可以是个人姓名。个人姓名前可以标示其身份或单位。在署名的下方写上写信的准确日期。

(三) 礼仪要求

(1) 陈述事实要精当，使对方能够回忆起来，组织上也能具体了解何人、何时、何地，做了何事，有何好的影响。

(2) 评价得体，叙述中，怀着感激的心情加以议论和恰当的评价。突出其深刻的含义。

(3) 表情达意要恰切，对感谢对象的感谢话语要符合双方的身份，如年龄、性别、职业、学历等；特别是要根据对方的具体情况表示谢意。

(4) 感情真挚，朴素。

【例文】

感谢信

正大公司：

我校2011届文秘专业部分学生在贵公司进行了为期2个月的毕业实习，顺利完成了实习任务。在这期间，得到了贵公司领导、全体员工，特别是公司办公室和人事部的热情关怀和支持。同学们在实习指导老师的帮助和精心指导下，将理论知识运用到了工作实践中，提高了秘书工作实践能力和工作水平。贵公司领导及员工以自己的实际行动帮助和教育了实习学生，使他们坚定了从事文秘工作的信心。在此，谨向贵公司领导和全体员工表示衷心的感谢，并致以崇高的致意！

此致

敬礼

××大学人文学院

二〇一一年五月二十日

提示：表扬信和感谢信都是对别人的某种行为、做法的肯定与表扬，都有感谢的意思。但仍然是有区别的。

表扬信是侧重表扬某人，表扬某人做了什么好事。受益者本人写的表扬信，写信人自身受到别人关怀、帮助，事后给对方的单位或领导、上级组织、报社、电台写信，希望对做好事者给予表扬并表达自己的感激之情；旁观者写的表扬信，写信人自身没有受到别人的关怀、帮助，但耳闻目睹了人家帮助别人，自己深受感动，因此给有关部门写信对好人好事进行表扬。

感谢信侧重表达对某人帮助的谢意。受益者给被感谢对象的单位和个人的感谢信；受益者给报刊、电台等新闻媒介写信，通过新闻媒介向被感谢者表示感谢。

三、慰问信

（一）含义

慰问信是向有关单位或个人表示慰藉、问候、致意的书信体专用文书。

慰问信的使用范围比较广泛，大致分为三种类型：

一是鼓励性慰问信，即对取得重大成就的单位或个人表示慰勉、鼓励；

二是安慰性慰问信，即对由于某种原因而遭到暂时困难和严重损失的单位或个人表示同情、安慰；

三是节日性慰问信，即在节日之际对有关的单位或个人表示问候、关怀的慰问信。

（二）格式与写法

1. 标题

（1）只标示文种名称。即在第一行居中用较大字体书写“慰问信”三字。

（2）慰问者＋慰问对象＋文种名称。如“全国防治非典型肺炎指挥部致奋战在防治工作第一线医务工作者的慰问信”。

（3）慰问对象＋文种名称。如“致中国国际救援队的慰问信”。

2. 称谓

在标题之下另起一行顶格书写慰问对象的名称。慰问对象的名称可以是单位名称，也可以是个人姓名。单位名称应该写其全称，写作实践中大多采用对其成员的统称形式，如“××公安局全体女民警”；个人姓名后应当加上“先生”、“同志”等称呼。成员统称和个人姓名前可以加上“尊敬的”等敬语。称谓后加冒号。

3. 正文

在称谓之下另起一行空两格开始书写，依据不同的类型有所区别和侧重。

（1）鼓励性慰问信。首先写明慰问背景，一般概括地交代社会形势和慰问对象所取得的成就，顺势表达慰问之情；其次对慰问对象所取得的成就作进一步的较为详尽的叙述，对慰问对象表示慰劳、鼓励；最后表达向慰问对象学习的决心和共同的愿望。

（2）安慰性慰问信。首先写明慰问背景，一般概括地交代社会形势和慰问对象所受到的挫折，顺势表达慰问之情；其次对慰问对象在困境中所表现出来的不畏艰险、战胜困难的可贵精神予以热情的肯定，表达崇敬之情；最后表达与慰问对象共同战胜困难、共同渡过难关的决心。如果有随信附上的钱物等，可以另起一段作附加说明。

（3）节日性慰问信。首先写明慰问背景，一般概括地交代社会形势和具体节日的来临，顺势表达慰问之情；其次集中、概括地总结和介绍慰问对象或与慰问者共同在某一特定时期内所取得的成就，借节日来临之际向慰问对象表达节日的问候；最后表明共同开创未来、争取更大成绩的决心和愿望。

4. 结语

在正文之下另起一行空两格书写“此致”、“致以”、“祝”等表示恭谨之意的词语，再另起一行顶格书写“敬礼”、“诚挚的节日问候”、“取得更大的成绩”等表示敬意或祝愿的话，后面不加标点符号。也可以在正文之下另起一行空两格书写一句完整的表达敬意或祝愿的句子，后面加句号或感叹号。

5. 落款

在结语的右下方署上慰问者的名称。慰问者的名称可以是单位名称，也可以是个人姓名。单位名称应当写其全称或对其成员的统称，个人姓名前可以酌情标示其身份或所属单位。慰问者不止一个，要一一写上。在署名的下方写上写信的准确日期。

（三）礼仪要求

（1）内容有侧重，要根据不同的对象有所侧重，不能千篇一律，如鼓励性慰问信侧重肯定对方取得的成绩，安慰性慰问信侧重同情对方遇到挫折等。

（2）语气有区分，写慰问信要根据内容使用相应的语气加以表达，使之充满感情色彩，如鼓励性慰问信语气要亲切热情，安慰性慰问信语气要诚恳深切，节日性慰问信语气要积极乐观。

（3）感情恳切，文字朴实，忌用公式化、概念化的词语，要使慰问对象感受到精神上的鼓励、安慰，增强其信心和勇气。

【例文】

给春节期间坚守工作岗位的全体员工的慰问信

全体员工们：

值此新春佳节之际，向你们致以节日的问候和崇高的敬礼！

春节是中华民族的传统节日。在这辞旧迎新、亲朋欢聚的时刻，各位员工为完成生产任务，抢时间，争速度，放弃春节休息时间，放弃与家人团聚的机会，仍然工作在生产第一线。你们这种牺牲小我、心系公司发展的可贵精神，值得学习，值得赞扬，值得嘉奖！

春节坚守工作岗位的全体员工们，公司感谢你们，让我们再一次向你们表示亲切的慰问和衷心的感谢！

祝大家

春节好！

××公司董事会

××年×月×日

四、祝贺信

（一）含义

祝贺信是对取得突出成绩、举办重要活动、庆祝喜庆之事等的单位或个人表示赞颂和祝贺的书信体专用文书，简称贺信、贺函，以电报方式发送的称作贺电。

在现代社会，贺信、贺电已经成为社会交往和公关活动中不可或缺的礼仪文书，重要会议的召开、重要节日的来临、重大成果的取得、重大比赛的获奖、重大工程的竣工以及个人的生日、新婚、升学、升职等等，只要出于社会交往和公共关系的需要，都可以此方式来沟通情感，增进友谊，促进合作。邮政部门专设礼仪电信服务，并可配鲜花与礼仪文书一起送达受祝贺的对象。

（二）格式与写法

1. 标题

祝贺信的标题有时候可以省略，常见的写法有：

（1）只标示文种名称。即在第一行居中用较大字体书写“祝贺信”、“贺信”等字样。

（2）只标示祝贺事由。如“祝贺××省第×次学代会召开”。

（3）祝贺者＋文种名称。如“××公司贺信”。

（4）祝贺对象＋文种名称。如“给××公司的贺信”。

（5）祝贺者＋祝贺对象＋文种名称。如“××协会给××公司的贺信”。

（6）正标题＋副标题。即正标题用概括性的语言写出对祝贺对象的祝贺，副标题标示祝贺对象、祝贺事由等内容，如正标题“长风破浪会有时”，副标题“贺××公司开业大吉”。

2. 称谓

在标题之下另起一行顶格书写祝贺对象的名称。祝贺对象的名称可以是单位名称，也可以是个人姓名。个人姓名前可以加上“尊敬的”等敬语，姓名后应当加上“先生”、“女士”、“教授”、“经理”等称呼。如果是祝贺会议或活动，则写会议和活动名称或其组织机构名称。称谓后加冒号。

3. 正文

在称谓之下另起一行空两格开始书写，一般由开头、主体和结尾三个结构层次构成。

（1）开头。交代祝贺背景，用简练的语言写出祝贺什么，常用“值此……之际……表示热烈祝贺”之类的句式。

（2）主体。视祝贺对象的不同和祝贺内容的区别，主体写作呈现不同的面貌，要灵活对待。总体上阐释为什么祝贺，如祝贺对方取得了突出成绩，就要充分肯定和热情赞扬对方所取得的成绩及其意义；如祝贺对方担任新职，就要侧重祝愿对方在任期内取得新的成绩；如祝贺会议的召开或活动的举办，就要侧重说明会议召开或活动举办的重要意义和深远影响等。主体内容使祝贺有具体内容，不流于空泛。

（3）结尾。再次表示祝贺，用简洁的语句写出祝愿、鼓励、期望等礼仪性的致意，如“祝大会圆满成功”等。

4. 落款

在正文的右下方署上祝贺者的名称。祝贺者的名称可以是单位名称，也可以是个人姓名。个人姓名前一般标示其身份。在署名的下方写上写信的准确日期。

（三）礼仪要求

（1）感情饱满，语言热情洋溢，充满喜悦的心情。

（2）文字简约，语言朴素，不堆砌辞藻，不言过其实。

（3）内容实事求是，评价成绩恰如其分，给人真心实意之感，避免陈词滥调。

（4）行文规范，称谓得体。

【例文】

中国网球协会致为祖国争得无上荣誉的××运动员贺电

××××赛场中国国家网球队：

欣闻××/××同志经过顽强拼搏获得××××网球公开赛××冠军，给全国人民带来了巨大的喜悦，我们为你们感到骄傲。你们为中国网球书写了新的一页，创造了辉煌。

中国网球协会向你们表达衷心的祝贺，并向你们转达国家体育总局领导的问候，希望你们再接再厉，为国家争取更大荣誉。

中国网球协会
××年××月××日

（来源：http://sports. sina. com. cn）

五、请柬

（一）含义

请柬是邀请有关人士出席重要会议、典礼或参加某项活动时发出的短小而精美的礼仪性专用文书，也称请帖。节庆、奠基、落成、开业、娱乐、宴会、典礼、仪式、展览、舞会、演出、新闻发布等都可以使用请柬。

（二）格式与写法

1. 标题

在第一行居中用较大字体书写“请柬”或“请帖”二字，文种名称前不需要加活动名称等信息。标题也可以单独占一页作为封面。

2. 称谓

在标题之下另起一行顶格书写邀请对象的名称。邀请对象的名称可以是单位名称，也可以是个人姓名。单位名称应当书写其全称，个人姓名后应当加上“先生”、“女士”、“教授”、“经理”等称呼，也可以将头衔冠于姓名之前，如“××系主任××教授”、“××公司董事长××先生”等。如果邀请对象代表一个组织而不是某一特定的个人，可以只写职务加尊称，如“校长先生”。如果标题单独占一页作为封面，则另起一页顶行顶格书写称谓。称谓后加冒号。

称谓也可以与正文后的请语结合，详见下面关于请语的说明。

3. 正文

写明邀请对象所参加活动的名称（形式或性质）及时间、地点，因为活动名称是请柬正文的必备要素，最正确的制作方法是将它与活动的时间、地点等内容组合成连贯完整的一个句子来表述。正文中不必赘述活动本身、邀请对方前来参加活动的意义，正文之前也不应当写“您好”等问候语，正文之后也不应当写“此致——敬礼”等结语。

4. 请语

请语是请柬的特有内容，也是请柬的重要标志要素，一般使用带有文言色彩的词语表述，如“敬请光临”、“恭请光临”、“恭请尊驾莅临指导”、“敬候莅临”等。请语后不加标点符号。

5. 附启

附启并不是请柬的必备内容，应当根据不同情况决定是否需要设计，如具体的时间安排、活动场所的地址、乘车路线、入场坐席位置、坐席号等，也可以是一些值得注意的事项，如“凭票入场”、“每人一柬”等。附启如有则居左前空两格写于请语之下落款之上，并用括号括上。

6. 落款

在请语或附启的右下方署上邀请者的名称。邀请者的名称可以是单位名称，也可以是个人姓名。单位名称应当书写其全称，个人姓名应当在姓名后加上“敬启”、“谨上”等谦词。在署名的下方写上制发请柬的准确日期。

(三) 礼仪要求

(1) 严谨准确。时间、地点、人名、内容等要素不能有误，要绝对准确，并能使人看得明白。

(2) 典雅得体。语言讲究礼貌，用词要掌握分寸，总体要求是典雅、恭谦、热情。

(3) 发送时间恰当。要指定专人负责发送，讲究适时，过早容易使被邀请人遗忘，过晚又会使被邀请人措手不及。

(4) 用纸、印刷格式美观、艺术。请柬必须注意款式和装帧设计方面的艺术性，纸的质地要好，可被人们当做纪念品来收藏。书写内容的一面通常为白色或象牙色，另一面为红、黄、白、绿等色。

(5) 发出请柬是为了表示对邀请对象的尊重和邀请者的郑重态度，即使邀请对象近在咫尺，也送请柬以示对邀请对象的尊敬、重视和礼遇。

(6) 请柬是请客的通知书，只有对方作为宾客参加庆典、宴会时才用。一般的聚会或活动性质严肃，而对方又并非作为客人参加时，则不应发请柬。

【欣赏】

北京奥运会请柬

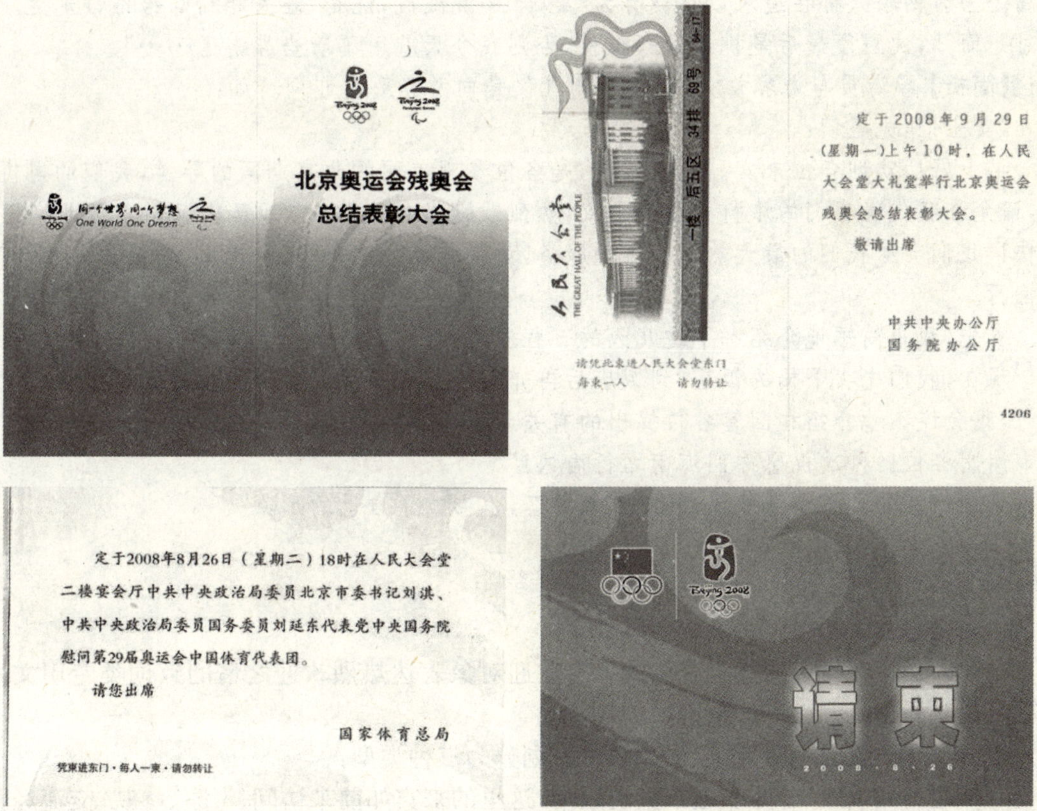

图 8-1

(来源：http://blog.sina.com.cn/ticang)

任务二　写作接待文书

案例导入

不雅的接待辞

作家蒋子龙等到香港参加一个笔会，会前先参加了由旅行社组织的一次香港观光活动。观光结束后，他撰文《导游员不能油嘴滑舌》刊于《中国旅游报》，以下是节选：

到香港新机场迎接我们的汉子，相貌粗莽，肌肉结实，说话却撮鼓着双唇，细声细气，尽力做文雅状——他是设想周到的主人提前为我们请好的导游。

待大家都上了大轿车，他开始自报家门：鄙姓刘，大家可以叫我刘导，老刘、大刘、小刘，请不要叫我下刘(流)。他说话有个习惯每到一个句号就把最后一个句子重复一遍或两遍：请不要叫我下流。

他自称是60年代初从福建来到香港，曾投身演艺界，报酬比后来大红大紫的郑少秋还要高。当时两个人都在追求以后被称为“肥肥”的沈殿霞，沈是“旺夫相”，嫁给谁谁走运。大家可想而知，沈殿霞最后是挑选了郑少秋，否则我今天就用不着当导游了……”

【简析】导游员与游客初见面，规范的礼仪是向游客致欢迎词。如：

“女士们，先生们：

早上好！欢迎各位来宾。我叫王明，是各位参观美丽的北京期间的导游，我们的司机姓肖，请允许我代表我们的旅行社及我个人，热烈欢迎各位光临北京，真挚祝愿各位北京之行愉快！我们会尽我们的最大热忱为各位服务，如果需要什么，请随时提出，不要客气，任何事情都行。

首先，我来简短地介绍一下这几天的日程安排……

现在，我们先去下榻的饭店，到饭店后再介绍饭店的情况及办理入住登记手续等。吃午饭时，我会详细地介绍和回答各位提出的有关北京的各种问题。

谢谢各位！再次祝愿你们海南之行愉快！”

这位刘姓导游不懂得礼仪，既不尊重游客，也影响了自己的形象。

一、欢迎词

(一) 含义

欢迎词是指在特定的场合或仪式上对欢迎对象表达热烈欢迎之情的致词类专用文书，也写作欢迎辞。

根据欢迎对象的不同，欢迎词大致可以划分为三种类型：

一是迎宾型欢迎词，即欢迎来宾的致词，这里的来宾如前来访问、考察、参观、交流经验、联系业务或应邀参加某种大型会议与活动等的宾客；

二是迎归型欢迎词，即欢迎外出人员回归的致词，这里的外出是指为了某项特殊使命而暂行离去，不久后还会回归本土、本地、本单位来，如代表团出访、体育健儿外出参赛等；

三是迎新型欢迎词，即欢迎本单位新成员到来的致词，这里的新成员如学校的新生、部队的新兵、单位的新职员等。一篇声情并茂的欢迎词，可以充分地向欢迎对象传递热情、友好、诚挚的情意。

(二) 格式与写法

1. 标题

(1) 只标示文种名称。即在第一行居中用较大字体书写“欢迎词”。

(2) 致词者＋致词场合＋文种名称。致词者姓名前可以标示其身份，文种名称可以灵活使用“致词”、“讲话”等代替。如“×××在欢迎×××宴会上的讲话”。

(3) 致词场合＋文种名称。文种名称可以灵活使用“致词”、“讲话”等代替。如“在欢迎×××仪式上的致词”。

2. 署名

从文本角度讲，如果标题中没有出现致词者的姓名，可以在标题之下居中书写致词人的姓名，前面可以标示其身份。在姓名的上行或下行居中还可以写上致词的日期。有时也可以将署名和致词日期置于正文之后右下方的落款处。

3. 称谓

在标题或署名之下另起一行顶格书写欢迎对象的名称。欢迎对象的名称可以是集体名称，也可以是个人姓名。如果欢迎对象是集体，应当使用统称，如“女士们，先生们”，前面可以加上“尊敬的”等敬语。如果欢迎对象是个人，应当在姓名前加上“尊敬的”等敬语，后面加上“先生”、“女士”等称呼。大多数情况下是上述两种情况的综合，这时要先称呼个人，再称呼集体。称谓后加冒号。

4. 正文

在称谓之下另起一行空两格开始书写，根据不同的类型而有所区别和侧重。

(1) 迎宾型欢迎词。首先用简洁的语言对宾客的来临表示欢迎和问候；然后根据具体情况因人因事、适境适情地表述，如阐述宾客来访的意义，叙述双方的友谊与交往，表达加强合作的意愿，展望美好的共同愿景等；最后再用简短的语句向宾客表达良好的祝愿。

(2) 迎归型欢迎词。首先用简洁的语句对归来人员表示欢迎和问候；然后热情赞颂归来人员取得的丰硕成果或优异成绩，热情赞颂其优秀品质或崇高精神等；最后再用简洁的语句向归来人员表达良好的祝愿。

(3) 迎新型欢迎词。首先用简洁的语句对新成员的到来表示欢迎和问候；然后从不同的角度传达给新成员“这里就是你的家”的信息，在精神上安抚新成员；最后再用简洁的语句向新成员表达良好的祝愿。

正文前可以有“大家好”、“你们好”这样的问候语。

5. 结语

一般在正文之下另起一行空两格书写，大多是简洁的致谢语或祝颂语，也可酌情省略或融入正文。

(三) 礼仪要求

(1) 区分对象。要根据欢迎对象的不同选择合适的表达角度，如迎宾型欢迎词立足友谊，迎归型欢迎词着眼赞颂，迎新型欢迎词重在安抚。

(2) 行文热情。用生动活泼、格调高雅的言辞，营造良好的气氛，通过热情、亲切、礼貌的话语表达出欢迎者的诚挚之情，并尽量使行文富有情韵。

(3) 篇幅简短，篇幅简短、叙述简洁、话语有力，使欢迎的气氛一下子活跃起来，长而无味就会令人生厌。

【欣赏】

亲爱的2010级全体新同学：

你们好！

携一路清爽的秋风，怀抱着美好的人生理想，你们，这些优秀的音乐天才，风尘仆仆，意气风发，从祖国的四面八方来到××艺术学院音乐系。在此，我代表全系师生向你们表示热烈的欢迎！

××艺术学院位于×河之滨，×山脚下，这里风光优雅，气候宜人，我们音乐系就座落在这校园深处的一片茂林修竹之中，这里云雾缥缈，清气悠悠，是治学修业的好地方。

我们音乐系设有民族乐、古典乐、西洋乐等×个专业，并设有硕士研究生部，拥有硕士生导师×名，教授×名，副教授×名。建系25年来，为国家培养了大批优秀的专业人才，其中有30余名音乐大师已蜚声国内外。

同学们，你们选择了××艺术学院音乐系，就已经为自己开辟出一条铺满鲜花、洒满阳光、风韵迷人的人生大道，它会让你尽情地展示你青春的靓丽风采！请你放下行囊，收起思乡的眼泪吧，我们全体教职员工以及你们的"师兄师姐"们，都是你们的亲人！这里就是你们的家！

请听吧，同学们：礼堂外，小池旁，正笙簧缭绕、歌声抑扬，分明在声声传情并声声召唤着你们。愿你们尽快地融入这音乐的仙境，好好学习，天天向上，尽情地弹奏，尽情地歌唱，以辛勤的汗水去浇铸人生的辉煌！谢谢大家！

二、欢送词

(一) 含义

欢送词是在欢送的场合或仪式上对欢送对象表达真挚欢送之情的致词类专用文书，也写作欢送辞。

根据欢送对象的不同，欢送词大致可以划分为两种类型：

一是涉外型欢送词，即欢送来宾回归的致词，这里的来宾就是前面在迎宾型欢迎词中提到的前来访问、考察、参观、交流经验、联系业务等的宾客，或应邀参加某种大型会议与活动的宾客。

二是涉内型欢送词，即欢送内部人员离去的致词，具体又包括两种情况：

其一是欢送对象为了某项特殊使命而暂时离去，不久还会回来，即"有去有回"，如代表团出访、体育健儿外出参赛等，这种欢送词可以称为暂别型欢送词；

其二是欢送对象要永久性地脱离原单位，一般不会再回来，即"有去无回"，如学生毕业离校、官兵复员转业、职员调离单位等，这种欢送词可以称为久别型欢送词。

(二) 格式与写法

1. 标题

(1) 只标示文种名称。即在第一行居中用较大字体书写"欢送词"。

(2) 致词者＋致词场合＋文种名称。致词者姓名前可以标示其身份，文种名称可以灵活使用"致词"、"讲话"等代替。如"×××在欢送×××宴会上的讲话"。

(3)致词场合+文种名称。致词者姓名前可以标示其身份，文种名称可以灵活使用“致词”、“讲话”等代替。如“在欢送×××仪式上的致词”、“在××××仪式上的欢送词”等。

2. 署名

从文本角度看，如果标题中没有出现致词者的姓名，可以在标题之下居中书写致词者的姓名，前面可以标示其身份。在姓名的上行或下行居中还可以写上致词日期。有时也可以将署名和致词日期置于正文之后右下方的落款处。

3. 称谓

在标题或署名之下另起一行顶格书写欢送对象的名称。欢送对象的名称可以是集体名称，也可以是个人姓名。如果欢送对象是集体，应当使用统称，如“各位同学”、“各位战友”等，前面可以加上“尊敬的”等敬语。如果欢送对象是个人，应当在姓名前加上“尊敬的”等敬语，姓名后加上“先生”、“女士”等称呼。有时候是上述两种情况的综合，这时要先称呼个人，再称呼集体。称谓后加冒号。

4. 正文

在称谓之下另起一行空两格开始书写，根据不同的类型有所区别和侧重。

(1)涉外型欢送词。首先开头部分用简洁的语句对宾客的离去表示热烈的欢送；接下来主体可以回顾双方的友谊并做出评价，赞扬和感谢对方给予的帮助或支持，肯定双方合作或交流的成果等，并可以简略预示双方合作的前景等；最后结尾部分用简洁的语句向宾客表达美好的祝愿。

(2)涉内型欢送词。首先开头部分用简洁的语句对内部人员的离去表示热烈的欢送；接下来主体部分因欢送对象的“暂别”和“久别”而有所区别：暂别型的一般可以简述对方的精神与贡献等，重点表达对对方的激励，着眼于即将面对的环境和考验，激励对方以饱满的精神状态和果敢的实际行动创造美好的前景；久别型的先回顾往日相处的友情，对方取得的成就或做出的贡献等，再表达对对方的勉励，着眼于未来的环境和考验，勉励对方以饱满的精神状态和果敢的实际行动创造美好的新生活。最后结尾部分用简洁的语句向离去的人员表达美好的祝愿。

正文前可以有“大家好”、“你们好”这样的问候语。

5. 结语

一般在正文之下另起一行空两格书写，大多是简洁的致谢语或祝颂语，也可酌情省略或融入正文。

(三)礼仪要求

(1)区分对象，根据欢送对象的不同选择对应的表达角度，如涉外型欢送词立足于赞美、致谢，涉内型欢送词立足于勉励、激励等。

(2)情感真挚，既要在字里行间显示出诚恳的态度，又要表达出真挚的感情，把握好讲话的分寸，既不能“薄情寡义”，又不能“无病呻吟”。

(3)篇幅简短，同欢迎词一样，欢送词的使用是出于礼仪上的需要，在充分地表情达意的基础上，篇幅应当尽可能地简短。

【欣赏】

各位朋友：

我社每年接待的外国游客中，日本客人约占一半左右，日本游客对我社旅游业务的发展给予了极大的支持,对此,我谨表感谢,谢谢大家!

但并非我"奉承"大家,客人中丢东西最多的,当属日本的"方方"(客人笑)。去车站前,尽管导游们再三提醒客人们不要丢下东西,客人的答复呢?总是"大概没有吧!"但等到了车站或去车站的途中,某位或许就会说:"啊,实在抱歉,我把笔记本(相机等)放在宾馆了!",但返回去取时间已经来不及了,事后鄙社只好派人前往客人所去的下站城市,送失物去。

诸位,在此我提醒大家,如果在座的哪一位今天也有失物的话.请不要在中国时说,等回到日本后再写信通知我,那时,我将携带您的失物去日本(客人笑),多好的出国机会啊!日方有关部门如问我,为何来日本时,我的理由很充分:"为了日中友好!(客人笑)用你们日本的俗话说是:出门靠伙伴,处世靠人情,我是为人情而来的!(客人笑)但是,我可不想这样去日本(意即不希望客人丢东西)!"

三、答谢词

(一) 含义

答谢词是在特定的场合或仪式上对答谢对象表达恳切感谢之情的致词类专用文书,也写作答谢辞。

根据答谢缘由的不同,答谢词大致可以划分为两种类型:一是谢遇型答谢词,即用来答谢别人的招待的致词,常用于宾主之间,既可以用于欢迎仪式、会见仪式上与欢迎词相应,也可以用于欢送仪式、告别仪式上与欢送词相应;二是谢恩型答谢词,即用来答谢别人的帮助的致词,这里的"帮助"取广泛之义,如馈赠、祝贺、授奖、支持等,所以这类答谢词常用于捐赠、庆祝、颁奖乃至毕业等仪式上。

(二) 格式与写法特点

1. 标题

常见的写法有:

(1) 只标示文种名称。即在第一行居中用较大字体书写"答谢词"。

(2) 答谢者+答谢场合+文种名称。答谢者姓名前可以标示其身份,文种名称可以灵活使用"致词"、"答谢"、"谢词"等代替。如"×××在欢送宴会上的答谢词"。

(3) 答谢场合+文种名称。文种名称可以灵活使用"致词"、"答谢"、"谢词"等代替。如"在毕业典礼上的答谢词"。

(4) 正标题+副标题。正标题用一句简洁的句子表达答谢词的主旨或答谢者的心愿等,副标题标示答谢者名称、答谢场合、文种名称等。如正标题"为了崇高而美丽的事业",副标题"贾平凹创作 20 周年祝贺酒会谢词"。也有只用正标题不用副标题的情况。

2. 署名

从文本角度看,如果标题中没有出现答谢者的姓名,可以在标题之下居中书写答谢者的姓名,前面可以标示其身份。在姓名的上行或下行居中还可以写上致词日期。有时也可以将署名和致词日期置于正文之后右下方的落款处。

3. 称谓

在标题或署名之下另起一行顶格书写答谢对象的名称。由于答谢词应对性的特点,一般先称呼致欢迎词、欢送词、祝贺词等致词者的姓名,而且应当在姓名前加上"尊敬的"等敬语，姓名后加上“先生”、“女士”等称呼；接下来称呼在座人，应当使用泛称，如“女士们，先生们”，前面可以加上“尊敬的”等敬语。由答谢者自己举行的答谢宴会或告别仪式上所致的答谢词，一般使用统称，前面可以加上“尊敬的”等敬语。称谓后加冒号。

4. 正文

在称谓之下另起一行空两格开始书写，根据答谢对象的不同而有所区别。

(1) 谢遇型答谢词。一般首先对主人的热情招待表示诚挚的谢意，然后重点对宾主之间的关系、交往、友谊等进行回顾，最后对主人的未来表达良好的祝愿并再致谢意等。

(2) 谢恩型答谢词。一般首先对答谢对象的帮助表示诚挚的谢意，然后重点叙说对方给予帮助的具体事实和积极作用，最后再对答谢对象表达谢意并表示自己的决心等。

正文前可以有“大家好”、“各位晚上好”这样的问候语。

5. 结语

一般在正文之下另起一行空两格书写，大多是简洁的致谢语或祝颂语，也可酌情省略或融入正文。

(三) 礼仪要求

(1) 针对性。要针对答谢的缘由，有的放矢，切不可只说空洞的客套话。

(2) 真实性。一定要情感真实，态度诚恳，评价中肯，言词适度，让答谢对象感到谢由心生，受之坦然。

(3) 精简性。应尽量简短，千字文即可；语言必须精练，言简意赅，不堆砌辞藻。

【例文】

各位来宾、亲朋好友、各位领导、各位女士、各位先生：

人生能有几次最难忘、幸福的时刻？今天我从内心里感到无比激动，无比幸福，更无比难忘。

今天，我和心上人——××小姐/××先生结婚，我们的父母、长辈、亲戚、知心朋友和领导在百忙之中、远道而来参加我俩婚礼庆典，给婚礼带来了喜悦，带来了祝福。借此机会，让我俩再一次表达真诚的谢意：感谢父母把我们养育成人，感谢领导的关心，感谢朋友们的祝福。

请相信我，我会永远深深爱着我的妻子/先生，并通过我们勤劳智慧的双手，创造美满、幸福的家庭。

最后，请各位来宾与我们一起分享这幸福快乐的时刻！

恭祝大家万事如意、心想事成。

谢谢！

新郎：×××

新娘：×××

四、告别词

(一) 含义

告别词是告别者在告别仪式或告别宴会上向告别对象表达惜别之情的致词类专用文书，也写作告别辞。

告别者与告别对象的关系大体上有两个类型：其一是告别者以宾客的身份向告别对象

即主人及有关人员表示告别，其二是告别者与在告别前曾是同事、同学、亲朋、好友等关系的告别对象表示告别。

(二) 格式与写法

1. 标题

(1) 只标示文种名称。即在第一行居中用较大字体书写“告别词”。

(2) 告别对象＋文种名称。文种名称可以用“演讲”、“致词”等代替，如“给母校的告别词”。

(3) 告别场合＋文种名称。文种名称可以用“演讲”、“致词”等代替，如“在毕业生离别晚会上的演讲”。

(4) 正标题＋副标题。正标题用一句话渲染告别的情感或思绪，副标题标示告别对象、告别场合及文种名称等。如正标题“相知不是为了相别”，副标题“向母校的告别词”；又如“依依惜别学友情”，副标题“在毕业晚会上的致词”等。

2. 署名

从文本角度看，如果标题中没有出现致词者的姓名，可以在标题之下居中书写致词者的姓名，前面可以标示其身份。在姓名的上行或下行居中还可以写上致词日期。有时也可以将署名和致词日期置于正文之后右下方的落款处。

3. 称谓

在标题或署名之下另起一行顶格书写告别对象的名称。一般情况下都使用泛称。如果是以宾客身份向主人及有关人员告别，一般先称呼主人，姓名前可以加上“尊敬的”等敬语，后面应当加上“校长”、“教授”等称呼；再用统称称呼在座的其他人，如“女士们、先生们”、“同学们”等。

4. 正文

在称谓之下另起一行空两格开始书写，一般由直言惜别之情、表达感谢之情和强调留恋之情三个部分内容构成。

(1) 直言惜别之情。开门见山，直言告别的原因，如访问结束即将返程、大学毕业即将分别等，并顺势表达自己的依依惜别之情。

(2) 表示感谢之情。主要是回顾与追述与告别对象的友谊，向告别对象表示真挚的感谢之情，希望今后加强联系、增进友情，表达不辜负告别对象的期望等。

(3) 强调留恋之情。呼应开头的惜别之情，深化主体的感谢之情，进而在结尾强调难舍难分的留恋之情，将情感推向高潮。

正文前可以有“大家好”、“你们好”这样的问候语。

5. 结语

一般在正文之下另起一行空两格书写，大多是简洁的致谢语或祝颂语，也可酌情省略或融入正文。

(三) 礼仪要求

(1) 热情礼貌。语言要谦虚、礼貌、热情、适度。既不要趾高气扬，也不要恭谦过分，媚话连篇，要不卑不亢，恰到好处。

(2) 情感真挚，表达出感激之情，并提希望、表决心，指出自己为了答谢对方的帮助将要采取的实际行动。

【例文】

各位领导、各位老师、同学们：

在这惜别的欢送会上，××校长和××主任做了情深意切的讲话，希望我们为培养祖国的下一代做出新成绩，我代表全体实习生向各位领导、老师和同学们表示最诚挚的谢意！

回顾在贵校实习的五十个日日夜夜，一幕幕感人肺腑的情景仍历历在目，××书记在欢迎会上热情洋溢的讲话，后勤同志在生活方面的各种照顾，指导老师在教学上的专业指教，班主任对学生的详细介绍，同学们在课堂上的专心听讲，这一切的一切都给我们留下了深刻的印象，也是我们能圆满完成这次实习任务的重要保证。

纸短情长，词浅意深，我们一定不忘领导的希望、老师的帮助和同学们的勉励，返校毕业后，在工作岗位上为祖国的教育事业做出我们应有的贡献！

再见吧，难忘的领导、亲爱的老师、可爱的同学们！

××××学校全体实习同学

××××年×月×日

任务三　知晓治丧文书

案例导入

中国共产党中央委员会
中华人民共和国全国人民代表大会常务委员会
中华人民共和国国务院
公　告

中国共产党中央委员会，中华人民共和国全国人民代表大会常务委员会，中华人民共和国国务院以极其沉痛的心情宣告：我国爱国主义、民族主义、国际主义和共产主义的伟大战士，杰出的国际政治活动家、卓越的国家领导人，中华人民共和国名誉主席、中华人民共和国全国人民代表大会常务委员会副委员长宋庆龄同志因慢性淋巴细胞白血病，于 1981 年 5 月 29 日 20 时 18 分在北京逝世，终年 90 岁。

宋庆龄同志的逝世，是我们国家和全国人民的巨大损失。决定为宋庆龄同志举行国葬，以表达我国各族人民的沉痛悼念。

宋庆龄同志治丧委员会已经成立。

我国爱国主义、民族主义、国际主义和共产主义的伟大战士，卓越的国家领导人宋庆龄同志永垂不朽！

1981 年 5 月 29 日

【简析】这是一份典型的公告式讣告。讣告中交代逝世者的职务、身份、逝世的时间等，要素齐全，符合讣告的要求。

一、讣告

(一) 含义

讣告又称为讣文、讣闻、讣音，是报丧书面通知。讣告就是由逝世者的亲属或治丧委员会或逝世者生前的工作单位，向逝者生前亲友和有关团体、个人报丧所使用的一种文书。

(二) 类型和写法

讣告一般分讣告、公告式讣告与简便式(新闻报道式)讣告三种形式。

1. 一般式讣告

一般式讣告要写明以下几方面内容：

(1) 开头第一行正中写“讣告”二字，或在逝世者的姓名，如“×××讣告”。字体要略大于正文的字。

(2) 写明逝世者的姓名、身份、职务(有的还要写上党和人民对逝世者授予的荣誉称号)，逝世原因，逝世时间、地点，终年岁数等内容。

(3) 简介逝世者的生平事迹，并对此做出评价。

(4) 通知吊唁、追悼会的时间、地点或根据遗嘱和逝世者家属的意见写明对丧仪活动的安排。

(5) 署明发讣告的个人或单位名称，以及发讣告的时间。

2. 公告式讣告

公告式讣告比一般性讣告庄严郑重，适用于党和国家重要领导人逝世。这种讣告式根据逝世者的职务、身份，由党和国家或一定级别的机关团体等做出决定出发的。可以登报，也可以通过电台、电视台播发。公告性讣告的内容由三个部分组成。

(1) 公告逝世的消息。写明公告发出的单位的名称及“公告”二字；写明逝世者的姓名、职务、逝世原因、逝世时间、地点及终年岁数；写明对死者的简单评价和哀悼之辞；署名发布公告的时间。

(2) 治丧委员会公告。写明“×××同志治丧委员会公告”；交代对丧事的安排和具体要求；署名发公告的时间。

(3) 公布治丧委员会名单。

3. 新闻报道式

这种形式常作为一则消息在报纸上公布，旨在晓谕社会，内容和形式都很简单。

(三) 礼仪要求

(1) 报丧条为死者死之当日报告亲友用。讣告作为一种发丧文书，一般由死者家属或单位在遗体告别仪式前尽早发出，以便死者的亲友们及时作出必要安排，如准备挽联、花圈或发唁电等。

(2) 长辈丧之讣告，用白色纸印，幼辈丧，用青色纸印；发出时，上角贴红签，签上写收讣告者的地址、姓名。讣告用纸与丧条同，信笺、信封，带有黑色的边框(见图)。

(3) 长辈及高龄者死称寿终，称享年。男死曰寿终正寝，女死曰寿终内寝。

(4) 讣告之落款署名，只写主丧者一人的姓名，如“孤子×××”，或“×××同志治丧委员会”。

二、悼词

(一) 含义

悼词的含义有广义和狭义之分。广义的悼词是指向逝世者表示哀悼、缅怀与敬意的书面体悼念性文章。狭义的悼词专指在追悼会上对逝世者表示敬意与哀思的宣读体哀悼文章。

(二) 悼词的分类

1. 按时代分

可分为古代悼词和现代悼词两大类。一个最明显的分界是:古代悼词用文言文写作,现代悼词用白话文写作。

2. 按用途分

可分为宣读体悼词和书面体悼词两大类。宣读体的现代悼词专门用于追悼大会,有一定身份的人进行宣读。它是对在场的参加追悼的同志讲话,而不是对死者的讲话,应表达全体在场群众对死者的敬意与哀思,并勉励大家学习死者的优点,化悲痛为力量。宣读体的现代悼词以记叙或议论死者的生平功绩为主,而不是以个人抒情为主。而现代书面体悼词,则内容广泛,形式多变,灵活,自由,不拘一格。

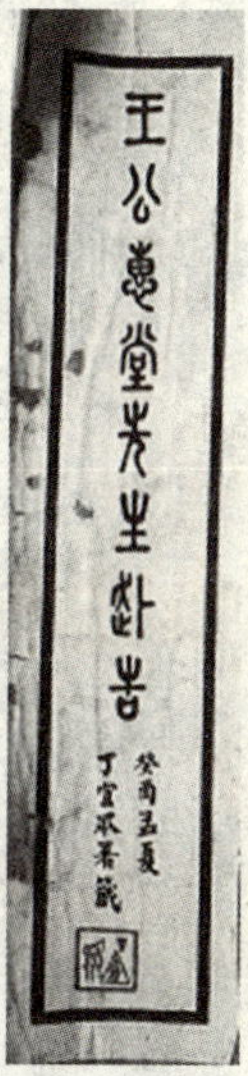

图 8-2

3. 按表现手法分

(1) 记叙式悼词:以记叙死者的生平业绩为主,并适当地结合抒情或议论。这是现代悼词最常见的类型。通常的宣读体悼词往往采用这种形式。

(2) 议论式悼词:以议论死者对社会的贡献为主,并适当地结合抒情或叙事。它常见于书面的哀悼文章。

(3) 抒情式的悼词:以抒发对死者的悼念之情为主,并适当叙事或议论。

(三) 格式与写法

1. 书面体悼词

一般用于报刊发表或礼节性的书面哀悼,内容大多是赞扬逝世者的功绩、品行,表达对逝者的敬意与哀思。它的写作往往不拘一格,可以用多种形式表现,可写成记叙式或抒情式的文章,也可写成夹叙夹议的散文,还可写成诗词体、书信体等。

2. 宣读体悼词

(1) 开头:一般先用沉痛的语言点明逝世者的姓名、职务(职称或称呼),然后简要地概述逝世的时间、地点及逝世的原因,交代逝世的终年岁数等。

(2) 主体:介绍逝世者的生年、籍贯、简历及生平业绩,应突出逝世者对人民、对社会的贡献,还应根据逝世者的主要事迹进行评价和赞颂。这部分的写作可采取概括介绍与具体叙述相结合的方式。

(3) 结尾:主要表示生者对逝世者的悼念之情及化悲痛为力量的决心。根据死者的不同身份,一般以"×××同志永垂不朽"、"×××同志精神永存"之类的语句结束全文。

3. 写作注意

(1) 逝者的评价要实事求是,作为"盖棺定论"的评语要仔细斟酌,可适当多一些赞美之词,但不能添加没有的事实和不符合实际的词语,更不能故意贬低逝世者,抹杀其功绩和成就。

(2) 逝世者生前的缺点错误，一般不宜写入悼词中，必须指出的，也要委婉含蓄。

(四) 礼仪要求

(1) 悼词应由一定身份的人对全体参加追悼的人员宣读，而非对死者。

(2) 悼词结语应以积极为基调，一般用“永垂不朽”、“×××同志(先生)安息吧”等作结束语。

【例文】

悼　词

各位来宾：

今天，我们在这里怀着十分悲痛的心情，深切悼念××老师。××老师因突发疾病抢救无效于××××年×月×日凌晨××点××分不幸逝世，享年××岁。

××老师，××县××村人，生于××××年××月××日。××××年在××学校任教，××××年调至××××工作。由于他崇高的理想，高尚的人格，出色的工作，××××年光荣入党。××××年退休。

××老师的一生，是勤劳的一生，他忠厚、诚信、善良。从教××年来，工作上勤于钻研，兢兢业业，视学生为自己的亲子女，以渊博的知识传授学生，为社会培养了一批批德才兼备的人才，深受师生与家长的敬爱。日常生活上严于律己，淡泊名利，为人忠厚，诚信友善，在社会、学校、家庭中有口皆碑。

学校、亲友、学生都十分关心××老师的健康。大家都十分希望像他这样的好人长寿万年，但苍天无情，病魔无义，亲人的抢救和大家的祈愿没能挽留住老师，他还是离我们而去了。××老师乘鹤西去，使我们失去了一位好长辈、好老师、好同志，使他的家人失去了一位好爷爷、好父亲、好丈夫，但他会永留我们心中。

今天，××学校的领导以及××老师的亲属和生前好友，在这里举行追悼仪式，沉痛哀悼××老师。我们要化悲痛为力量，学习他献身教育事业的无私奉献精神和忠厚友善的高贵品质，为振兴教育事业而尽心尽力！

××老师安息吧！

三、唁电

(一) 含义

唁电是向在异地逝世的同志、亲友表示哀悼，并对其亲属表示慰问、希望节哀的专用电报。

唁电既可以表示对死者的悼念，又可以向丧家表示亲切的问候、安慰，重要人物的唁电除直接发给丧家外，还要登报、广播。

(二) 格式与写法

1. 标题

标题写“唁电”二字，开头应写明收电人或收电单位。

2. 正文

内容一般包括三层意思：

(1) 以沉痛的心情悼念死者；

(2) 简要地对死者作恰如其分的评价(这一内容有时可以省略);

(3) 对死者家属表示慰问,希望其节哀顺变。

3. 结尾

注明发电人姓名或单位,以及日期、地址、电话,以便联系。

【例文】

唁　电

××:

惊悉人民的好医生李××同志因病逝世,不胜悲痛,特电哀悼,谨致慰问,希节哀。保重。

王××

××××年×月×日于广州

(三) 礼仪要求

(1) 唁电只用于发电机关、团体或个人因与死者不在一地,惊闻噩耗,来不及或无法悼念的情况。

(2) 唁电的对象应是死者的单位或家属。

(3) 拟写唁电,感情要真挚,文字应当高度凝练,不宜拖沓。

实训任务1

拟写礼仪信电

实训内容:根据下列情景拟写相应文书。

实训要求:正确使用表扬信、感谢信、贺信、请柬等相关文书的格式,措辞准确,语句通顺,遵守文书礼仪规范。

实训成果:每人提交文书电子稿与打印稿。

评测:教师根据文本评定成绩。择优在课堂展示、评点。

【任务一】请根据情景内容,起草一份表扬信。

情境:由淮安来沪出差的刘先生在××路招了一辆××出租汽车公司的出租车,车到目的地,他忘了拿发票就匆匆离去,没走出多远,他猛然发觉随身携带的皮包不见了踪影,里面装有8万元现金和一份价值不菲的工程承包合同,无奈,他只能心事重重地返回淮安。不料,刘先生刚到家中,××出租汽车公司的一个电话,解了他的燃眉之急。原来司机在清理车厢时发现了皮包,立即交到公司,经过仔细清点,工作人员找到一本通讯录。于是他们根据上面的电话号码,四处联络。几天后,终于从刘先生在山东和朋友处得知了失主的去向。刘先生接到电话后,立即赶到上海,从出租汽车公司领取这只皮包。他十分感激,向公司员工连连道谢,并决定给报社写一封表扬信,表扬这位出租车司机拾金不昧的高风亮节的精神和公司为乘客排忧解难的优良服务态度。

【任务二】请根据情景内容,起草一份感谢信。

情境:2006年9月15日下午2时,某职业技术学院信息工程系计算机维护专业2005级(3)班张×同学在教学楼内拾到一个黑色钱夹,内装人民币叁佰元,另有银行卡两张,饭卡一张。他写了一则招领启事,寻找失主,两天后找到了失主机械工程系模具制造专业2006

级(1)班学生李××,将钱夹还给了他。李××同学很感激,写了一份感谢信送给了校广播站播出。请代李××同学拟写这封信。

【任务三】请根据情景内容,拟写一份慰问信。

情境:×校参加第×届全省大学生运动会的代表队经过全体队员的顽强拼搏,取得了团体成绩第二名的好成绩。你所在的公司是该运动队的赞助商,请以公司的名义拟写一份给校大运会代表队的慰问信。

【任务四】请根据情景内容,起草一份贺信。

情景:新世纪软件有限责任公司拥有一支由国内外软件专家组成的庞大的专业队伍,技术力量雄厚。2012 年 3 月 18 号,公司将举行落成、开业仪式。神州电脑股份公司王总经理届时代表神州公司参加开业仪式,董事长王名周因公司事务不能亲自前来祝贺,他请王总代致贺词。

【任务五】请根据情景内容,拟写两份请柬文字内容,并制作、模拟发送请柬。

情境:为了庆祝建国××周年,中国人寿××分公司将于 9 月 28 日晚 6:00 在本市大剧院举行"我和我的祖国"的诗歌朗诵会,拟邀请××人民广播电台播音员鲁××前来主持,并邀请××电视台记者前来采访。

实训任务2 拟写接待文书

实训内容:根据情景提供的信息,拟写接待文书。

实训要求:正确使用相关文书的格式,措辞准确,语句通顺,遵守文书礼仪规范。

实训成果:每人提交文书电子稿与打印稿。

评测:教师根据文本评定成绩。择优在课堂展示、评点。

【任务一】根据情景,拟写一份欢迎词文稿(视需要补充必要的内容)。

情境:××职业技术学院是一所新建的高职院校,立足为振兴××老工业基地培养装备制造业人才。经过两年的建设,占地××亩的现代化校园已经竣工。学院拟于××××年×月×日举行隆重的落成典礼,副省长路×、教育厅厅长章××等领导将莅临典礼现场。学院还邀请了一些兄弟院校的领导、工程建设代表、新闻媒体记者等各方人士。全院教职员工及学生代表参加典礼活动。院长张××将在典礼仪式上发表热情洋溢的欢迎致词。

【任务二】根据情景,拟写一份答谢词文稿。

情境:××职业技术学院副院长张××带领酒店管理专业部分师生到××酒店参观学习,受到了酒店领导和员工的热情欢迎和款待。临别时,酒店举行了欢送会,酒店经理李××致欢送词。张××副院长宣读答谢词,向主人致以诚挚的谢意。

【任务三】根据情景,拟写一份告别词文稿。

情境:现在是即将毕业离校的前夕,你所在的班级组织了一次告别晚会,邀请了学校及系里的有关领导和三年里所有的任课老师,向母校、领导、老师表达深深的告别之情。假设由你在告别晚会上致告别词,请试结合实际拟写这份告别词。

【任务四】根据情景,拟写一份欢送词文稿。

情境:去年秋天,史密斯夫妇来金晨机电设备有限公司指导工作,他们热情友好,学识渊博，技艺高超，给公司的中国职员、工人留下了许多美好的印象。一年过去了，史密斯先生及夫人在中国的工作顺利结束，即将回国。总经理薛中力代表全公司向史密斯夫妇致欢送词，表达真诚感激之情、依依惜别之情，预祝他们旅途顺利，并且希望夫妇二人能够再次来公司指导。

实训任务3

拟写治丧文书

实训内容：模仿例文，拟写治丧文书。

实训要求：使用正确的格式，措辞准确，语句通顺，遵守文书礼仪规范。拟写时可模仿本项目任务三中的相关例文。

实训成果：每人提交文书电子稿与打印稿。

评测：教师根据文本评定成绩。择优在课堂展示、评点。

情景：邻居王大伯是老红军，他的老战友周大鹏因病去世。周大鹏的孙子给张大伯发来了讣告。因年老多病，不能前往参加悼念，张大伯只好让儿子替他发去唁电。周大鹏的孙子帮父亲拟写了悼词，由父亲在追悼会上宣读。请你代笔，拟写讣告、唁电、悼词三项治丧文书。

项目九
涉外礼仪

警示语

◆入境而问禁，入国而问俗，入门而问讳。（《礼记·曲礼上》）

◆国际交往要做到：接受对方，尊重对方，赞美对方。

任务一　掌握国际交往原则

案例导入

"我的英语讲得不好"

一位英国老妇到中国旅游观光，对接待她的导游小姐评价颇高，认为她服务态度好，英语水平也很高，便夸奖导游小姐说："你的英语讲得好极了！"导游小姐马上回应说："我的英语讲得不好。"英国老妇一听生气了，"英语是我的母语，难道我不知道英语该怎么说？"

【简析】谦虚是我国的传统美德，但不同国家、不同民族对它的看法是不一样的。案例中的英国老妇为何生气，因为她认为导游小姐的回应是对她的不认同、不尊重。所以，我们在对外交往时，应考虑到不同国家、民族在文化、礼仪习俗等方面的差异，要实事求是。

涉外礼仪就是在国际交往中，对外宾表示尊重、友好的各种礼节、仪式及惯用形式。

涉外交往中我们应掌握的基本原则主要有以下几个方面：

一、尊重对方

尊重对方就是不论对方的国家、民族大小，企业实力强弱，或者风俗习惯、宗教、法律等是否和我们相同，都不能歧视对方，要做到在人格上平等相待。尊重对方往往是通过举止言谈、服饰仪表表现出来。因此，一些生活小节也是很重要的。比如，我国有一家企业的厂长，天天忙于工作。有一次，一位外商应邀前来洽谈合作事宜，这位厂长正在车间检查工作而没有做好充分准备。当秘书跑来告诉他外宾已经到了的时候，他连工作服都没来得及更换，就去迎接外宾了。外宾一看他的衣服很随便，认为对方的合作态度不诚恳，就决定不再与这个厂合作了，而与另外一家签订了企业合作议定书。可见，小节上的疏忽是会带来不良后果的，因为他让人觉得不受尊重。

二、捍卫自尊

相互尊重的另一方面是自尊，只有自尊才能得到对方对你个人、对你的组织，甚至对你的国家的尊重，才能谈得上真诚合作、平等合作。《中外管理》杂志(1996 年第 4 期)上登载了题为《中国企业家要有"双星"人的气魄》一文，文章介绍了青岛双星集团总经理汪海以出色的言谈举止维护尊严的过程。

汪海有一次去美国考察，在一次新闻发布会上遇到了许多记者的提问。一位意大利记者问："你们生产的运动鞋为什么叫'双星'？是不是代表你们常讲的物质文明和精神文明？"汪海微笑地点了点头，说："还可以这样理解：一颗星代表东半球，一颗星代表西半球，我们要让'双星'牌运动鞋潇洒走世界。"对这番豪言壮语，一位美国记者却不以为然，问道："请问先生您脚上穿的是什么鞋？"用意非常明了：如果你穿的是"双星"牌，那自然没话说，但如果穿的是洋货，意味着连自己都不愿穿"双星"牌，还谈什么潇洒走世界？不料，汪海十分沉着自信地答道："在贵国这种场合脱鞋是不礼貌的，但是这位先生既然问起，我就破例了。"说着他把自己的鞋脱了，高高举起，指着商标处。大声说道"Double star"(双星)！这时，场上响起了热烈的掌声，不少记者争相拍下这一镜头。第二天，美国纽约各大报纸在主要版面上纷纷刊登出这幅照片。《纽约时报》一位记者评述道："在美国脱鞋的共产党国家有两个人，一个是前苏联的领导人赫鲁晓夫，他脱鞋敲桌子表明了一个共产党大国的傲慢无礼；一个是来自中国大陆的双星集团总经理，他脱鞋表明了中国的商品要征服美国市场的雄心！"

汪海维护自身尊严的言行，不仅表明了"双星"人奋发图强，勇于开拓，走向世界的雄心壮志，而且也表现了一个中国人可贵的民族气节，当然也赢得了外国人对"双星"人、对双星集团的极高赞誉。可见，在涉外交往中自尊也是非常重要的。

三、实事求是

实事求是是涉外交往中必须坚持的一个重要礼仪原则。应该有一说一，有二说二，不能浮夸；不能只讲优点、成绩，不讲缺点、不足之处，报喜不报忧。虽然对牵涉到对方的话题，为表示尊重而采用委婉的说法，但外国人特别是西方人往往喜欢直率的谈吐，而禁忌那些言不由衷的客套。例如，我们请人吃饭时，饭前饭后常常伴随一类自谦客套的话，这种习惯西方人很不适应。

据说，清朝李鸿章有一次宴请美国官员，地点是在美国的一家饭店，备下的酒菜十分丰盛，而李鸿章却依照中国的惯例对来宾说："粗茶淡饭，薄酒一杯，不成敬意，多多包涵。"来宾望着桌上琳琅满目的酒菜，对他说的话大惑不解。这倒不要紧，美国饭店的老板可大为不满了，这岂不是影响饭店的声誉？因此，非要李鸿章说出饭菜粗在哪里，酒薄在哪里？这虽说是一则逸闻趣话，却也说明了东西方礼仪习俗的不同。既然诚心诚意地邀请招待客人，当然希望其吃好，吃得满意，所以"粗茶淡饭"、"薄酒"，又如何不让饭店老板"抗议"呢！西方人的习惯是：他认为饭菜很好。是他最喜欢的、最拿手的，请你多多品尝。所以，在外国人面前实事求是是十分必需的。

四、入乡随俗

海外各国的文化传统与我国有很大不同，在礼仪习俗上与我国相比很自然地存在着差别，即使就欧美国家而言，不同的国度、民族间，甚至同一个国家的不同区域间，礼仪习俗也有区别。这就要求在对外交往时需要首先了解和掌握对方的一些礼仪习惯，做到入乡随俗，因人施礼，才不至于造成误会甚至闹出笑话。日本人在其《和气生财》一书中曾记述了这样一件事。

日本的饭店和旅馆，有一个招待客人的惯例，即待客人办完住宿手续走进房间时，服务员立刻拿来热毛巾、茶和日本点心，以表示旅馆对客人服务的周到热情。这一项特殊的服务长期以来受到了日本顾客的赞赏，但却遭到了美国人的白眼。一次，一对美国夫妇入室后也同样享受到了上述服务，他们对此很不喜欢，所上的茶水与点心并非是他们亲自点的，而且茶也不热，点心又是“太甜了”，这对美国夫妇认为在他们进晚餐之前上不对口味的点心是“破坏了美味的晚餐”。

可见，了解外国礼仪礼节，风俗习惯，才能更好地交往和沟通。

五、不卑不亢

不卑不亢，就是对对方表现出一种节制和礼节，热情时不殷勤，冷淡时不失礼，愤怒时不失控，这在涉外交往中是尤其需要重视的一个原则。例如，20 世纪 50 年代，美国对中国实行禁运、封锁，两国关系紧张，双方惟一保持对话和接触的渠道就是在华沙举行的中美大使级会谈。会谈开始时气氛很紧张。每次双方一见面，便问：“今天谁先发言?”于是双方便先后依据各自的讲稿阐述一番自己的立场。讲后便问：“下次会谈什么时间?”然后各自走路。后来，王炳南大使回国，与陈毅外长谈到会谈的气氛和场面，陈毅就说道：“不一定老那么紧张嘛!”“我们不乞求谈判，也不排斥谈判。不卑不亢，有理有节，此乃泱泱大国之风也。”陈毅是这样说的，也是这样做的。

1963 年 12 月，陈毅应邀参加肯尼亚独立的大典。在一次肯尼亚举行的国家舞会上，中国代表团和美国代表团的位置刚好安排在一起。在中美关系长期僵持的时期，这无疑是个极其微妙的场面。陈毅既没有主动凑过去套近乎，也没生气掉头而去，而是坐下，喝起咖啡来。

美国代表团员有三个人：部长夫妇和美国劳联副主席。那位部长夫人首先向旁边搭话：

“你们是中国代表团吗?”

“是的。”

“我是否可以与你谈谈呢?”

“可以谈，怎么不能谈?”

于是，双方就开始聊了起来。那位部长一看夫人已开了头，便也过来，要与陈毅干杯，但又故作姿态地说：“过去米高扬访问美国，到我家做客，与我夫人谈了话。我为此受到了腊斯克(当时的美国国务卿)的责备。希望我们这次干杯不要引起麻烦。”

听了这话，陈毅不是破口大骂，猛烈抨击，而是不软不硬地回了一句：“你怕麻烦，可以不要跟我干杯，我就不会有什么麻烦。”

那位部长又匆匆说：“我提议，为中美两国有一天能够改善关系干杯!”

听了此话，陈毅也不是赌气不干，还他“先前你说的话呢”。而是端起酒杯说：“我希望，我相信，中美两国的关系总有一天能够前进一步的，但条件是美国的国务院要取消对中国的敌视侵略政策，只有这样才可能。”

在这场交往中，陈毅以“不卑不亢、有理有节”的言行举止，树立了中国外长的良好形象，为我们树立了对外交流的光荣典范。

六、保守机密

对外交往总要涉及党和国家、本组织的一些情况，作为组织的工作人员在对外交往时，一方面不要随意议论对方的礼遇与参观访问中遇到的问题，如有意见需向对方提出，应报代表团或组的领导，不要擅自对外表态。对外联系要统一领导，专人负责。另一方面，必须牢记保守党和国家、本组织的机密，绝不允许以友好、坦诚为借口，向外宾提供机密或在谈判时对我方不利的情况或者资料。在接待外国人参观和洽谈业务时，应从实际出发，划清机密与非机密的界限，不得泄露内部掌握的对外援助技术出口和接受外援的具体政策、规划数字、计划措施等机密事项。在国际通讯中，严禁明、密电混用，传真通讯不得涉及秘密内容，严禁用电话传达密电，注意计算机信息保密。

任务二　遵守国际交往通则

案例导入

电车里的礼仪课

一天，正是上班时的交通高峰期，一辆搭载了不少乘客的电车，缓缓地停靠在站台上。一位老太太登上了电车，她穿着合适的套装，拎着一只小小的漆皮包，在车厢里走了一步，便犹豫地站住了，因为乘客挺多，已经没有空座位了。一位先生见状，便客气地站起来对她说："请坐这儿吧。"这位老太太走上前，看也没看他一眼，就一声不吭地坐下了。让座的先生很诧异，周围的乘客也都对她这种不礼貌的行为感到不满。

这位先生站在她的身边，想了一下，俯下身问她："太太，您刚才说什么来着？我没听清楚。"

那位太太抬起头看看他，奇怪地说："我什么也没说过呀。"

"喔，对不起，太太，"那位先生淡淡地说："我以为您在说'谢谢'呢。"

【简析】在西方社会里，"女士优先"是男士们恪守的社交通则，在一些不起眼的小事上谦让和照顾女士，被认为是男子汉气质与绅士风度的表现。因此，在不少西方国家，都有一条不成文的规矩：即女士乘搭公共汽车的时候，同车的男士应主动让座。这种情况下，女士无需推让，只要说声"谢谢"，便可以安然入座。

涉外交往的基本通则，是指在接触外国人时，应当遵守并应用的有关国际交往惯例的基本原则。它既是对国际交往惯例的基本概括，又对于参与涉外交际的人们具有普遍的指导意义。

一、信守约定

某年，国内的一家企业前往日本寻找合作伙伴。到了日本之后，通过多方的努力，这家企业终于寻觅到了自己的"意中人"——一家具有国际声望的日本大公司。经过长时间的讨价还价，双方商定，首先草签一个有关双边实行合作的协议。当时，在中方人士看来，基本上可以算是大功告成了。

到了正式草签中日双方合作协议的那一天，由于种种原因，中方人员阴差阳错，抵达签字地点的时间比双方预先约定的时间晚了一刻钟。当他们气喘吁吁地跑进签字厅时，但见日方人员早已衣冠楚楚地排列成一行，正在恭候他们的到来。不过在中方人员跑进来之后，还没容他们做出任何有关自己迟到的解释，日方人员便整整齐齐、规规矩矩地向他们鞠了一个大躬，随后便集体退出了签字厅。也就是说，因为中方人员在签字仪式举行时所迟到的一刻钟，双方的合作竟然搁浅了。事过之后，日方为此所做的解释是："我们绝不会为自己寻找一个没有时间观念的合作伙伴。不遵守约会的人，永远都是不值得信赖的。"

假如对这一个个案进行认真的剖析，就一定会得出公正的结论：在这一事件之中，错在中方，日方是没有任何错误的。中方的最大错误，就在于在涉外交往中没有认真地做到"信守约定"，违背了这一国际惯例。

在人际交往中，必须认真严格地遵守自己的所有承诺，说话务必要算数，许诺一定要兑现，约会必须要如约而至，尤其要恪守时间方面的约定。信守约定，讲求信用，应从一点一滴做起，它事关信誉与形象。失实与失约的失礼行为，往往是使自己所做的工作走向失败的开端。

为此，要做到以下三点：

（一）必须谨慎许诺

一切从自己的实际能力以及客观可能性出发，切勿草率从事，轻易承诺，凡承诺和约定必须慎之又慎，一定要字斟句酌，考虑周全。

（二）必须如约而行

承诺一旦做出，就必须兑现，要如约而行，应尽可能地避免对已有的约定任意进行修正变动，随心所欲地乱做解释。做到"言必信，行必果"，只有这样才能赢得交往对象的好感与信任。

（三）必须对失约致歉

如果由于遭受不可抗力，致使自己单方面失约，或是有约难行，需要尽早向有关各方通报，如实地解释，并且还要郑重其事地向对方致以歉意，并主动承担给对方造成的损失。

二、不必过谦

中国人在待人接物时，讲究的是含蓄和委婉，奉行"满招损，谦受益"的古训，在对自己的所作所为进行评价时，中国人大都主张自谦、自贬，不提倡多作自我肯定，尤其是反对自我张扬。在这方面若不好自为之，就会被视之为妄自尊大，嚣张放肆，不够谦逊，不会做人。实际上，在对外交往时，过于自谦并非益事，它常常会引起他人的疑惑和不满，不利于涉外交际的顺利进行。

遵守不必过谦的原则，会使人感到自己为人诚实，充满自信，因为过分的自谦、客套，只能给人以虚伪、做作的感觉。在涉外交往中，特别是在面临如下情况时，更要敢于、善于充分地从正面肯定自己。

（一）当面对赞美时

当外国友人赞美自己的相貌、衣着、手艺、工作、技术等时，一定要落落大方高兴地道一声"谢谢！"而不应加以否认和自我贬低，说什么"哪里，哪里！"接受外国人的赞美是对其本人的接纳和承认，是自己自信和见过世面的表现。曾有这样一个笑话：一个法国朋友在称赞一位中国姑娘漂亮时，那位中国姑娘表现得十分谦虚，连忙说："哪里，哪里！"没想到这一说却出了洋相。因为那位法国朋友误以为对方是在问他自己"哪里漂亮？"便立即答道："你的眼睛很漂亮"。可对方依然谦虚如故："哪里，哪里"，法国朋友又答道："你的鼻子也漂亮"……结果南辕北辙了。

（二）当赴宴、馈赠时

宴请外国人出席宴会时，不必说："今天没什么好菜，随便吃一点"；当送礼给外国人时，也不要说："礼品很不像样子，真不好意思拿出手来"之类的话，而应得体大方地说："这是本地最有特色的菜"，"这是这家饭店烧的最拿手的菜"，"这是我特意为您挑选的礼物"等；反过来，在接受外国人的赴宴邀请或接受外国人送的礼物时，也不应过于谦虚地没完没了地说："真不敢当"、"受之有愧"之类的话，它会使人产生不愉快的感觉，使宴请和送礼者感到难堪，及时表示谢意是这时得体的做法。

（三）当做客、拜访时

到外国人家做客、拜访时，对主人准备的小饮不要推辞不用。如果主人问："喝点什么，茶还是咖啡？"，你可以任选一种；若桌上备有小吃，可随意取用，但不可失态。若主人问是否加糖或加牛奶，则可按自己的喜好谢绝和选择其中一种。

（四）当交往应酬时

当自己同外国友人交往应酬时，一旦涉及自己正在忙什么、干什么的时候，无论如何都不要脱口而出，说什么自己是"瞎忙"、"混日子"、"什么正经事都没有干"，否则会被对方认为自己是不务正业之人。

三、讲究次序

涉外交际中，对出席活动的国家、团体、人士的位次按某些规则和惯例进行排列，这种排列的先后次序被称为礼宾次序。为使国际交往顺利进行，必须讲究礼宾次序。

（一）礼宾次序的依据

在国际交往中，其礼宾次序主要按宾客的身份与职务高低，依次排列。在多边活动中，有时可按姓氏的顺序排列；有时可按参加国的字母顺序（一般以英文字母为准）排列；有时可按代表团组成日期的先后排列；有时可按代表团抵达活动地点的时间先后排列，等等。

（二）礼宾次序的具体要求

在各类涉外交际中，大到政治磋商、商务往来、文化交流，小到私人接触、社交应酬，凡确定礼宾次序必须从其总的原则出发，这总的原则就是"以右为尊"，即一般以右为大、为长、为尊；以左为小、为次、为卑。

按照惯例，在并排站立、行走或者就座的时候，为了表示礼貌，主人理应主动居左，而请客人居右。男士应当主动居左，而请女士居右。晚辈应当主动居左，而请长辈居右。未婚者应当主动居左，而请已婚者居右。职位、身份较低者应当主动居左，而请职位、身份较高者居右。

在不同场合也有特殊要求：

两人同行，以前者、右者为尊；

三人行，并行以中者为尊，前后行，以前者为尊；

上楼时，尊者、妇女在前，下楼时则相反；

迎宾引路时，主人在前，送客时，则主人在后；

宴请排位，主人的右边是第一贵客，左边次之。

出门上车时，应让尊者先行。上车时，位低者应让尊者从右边车门上车，然后再从车后绕到左边上车。

四、尊重隐私

所谓隐私，就是指一个人出于个人尊严和其他某些方面的考虑，因而不愿意公开，不希望外人了解或是打听个人秘密、私人事宜。在涉外交际中，人们普遍讲究尊重个人隐私，并且将尊重个人隐私与否，视为一个人在待人接物方面有没有教养，能不能尊重和体谅交际对象的重要标志之一。

在涉外交际中，首先要避免与对方交谈时涉及个人隐私，要做到“八不问”：

（一）年龄不问

在国外，人们普遍将自己的实际年龄当做“核心机密”，不会轻易告之于人。这主要是因为外国人，尤其是英美人对年龄都十分敏感，希望自己永远年轻，对“老”字则讳莫如深，对年龄守口如瓶。因而与外国人交往，打听对方的年龄，说对方老相，都属于不礼貌的行为。我国的传统向来对年龄比较随意，不仅如此，在社会交往中还习惯于拔高对方的辈分，以示尊重。比如年轻男子相聚，彼此之间总喜欢以“老李”、“老张”、“老赵”相称，为了表示对对方的尊敬，人们会使用“老人家”、“老先生”、“老夫人”等一类尊称。实际上，这一类尊称在外国人听起来却似诅咒谩骂一般。在交往中，照套我国的传统，会使对方十分难堪。

有位从事外事工作的小姐曾经接待过一位82岁高龄的美国加州老太太，她是来华旅游并参加短期汉语学习班的，见面时这位小姐对老太太说：“您这么大年纪了，还到外国旅游、学习，可真不容易呀！”这话要换了同样高龄的中国老太太听了，准会眉开眼笑，高兴一番。可是那位美国老太太一听，脸色立刻晴转多云，冷冷地应了一句：“噢，是吗？你认为老人出国旅游是奇怪的事情吗？”弄得中国姑娘十分尴尬。姑娘的本意是表示礼貌尊重，结果却事与愿违，原因在于西方人对年龄、对“老”的忌讳。

在外国，人们最不希望他人了解自己的年龄，所以有这样一种说法：一位真正的绅士，应当永远“记住女士的生日，忘却女士的年龄”。

（二）收入不问

在国际社会里，人们普遍认为，任何一个人的实际收入，均与其个人能力和实际地位有直接的因果关系。所以个人收入的多寡，一向被外国人看做是自己的脸面，十分忌讳他人进行直接、间接地打听。如果一位中国人问一位外国人：“您一个月挣多少钱？”那位外国人会觉得：“这个中国人真没有教养，干吗问我的工资呀！”

除去工资收入以外，那些可以反映个人经济状况的问题，例如，纳税数额、银行存款、股票收益、私宅面积、汽车型号、服饰品牌、娱乐方式、度假地点等，因与个人收入相关，所以在与外国人交谈时也不宜提及。

（三）住址不问

对于家庭住址、私宅电话，中国人在人际交往中，都是愿意告之于人的，是不保密的。但外国却恰恰相反，外国人大都视自己的私人居所为私生活领地，非常忌讳别人无端干扰其宁静。西方人认为，留给他人自己的住址，就该邀请其上门做客，在一般情况下，他们一般不大可能邀请外人前往其居所做客。为此，他们都不喜欢轻易地将个人住址、住宅电话号码等纯私人信息“泄密”。在他们常用的名片上，也没有此项内容。

(四) 婚姻不问

中国人的习惯是对亲友、晚辈的恋爱、婚姻、家庭生活时时牵挂在心，但是绝大多数外国人却对此不以为然。西方人将此视为纯粹的个人隐私，向他人询问是不礼貌的。

在一些国家，跟异性谈论此类问题，会被对方视为无聊之举，甚至还会因此被对方控告为“性骚扰”，从而吃官司。

(五) 健康不问

中国人彼此相见，人们会问候：“身体好吗？”如果已知对方身体曾经一度欠安，还会问：“病好了没有？”如果彼此双方关系密切的话，还会询问：“吃了些什么药？”“怎么治疗的？”还会向对方推荐名医或偏方。

可是，在外国，人们在闲聊时一般都是“讳疾忌医”，非常反感其他人对自己的健康状况关注过多。对他人的这种过分关心，外国人是会觉得不自在的。

(六) 工作不问

在我国，人们相见，会询问对方：“您正在忙些什么？”“上哪里去？”“怎么好久不见你了？”等问题，其实这只是随便问问，回答不回答并不重要。但你若拿这些问题问外国人，他们会觉得不是好奇心过盛、不懂得尊重别人，就是别有用心，因为这些问题在外国人看来都属个人隐私，“不足为外人道哉！”

(七) 经历不问

初次见面，中国人之间往往喜欢打听一下交往对象“是哪里人？”“哪一所学校毕业的？”“以前干过什么？”总之是想了解一下对方的“出处”，打探一下对方的“背景”，然而外国人大都将此项内容视为自己的“底牌”，不愿意轻易让人摸去。外国人甚至认为一个人动辄对初次交往的对象“忆往昔峥嵘岁月稠”，并不见得坦诚相见，相反却大有可能是别有用心。

(八) 信仰不问

在国际交往中，由于人们所处的社会制度、政治体系和意识形态多有不同，所以，要真正实现交往的顺利、合作的成功，就必须不以社会制度画线，而以友谊为重，以信仰为重。不要动辄对交往对象的宗教信仰、政治见解评头论足，更不要将自己的政治观点、见解强加于人，这样做对交往对象来说，都是不友好、不礼貌、不尊重的表现。所以，对宗教信仰、政治见解，这些在外国人看来非常严肃的话题，还是避而不谈为好。

此外，与个人隐私相关的，如私人住宅有的国家受到法律保护，擅自闯入要受到制裁。到外国人的住宅做客，不经主人允许和邀请，不能要求参观主人的住房。即使双方很熟悉，也不能去触动书籍、花草以外的个人物品以及室内陈设的其他物品。

与外国人交往时，不仅要尊重在场人的个人隐私，对不在场人的个人隐私也应尊重。在背后议论同事的好坏、上级的能力、女人的胖瘦、路人的服饰等，都会被外国人视为喜好窥探隐私，纯属无聊之举。

五、女士优先

我们在听演说时，演讲者总是首先这样称呼：“女士们，先生们”，从没有人称呼：“先生们，女士们”，为什么这样呢？原来这与国际社会公认的一条重要礼仪原则——“女士优先”

有直接的关系。

“女士优先”主要是指成年异性间进行社交活动时的一个礼仪规范和礼仪原则。其含义是：在一切社交场合，每一位成年男子，都有义务主动自觉地去尊重、照顾、体谅、关心、保护女性，并且想方设法为女士排忧解难，只有这样才能体现出绅士风度。外国人强调“女士优先”并非因为妇女被视为弱者，值得同情、怜悯，最重要的原因是，他们将妇女视为“人类的母亲”，处处对妇女给予礼遇，是对“人类母亲”的感恩之意。

在交往中，讲究“女士优先”时，作为男士要注意对所有的女士一视同仁，不仅对待同一种族的妇女要如此；对待其他种族的妇女也要如此；不仅对待熟悉的妇女要如此，对待陌生的妇女也要如此；不仅对待年轻貌美的妇女要如此，对待年老色衰的妇女也要如此；不仅对待有权势的妇女要如此，对待一般的妇女也要如此；具体地要从以下几方面做起：

(一) 行走

在室外行走时，如果是男女并排走，则男士应当自觉地“把墙让给女士”，即请女士走在人行道的内侧，而自己主动行走在外侧，这样做既可以防止女士因疾驶的车辆而感到不安全，担惊受怕，还可避免汽车飞驶而溅起的污泥浊水弄脏女士的衣裙。

当具体条件不允许男女并行时，男士通常应该请女士先行，而自己随行其后，并与之保持大约一步左右的距离。当男士与女士“狭路相逢”时，前者不论与后者相识与否，均应礼让，闪到路边，请女士率先通过。男士在路上遇到认识的女士时，应点头致意，并把手抽出衣袋，也不要嘴里叼着烟。

当男士与女士走到门边时，男士应赶紧上前几步，打开屋门，让女士先进，自己随后。

(二) 乘车

陪伴女士同乘火车、电车时，男士应设法给女士找一个较为舒适、安全的座位，然后再给自己找一个尽可能靠近她的座位；如果找不到的话，应站在她面前，尽可能离其近一些。

乘出租车时，男士应首先走近汽车，把右侧的车门打开，让女士先坐进去，男士再绕到车左边，坐到左边的座位上。有时，为了在马路上上下车安全起见，出租车左侧车门用安全装置封闭了，那么男士只好随女士其后从右侧上车，坐在本应由女士坐的尊贵的右边座位上，这种情况不算失礼。

当男士自己驾驶汽车时，他应先协助女士坐到汽车驾驶座旁的前排座位上，尔后绕到另一侧坐到驾驶座上。抵达目的地后，男士要先下车，然后绕到汽车的另一侧，打开车门，协助女士下车。

(三) 见面

参加社交聚会时，男宾在见到男、女主人后，应当先行向女主人问好，然后方可问候男主人。男宾进入室内后，须主动向先行抵达的女士问候。女士们如果已经就座，则此时不必起身回礼。

而在女宾进入室内时，男士均应起身向其致以问候。不允许男士坐着同站立的女士交谈，而女士坐着同站立的男士交谈则是允许的。

主人为不相识的来宾进行介绍时，通常应当首先把男士介绍给女士，以示对女士的尊重。当男女双方进行握手时，只有当女士伸过手来之后，男士才能与之相握，否则如果男士抢先出手，是违背“女士优先”原则的。为了表示对女士的尊重，男士与女士握手时要摘下帽子，脱下手套，而女士在一般情况下则没有必要这样做。

(四) 上下楼

在上楼梯时,男士要跟随在女士的后面,相隔一两级台阶的距离;下楼梯时,男士应该先下。如果是乘电梯上下楼,进电梯时,男士应请女士先进去,然后自己再进入电梯。在电梯里,男士负责按电钮,礼貌地询问女士所上的楼层。

(五) 进餐馆

如果男士预先选择预订了餐桌,则应走在前面为女士引路,如果不是这样,行进的顺序应该是:侍者——女士——男士。在餐桌旁,男士应协助女士就座,把椅子从桌边拉开,等女士即将坐下时再把椅子移近桌子。坐定后,男士应把菜单递给女士,把选择菜单的权利先交给女士。一般餐毕也总是由男士付账的。若出席宴会,女主人是宴会上"法定"的第一顺序。也就是说。其他人在用餐时的一切举动,均应跟随女主人而行,不得贸然先行。按惯例女主人打开餐巾,意味着宣布宴会开始,女主人将餐巾放在桌上,则表示宴会到此结束。

(六) 观看影剧

进影剧院或是听音乐会时,应由男士拿着入场券给检票员检票。在存衣室,男士应先协助女士脱下大衣、披风,然后再自己脱去外套。如果没有专人引导入座,男士就应走前几步为女士引路。从两排之间穿行,走向自己的座位时,应面向就座的观众,并请女士走在男士的前面。如果是几个男士和几个女士一起去观看影剧或听音乐会,那么最先和最后穿过就座观众的应是男士,女士夹在中间进去,这样,可以使女士不与陌生人坐在一起。散场人挤时,男士应走在女士前面;不挤时,女士稍前或并排与男士同行。

(七) 助臂

男士应该帮助他所陪伴的女士携带属于她的较重的或拿着不方便的物品,如购物袋、旅行包、伞等。

女士携带的东西掉在了地上,男士不论相识与否,都应帮她拾起。

在女士可能失足、滑倒的时候,男士应该以臂相助。

任务三　熟知涉外交往的主要礼仪及禁忌

案例导入

周总理给将军们上礼仪课

上世纪50年代的一天,周恩来总理前去机场欢送西哈努克亲王离京,前往送行的还有罗瑞卿、刘亚楼等高级将领。巧的是,飞机起飞之际,先农坛体育场正有场足球出线比赛,是中国队对印尼队。这些送行的高级将领便有些心神不宁,一心想着送客千万别耽误了自己看球过把瘾。

大家一阵笑容可掬、毕恭毕敬地亲切握手、拥抱、告别,又目送着西哈努克进了舱门。门还没关上,罗瑞卿和刘亚楼就一递眼色,像解脱了一样,立刻笑了,迫不及待地往机场门口走。早已心不在焉的将军们一看有人带头,便三三两两都往门口赶,有点像电影散场前的劲头。

周恩来本来是满面春风地站立着,静等飞机升空,可突然发觉周围气氛异常,左右望望,再回头一看，勃然变色。但他马上镇定了自己的情绪，显出一副若无其事的样子，不喊不叫，只向身边的秘书轻语："你跑步去，告诉机场门口，一个也不许放走，谁也不准离开，都给我叫回来。"

秘书遵命赶紧跑到门口，吩咐警卫不许放走一个人。心情早已飞奔到足球赛场的这些高级将领们有的惋惜地说："哎呀，开场是看不上了。"有的还安慰："没关系，精彩的还在后面。"有的发表议论说："有时候越往后越精彩，有时候越往后越没意思，要看比分咬得紧不紧……"

将军们你一言我一语说说笑笑地返回来，齐刷刷站在周恩来身后。

周恩来始终立正站立，看着飞机起飞，在机场上空绕一圈，摆摆机翼，然后渐渐远去，渐渐消失……将军们也站在那里目送着飞机离去。

随后，周恩来转过身来，并不看那些将军们，自顾和前来送行的外交使节告别。直到外交使节全离开了，才面对那些将军："你们都过来。"

刘亚楼是有名的乐天派，走到哪儿，哪儿就有一片欢笑声。他们说说笑笑地走近总理时，猛听一声喝问："你们学过步兵条例没有？"

欢声笑语突然间停止了。将军们发现总理面色冷峻，立刻都屏气静声，就地立正站好，恢复了典型的军人姿态。

"步兵条例里哪一条规定，总理没有走，你们就可以走了？你们当将军能这样？在部队里，首长没有走，下边全走了，行吗？"

机场上静悄悄，将军们再没人敢去想看球的事了。

"客人还没走，机场已经没人了，人家会怎么想？你们是不是不懂外交礼节？那好，我来给你们上上课！"周恩来声音不高不低，讲话不紧不忙，就那么讲起了基本的尽人皆知的外交礼节："按外交礼仪，主人不但要送外宾登机，还要静候飞机起飞，飞机起飞后也不能离开，因为飞机还要在机场上空绕圈，要摆动机翼……"

刘亚楼是空军司令员，他能不明白这种礼仪？罗瑞卿等高级将领参加外事活动都很多，也全明白，但现在周恩来不厌其详、不厌其烦地亲自讲，反复讲，他们也只能老老实实地反复听。

周恩来讲了足有15分钟，才缓缓抬腕看一眼表，缓缓说："我知道你们是着急想看足球赛，我叫住你们，给你们讲这些你们早就知道的道理。我讲15分钟，为什么？就是要让你们少看点球赛才能印象深一些。好吧，现在咱们一起去吧，还能看半场球。"

周恩来就用这种少看半场球的办法，"惩罚"了失礼的将军们，使将军们都留下了深刻印象。

【简析】根据总理指示，1956年5月9日，外交部以国务院名义下发了《接待外宾注意事项》，共列12条，其中包括迎送贵宾演奏国歌时，"应该肃立、脱帽、行军礼"，"贵宾飞机起飞或专车开动时，应该挥手致意；在送行的主要领导同志和各国使节未离开的时候，不要先行离场"。案例及《接待外宾注意事项》充分说明了涉外礼仪的重要性。

一、涉外交往的主要礼仪

在涉外交往中，必须重视交际对象的特殊性，努力掌握如下涉外交往的礼仪：

（一）称呼

在涉外交往中，一般对男子称先生，对女子称夫人、女士或小姐。已婚女子称夫人，未婚女子称小姐。对婚姻状况不明的女子称“小姐”或“女士”。在西方国家，凡是举行宗教结婚仪式的人，都习惯在无名指上戴一枚戒指，男子戴在左手，女子戴在右手。所以，对外宾的称呼可以此而定。以上是根据性别和婚姻状况来称呼，使用起来具有普遍性。在交际中还可根据不同身份来称呼。

1. 称“阁下”

对地位高的官方人士，一般为部长级以上的高级官员的称呼，如“部长阁下”、“总统阁下”、“总理先生阁下”、“大使先生阁下”等。对有高级官衔的妇女，对主教以上的神职人员，对有公、侯、伯、子、男等爵位的人士，也可称“侯爵先生”或“阁下”。在君主制国家，按习惯可称国王、王后为“陛下”。对王子、公主和亲王等可称“殿下”。

2. 称身份

对从事令人尊敬的职业的人士，如医生、教授、法官、律师等，可单独称其为“医生”、“法官”等；对有博士学位的可称呼“博士”，对教会的神职人员，可称教会的任职，如“福特神父”、“传教士先生”。

3. 称军衔

对军人一般称军衔，或军衔加先生，知道姓名的可冠以姓与名。例如，“卡特少校”、“上校先生”、“比尔上尉先生”等。有的国家对将军、元帅等高级军官称“阁下”。

4. 称同志

凡与我国有同志相称的国家（如朝鲜等），对各种人员都可称“同志”，有职衔的也可另加职衔。例如，“主席同志”、“书记同志”、“委员长同志”、“省长同志”、“大使同志”、“秘书同志”、“服务员同志”、“司机同志”等。

（二）语言习惯

外国人具有其特有的语言习惯，在涉外交际中我们应多加注意。

1. 礼貌用语

外国人日常使用的礼貌用语很多，诸如“您好（你好）”、“请”、“谢谢”、“对不起”、“打扰了”、“再见”、“见到你很高兴”等，都是很平常、不离口的礼貌用语。

2. 不要问“你吃了吗”

中国人见面时，常问“你吃了吗？”以此表示问候致意，不管什么时间，对方回答了“吃了”或是“还没吃”，双方便点头而过。这个习惯，西方人很不理解，他们不但不用这些话来问候别人，而且认为这样说是很不礼貌的。西方人认为，如果你问对方吃了没有，就意味着你想邀请他去就餐或吃点东西。如果他回答“没吃”却又得不到邀请，他便会因此生气。

3. 说话先后次序

中国人往往先说明请求的原因，然后才提出正题。这与西方人的习惯恰恰相反。由于这个差异，中国人的请求在西方人看来往往十分啰唆，不着边际。例如，英美人接电话，先自报家门：“这里是某某公司，我们能帮你什么忙？”待对方说明要与谁对话时才问：“我可以知道你的姓名吗？”而中国人接电话往往先问：“喂，哪里？”接下来可能才会问：“你是谁？”或“你要找谁？”因此在与英美人电话交谈时，切记这种开场白，否则英美人会觉得你不礼貌而挂断电话。

4. 文明的上厕所用语

中国人上厕所时，习惯说：“上厕所”、“上茅房”、“方便一下”等。但在国外，人们却不这样说。在美国男厕所叫“男士室”(Man's Room),女厕所叫“女士室”(Lady's Room)。上厕所有很多说法,但都忌讳“厕所”二字,而是用“我想洗洗手”、“请稍候”、“请原谅我耽误您几分钟”之类的话来代替。话语一出口,大家彼此心照不宣,毫不见怪。

(三) 涉外迎送

迎送是涉外交往中最常见的社交礼节。也是对不同身份外宾表示相应尊重的重要仪式。对外宾留下良好的第一印象,加深双方的友谊与合作,都发挥着重要作用。

1. 迎送的安排

迎送活动的安排主要有两种不同档次:一是举行隆重的欢迎仪式,这主要适用于对外国国家元首、政府首脑、军方高级领导人的访问,以示对他们访问的欢迎与重视。二是一般迎送,适用于一般来访者。无论是官方人士、专业代表团的来访,还是长期在我国工作的外交使节,常驻我国的外国人士、记者和专家等,当他们到任或离任时,都可安排相应的人员前往迎送,以示尊重和友谊。

2. 迎送规格的确定

关于迎送规格,各国的规定不尽相同。在确定迎送规格时,主要是依据来访者的身份、访问的性质和目的,并且适当考虑两国之间的关系,同时还要注意国际惯例,综合平衡。一般按照国际惯例的“对等原则”,主要迎送人员应与来宾的身份相当。如果由于各种原因而不能完全对等时,可灵活变通,由职位相当的人士或副职出面,并向对方做出解释。

3. 成立接待班子

为了接待重要的贵宾和代表团、队,东道主一般组成一个接待班子来履行接待任务。接待班子的工作人员由外事、翻译、安全警卫、后勤、医疗、交通、通讯等方面的工作人员组成。

4. 收集信息、资料

接待班子要注意收集来访者的有关信息和资料,了解其本次访问的目的,对会谈、参观访问、签订合同等事项的具体要求,前来的路线、交通工具,抵离时间,来访者的宗教信仰,生活习惯,饮食爱好与禁忌等。

据报载:一位英国商人应邀前来我国与某地区洽谈投资项目。该地领导为了图个吉利,准备了一辆车号为“666”(六六大顺)的轿车前去机场迎接。谁知这位英国商人下了飞机,一看轿车后,直皱眉头,随即又乘机离去。后来我方人员才知道这位英国商人信教,十分崇拜《圣经》,在《圣经》中“666”表示“魔鬼”。在英国,司机、乘客对带有这种号码的车辆退避三舍,英国警察部门已做出决定,逐步取消这个号码。由此可见,多了解来访者的情况是十分重要的。

5. 拟订接待方案

接待方案包括各项活动的项目、日程及详细时间表,项目负责人和接待规格、安全保卫措施等。日程确定后,应翻译成客方使用的文字,并打印好,发给客方,以便及时与客方进行沟通。

拟订接待方案重点要落实好食、宿、行,并制定合理的费用预算,保证接待隆重得体又不铺张浪费。

6. 掌握抵离时间

必须准确掌握外宾乘坐的飞机(火车、船舶)抵达及离开的时间,迎送人员应在来宾抵达之前到机场(车站、码头)。送行人员应在外宾离行前抵达送行地点,切勿迟到、早退。

7. 献花

献花是常见的迎送外宾时用来表达敬意的礼仪之一。一般在参加迎送的主要领导人与客人握手之后,由青年女子或儿童将花献上,也有的由女主人向女宾献花,献花者献花后要向来宾行礼。献花须用鲜花,并注意保持花束整洁、鲜艳,一般忌用菊花、杜鹃花、石竹花以及黄色花卉(黄色具有断交之意)等。有的国家习惯送花环,或者送一两枝名贵兰花、玫瑰花等。在接待信仰伊斯兰教的人士时,不宜由女子献花。

8. 介绍

主宾见面应互相介绍其随从人员。主要的迎送人员在与来宾见面致意(如握手等)后,他还可以担负起介绍其他迎送人员的任务。一般是在客人的内侧引领客人与各位迎送人员见面,并把他们介绍给来宾。然后再由主宾将客人按一定身份一一介绍给主人。若宾主早已相识,则不必介绍,双方直接行见面礼即可。

9. 陪车

来宾抵达后,在前往住地或临行时由住地前往机场、码头、车站,一般都安排迎送人员陪同乘车。陪车时应请宾客坐在主人右侧。两排座轿车,译员坐在司机旁;三排座轿车,译员坐在主人前面的加座上。当代表团9人以上乘大轿车时,原则上低位者先上车,下车顺序相反。但前座者可先下车开门,大轿车以前排为最尊位置,自右向左,按序排列。上车时应当请客人首先上车,客人从右侧门上;如果外宾先上车坐到了左侧座位上,则不要再请外宾移动位置。陪同人员在替客人关门时,应先看车内人是否坐好,既要注意不要碰伤客人的手,又要确保将门关好,注意安全。

10. 具体事项

迎送中,一些具体事项要引起我们的注意,它主要包括以下几个方面:

在客人到达之前最好将客房号、乘车号码等通知客人,如果做不到,可印好住房、乘车表,在客人到达时,及时发到客人手里。

指派专人协助客人办理入、出境手续及机票(车、船票)和行李提取或托运手续等事宜。客人到达后,应尽快进行清点并将行李取出运送到其住处。

客人到达后,一般不要立刻安排活动,应让客人稍事休息,倒换时差。可在房间中适当放些新鲜水果或鲜花等。

迎送的整个活动安排要热情、周到、无微不至、有条不紊。使客人有宾至如归的感觉。接待人员要始终面带微笑,彬彬有礼,不能表现得冷漠、粗心、怠慢或使客人感到紧张、不便。

陪同人员应尽力安排好客人的食、住、行,对客人的要求做出反应,给予答复。翻译应如实翻译,不能掺进自己的意见和看法,不能打断双方的谈话或在一方一句话还没说完就翻译,就餐时不可因餐饮影响翻译工作。

司机在行车时,应集中精力驾驶,不能边驾驶边说话,如果司机主动与客人甚至陪同人员或翻译人员说话聊天,只会使客人感到不安全和被冷落。

在为外宾送行时,送行人员应在外宾临上飞机(火车、轮船)之前,按一定顺序同外宾一一握手话别。飞机起飞(火车、轮船开动)之后,送行人员应向外宾挥手致意,直至各交通工具在视野中消失方可离去。否则,外宾一登上飞机(火车、轮船)等,送行人员就立即离去,是很失礼的。尽管只是几分钟的小事情,却可能因小失大。

（四）会见会谈

会见和会谈都是涉外交往活动的重要方式。会见，国际上通称接见或拜会。凡身份高的人士会见身份低的人士，主人会见客人，人们通常称其为接见或召见；凡身份低的人士会见身份高的人士，客人会见主人，人们通常称其为拜会或拜见。接见和拜会后回访，通常称为回拜。我国通常对此不做细分，统称会见。

会谈是指双方或多方就某些重大的政治、经济、科技、文化、军事、宗教以及其他共同关心的问题交换意见，洽谈协商。会谈一般专业性、政策性较强，形式比较正规。会见多是礼节性的，而会谈多为解决实质性问题。有时会见、会谈也难以区分。因为会见时双方也常谈专业性或政治性问题，以上区分只是相对而言。

1. 会见的礼仪

会见就其内容来说，多为礼节性的，也有政治性、事务性的会见，或兼而有之。礼节性会见一般时间短，话题也较为广泛。政治性会见一般涉及国与国之间的双边关系、国际局势及对一些重大国际问题的看法或意见等。事务性会见一般涉及贸易争端、业务交流与合作等。

会见的礼仪主要有以下内容：

（1）确定参加会见的人员。会见来访者，一般情况下应遵循“对等”的原则，但有时由于某些政治或业务的需要，上级领导或下级人士也可会见来访者。参加会见的人员不宜过多。

（2）确定会见的时间、地点。会见的时间一般安排在来访者抵达的第二天或举行欢迎宴会之前。会见的具体时间不宜过长，一般以半小时左右为宜。会见的地点多安排在客人住地的会客室、会议室或办公室，也可在国宾馆等正式的会客场所。

（3）做好会见的座位安排。会见时座位的安排必须依据参加会见人数的多少、房间的大小、形状、房门的位置等情况来确定。会见的座位安排有多种形式，宾主可以穿插坐，也可分开坐，通常的安排是将主宾席、主人席安排在面对正门位置，客人坐在主人的右边。其他客人按照礼宾顺序在主人、主宾两侧就座。译员、记录员通常安排在主宾和主人的后面。座位不够时可在后侧加座。整个会见场所的座位形状有弧形、方形（长椅和单椅两种），如图9-1 所示。

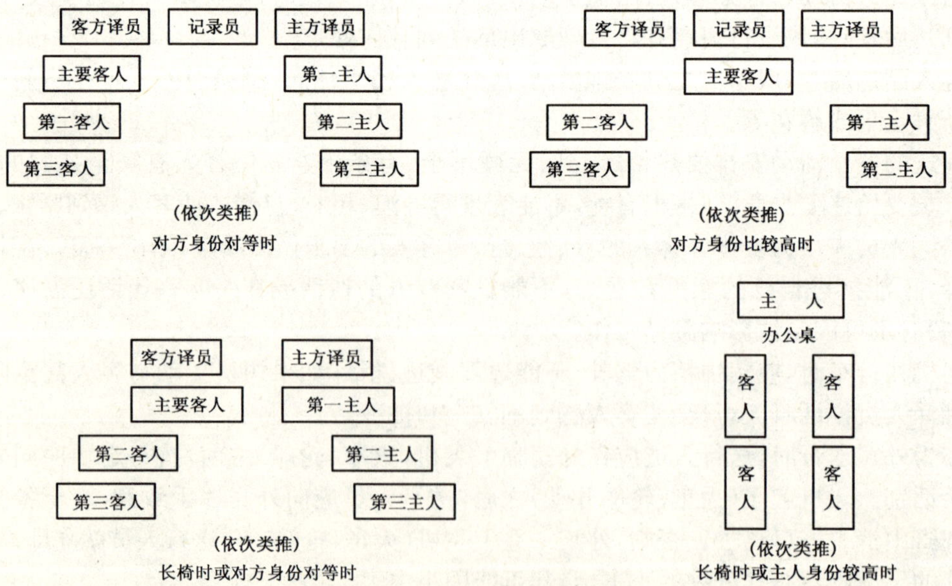

图 9-1 会见场所的座位安排

(4) 掌握会见的一般礼节。会客时间到来之时，主人应在门口迎候客人，问候并同客人一一握手，宾主互相介绍双方参加会见的人员，然后引宾入座。主人应主动发言，创造一种良好的气氛。双方可自由交谈，就共同感兴趣的话题发表自己的看法。交谈时应注意坐姿，不要跷二郎腿，不可左顾右盼，漫不经心。主人与主宾交谈时，旁人不可随意插话，外人也不可随意进出。会见时可备饮料招待客人。主人应控制会见时间，最好以合影留念为由头结束会见。合影后，主人将客人送至门口，目送客人离去。

(5) 注意合影的礼宾次序。合影时，一般主人居中，男主宾在主人右边；主宾夫人在主人左边，主人夫人在男主宾右边，其他人员穿插排列，但应注意，最好不要把客人安排在靠边位置，应让主人陪同人员在边上。如图 9-2 所示。

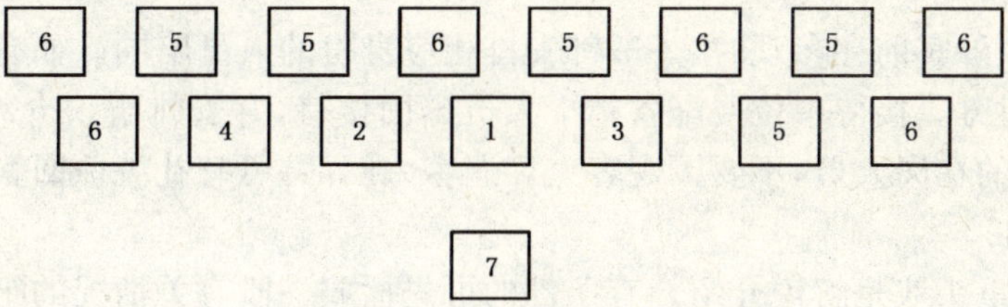

图 9-2　合影时的礼宾次序

注:图中的主宾顺序是 1 为主人;2 为男主宾;3 为主宾夫人;4 为主人夫人;5 为主宾陪同人员;6 为主人陪同人员;7 摄影师。

2. 会谈的礼仪

会谈的形式多种多样，常见的有领导人之间单独会谈，有少数领导人及其助手与来访者进行的不公开发表内容的秘密会谈，有的是就有关重要而又复杂的问题，由有关官员进行预备性会谈，也可称为谈判。

会谈的礼仪主要包括以下内容：

(1) 确定会谈的时间、地点、人员。会谈的时间、地点由双方协商确定。会谈的人员应慎重选择，会谈的专业性较强，既要求有专业特长，又要考虑专业互补和群体智慧。会谈人员既要懂得政策法律，又要能言善辩，善于交际，应变能力强，并确定主谈人和首席代表。

(2) 会谈的座位安排。涉外双边会谈通常采用长方形或椭圆形会谈桌。多边会谈或小型会谈也可采用圆形或正方形会谈桌。

不管什么形式，均以面对正门为上座，宾主相对而坐，主人背向门落座，而让客人面向大门。其中主要会谈人员居中，其他人按着礼宾次序左右排列。

这里需要说明的是，许多国家把译员和记录员安排在主要会谈人员的后面就座。我国习惯上把译员安排在主要谈判人座位的右侧就座。这主要取决于主人的安排。

(五) 参观游览

涉外参观游览，是指外国客人在访问或旅游期间对一些风景名胜、单位设施等进行实地游览、观看和欣赏。来访的外国人以及我出访人员，为了了解去访国家情况，达到出访目的，都应组织一些参观游览活动。

参观游览应注意以下礼仪：

1. 选定项目

选择参观游览项目，应根据访问目的、性质和客人的意愿、兴趣、特点以及我方当地实际条件来确定。对于外国政府官员、大财团、大企业家，一般应安排参观反映我国经济发展情况的部门、单位和经济开发区，以及重点招商项目。对于一般企业家、商人和有关专业人员，可安排参观与其有关的部门、单位，同时安排一些有地方特色的游览项目。

对年老体弱者不宜安排长时间步行的项目，心脏病患者不宜登高。一般来说，对身份高的代表团，事前可了解其要求；对一般代表团，可在其到达后，提出方案，如果确有困难，可如实告知，并做适当解释。

2. 安排日程

当参观游览项目确定后，应制定详细活动计划和日程，包括参观线路、座谈内容、交通工具等，并及时通知有关接待单位和人员，以便各方密切配合。

3. 陪同参观

按国际惯例，外宾前往参观时，一般都安排相应身份的人员陪同。如有身份高的主人陪同，宜提前通知对方。接待单位要配备精干人员出面接待，并安排解说介绍人员，切忌前呼后拥。参观现场的在岗人员，不要围观客人。遇客人问话，可有礼貌地回答。

4. 解说介绍

参观游览的重头戏是解说介绍。有条件的可先播放一段有关情况的纪录片，这样，既可节省时间，又可事先让客人对情况有所知，经过实地参观，效果会更好。我方陪同人员应对有关情况有所准备，介绍情况要实事求是，运用材料、数据要确切，不可一问三不知，也不可含糊其辞。确实回答不了的，可表示自己不清楚，待咨询有关人员后再答复。遇较大团组，宜用扩音话筒。另外，遇有保密部分的，则不能介绍，如客人提出要求，应予婉拒。

5. 乘车、用餐和摄影

在出发之前，要及时检查车况，分析行车路线，预先安排好用餐。路远的还要预先安排好中途休息室，要把出发、集合和用餐的时间、地点及时通知客人和全体工作人员。一般地方均允许客人摄影。如有不能摄影处，应事先说明，现场要竖立中英文“禁止摄影”标志牌。

6. 在国外参观游览的礼节

出访人员、团组要求参观，可通过书面、电话或面谈方式向接待单位提出，经允许后方能成行。参观内容，要符合访问目的和实际，要注意客随主便，不要强人所难。在商定之后，要核实时间、地点和路线。

参观过程，应专心听取介绍，不可因介绍枯燥或不对口味而显露出不耐烦和漫不经心状，这是极不礼貌的。同时应广泛接触、交谈。以增进了解。加深友谊。注意尊重对方的风俗和宗教习俗。如要摄影，事先要向接待人员了解有无禁止摄影的规定。参观游览，对服装要求不严格，不必穿礼服，穿西装可以不打领带，但应注意整洁整齐，仪容也宜修整。参观完毕，应向主人表示感谢，上车离开时应在车上向主人挥手道别。

(六) 国旗悬挂

国旗是国家的一种标志，是国家的象征。悬挂国旗是一种外交礼遇与外交特权。人们往往通过悬挂国旗，表示对本国的热爱或对他国的尊重。在国际交往中，悬挂国旗要遵循以下惯例：

1. 悬挂国旗的场合

按国际关系准则，国家元首、政府首脑在他国领土上访问，在其住所和交通工具上悬挂国旗(有的是元首旗)是一种外交特权。

东道国接待来访的外国元首、政府首脑的隆重场合，在贵宾下榻的宾馆，乘坐的汽车上悬挂对方(或双方)的国旗(或元首旗)，是一种礼遇。

在国际会议上，除会场悬挂与会国国旗外，各国政府代表团团长也按会议组织者的有关规定，在一些场所或在车辆上悬挂本国国旗(也有不挂国旗的)。

有些展览会、体育比赛等国际活动，也往往悬挂有关国家的国旗。在大型国际比赛中，还往往为获前三名的运动员升起其代表国家的国旗。

伴随着我国加入世界贸易组织，双边、多边的经贸往来必将日趋频繁，在谈判、签字仪式上亦应悬挂代表国的国旗。

2. 悬挂国旗的要求

在建筑物上或室外悬挂国旗，一般应在日出升旗、日落降旗。有时当遇到外国元首逝世需要降半旗志哀，具体做法是：先将旗升起来至杆顶，再下降至距杆顶相当于杆长 1/3 的地方。

升降国旗时，服装要整齐，要立正脱帽行注目礼。不能使用污损的国旗。升国旗一定要升至杆顶。

悬挂双方国旗，按照国际惯例，以右为上，左为下。乘车时，应记住“面对车头左为上”，左边挂客方国旗，右边挂主方国旗(有时以汽车行进方向为准，驾驶员右手为上)。所谓主客标准，不以在哪国举行活动为依据，而以举办活动的主方为依据。如外国代表团来访，东道国举办欢迎宴会，东道国是主人；外国代表团答谢宴会，来访国是主人。

由于国旗是一个国家的标志与象征，代表一个国家的尊严，所以挂国旗时，一定不能将国旗挂倒。

(详见项目十《中华人民共和国外交部关于涉外升挂和使用国旗的规定》)

(七) 涉外书信礼仪

在涉外交往过程中，信函的使用频率较高。涉外信函一般可分为公函、商务信函和社交信函三种类型。在国际交往中，尤其是“官方外交”中，公函通常称为礼仪文书。常见的有贺函、贺电、感谢信、感谢电、感谢公告、邀请、邀请电、复函、慰问函、慰问电、唁函、唁电、国书、照会、备忘录、全权证书、授权证书、委任书等。商务信函通常是工商企业与贸易合作伙伴间往来的文书。常见的有意向书、询问信函、订购信函、信用调查信函、索赔信函、理赔信函、申诉信函、催款信函、推销信函、货物保险信函等。社交信函是在社会交往中的私人信件、感谢信、求职信、贺信、贺电、唁电、唁函等。

1. 国际标准化信函的规定

国外的信函与国内的信函有所不同。我国政府规定从 1989 年 7 月 1 日起实行国际标准化信函。其具体规定如下：

(1) 信封规格尺寸。信封的最小尺寸：长 140 毫米，宽 90 毫米，最大尺寸：长 235 毫米，宽 120 毫米，信函的最大厚度：5 毫米。一封信函的最高重量是 20 克。

(2) 收信人姓名、地址应写在信封正面(与信封长度平行的长方形位置内)，至少距信封左边 40 毫米，距右边 15 毫米，距底边 15 毫米。收信人名址书写顺序为：收信人姓名、门牌号码和路名、邮政编码、城市(地区)名、国名。名址均应用英文、法文或寄达国通晓文字书写，国名用大写字母。

(3) 寄信人姓名、地址，应写在信封的左上角，或写在信封背面的上半部。其书写顺序与收信人名址相同。名址除国外必须用英文、法文或寄达国通晓的文字书写外，其他可用中文书写，也可用外文书写。

(4) 收信人和寄信人的名址，必须用蓝色或黑色墨水书写，不得用红色墨水书写。

(5)“透明窗信封”。即在信封的寄件人名址位置(信封右下方位置，至少距信封上边 40 毫米，右侧边、下边各 15 毫米位置)，开一开窗，上面贴有薄纸，透过天窗可以看到信封内的收信人姓名和地址。

图 9-3 中为英文信封格式，信封左上角为寄信人名址，左下角为特种邮寄说明，右上角为贴邮票处，右下角为收信人名址。

Li Ming
28-3-2 Zhongshan Road　　　　(邮票)(航空)
Dalian 116012
CHN

Mr. Smith
18 Little Hay Road
(航空)　　　　Oxford　OX431G
By　AIRMAIL　　　　UK

图 9-3

2. 中英信函上的差异

国外的信函在格式、用语、文字、用印等方面标准不一。不过，各个国家都在逐步地与国际准确化信函的要求接轨。

英文的信函格式具有一定的代表性。通常，英文的信函由信头、日期、收信人姓名和地址、称谓及客套语、正文、信尾结束礼语、署名等组成。下面我们仅介绍英美国家在信函格式、礼仪上与我国较为明显的几点不同之处。

(1) 信头。信头是国外一些国家(如英、美等国家)在书信中的习惯用法。信头包括发信人单位姓名、地址、电话、电报挂号。商务信函的信头一般在第一页信笺右上方位置。信头的格式是先写发信人的单位名称或姓名，再写地址、电话、电报挂号。地址先写住所名称、门牌号码、街道名称，然后写住所所在地区或城镇名称、邮政编码，接着写州、郡或省名、国家名称。

(2) 日期。商务信函的日期通常放在信头下面。社交信函、官方外交公函的日期通常放在信函的末尾处(发信人签名下面)。日期通常采用世界通行的公历表示。日期写法有英式、美式、国际标准化规定三种。英式日期按日、月、年顺序书写，如 1 (st) March，1998；美式日期按月、日、年顺序书写，如 March l(st)，1998；国际标准化组织规定的简写方法为年、月、日，一位数的月、日前加“0”如 1998. 03. 01。

(3) 信内地址。它包括收信人的姓名和地址，写在信笺的左上角。其书写格式通常为第一行为姓名，第二行为职位、头衔，第三行为收信人的单位名称，第四行以下为门牌、街道、地名、州(省)名、邮政编码及国名。门牌、街道之间不用标点符号，地名与国名间用“逗号”。如无特定收信人，则在以人名为公司名称的前面，冠以 Messre 一词，非人名公司及有限公司则不可冠用 Messre，而要加冠词“The”。

（4）称谓。指的是写信人对收信人的称呼。一般写在信内地址下面空 2～4 行并另起行与收信人姓名齐头处。英文书信的称谓要视对方的身份、性别、人数及亲疏程度等来确定，其正式程度层次排列见下表：

性别 程度	男性	女性
最正式 正式	Sir Dear Sir Gentlemen Dear Madam	Madam Dear Mr. Jones Dear Mrs. Rich
亲密	Dear Johnson Dear Alice	Dear Dan

（5）签名。签名一般位于结束礼语的下方。签名在社交信函中通常只是一种礼仪形式，但在正式公函和商务信函中，它还具有法律效力。签名一般用钢笔签，注意保持稳定的签名风格，以免他人以假乱真。若亲笔签名字迹太潦草，不易识别，通常还需在下面打字注明拼法。

二、涉外礼仪禁忌

在外事活动中，我们不仅应做到尊重国际公众、礼貌待人，也应了解国外人们的种种禁忌，避免不礼貌情况的发生。

（一）外事礼仪数字禁忌

1. 西方人认为 13 是不吉利的，应当尽量避开，甚至每个月的 13 日，有些人也会感到忐忑不安。并且人们还认为星期五也是不吉利的，尤其是逢到 13 日又是星期五时，最好不举办任何活动。在日常生活中的编号，如门牌号、旅馆房号、层号、宴会桌等编号、汽车编号也尽量避开 13 这个数字。

2. “四”字在中文和日文中的发音与“死”相近，所以在日本与朝鲜等东方国家将它视为不吉利的数字，因此这些国家的医院里没有四号病房和病床。在我国也是如此，如遇到“四”，且非说不可时，禁忌的人往往说：“两双”或“两个二”来代替；另外，在日语中“九”发音与“苦”相近似，因而也属禁忌之列。

（二）外事礼仪颜色禁忌

1. 日本人认为绿色是不吉利的象征，所以忌用绿色；
2. 巴西人以棕黄色为凶丧之色；
3. 欧美许多国家以黑色为丧礼的颜色，表示对死者的悼念和尊敬；
4. 埃塞俄比亚人则是以穿淡黄色的服装表示对死者的深切哀悼；
5. 叙利亚人也将黄色视为死亡之色；
6. 巴基斯坦忌黄色是因为那是僧侣的专用服色；
7. 委内瑞拉用黄色作医务标志；
8. 蓝色在埃及人眼里是恶魔的象征；
9. 比利时人也最忌蓝色，如遇有不吉利的事，都穿蓝色衣服；

10. 土耳其人则认为花色是凶兆，因此在布置房间、客厅时绝对禁用花色，好用素色。

(三) 外事礼仪花卉禁忌

1. 德国人认为郁金香是没有感情的花；

2. 日本人认为荷花是不吉祥之物，意味着祭奠；

3. 菊花在意大利和南美洲各国被认为是“妖花”，只能用于墓地与灵前；

4. 在法国，黄色的花被认为是不忠诚的表示；

5. 绛紫色的花在巴西一般用于葬礼；

6. 在国际交际场合，忌用菊花、杜鹃花、石竹花、黄色的花献给客人，已成为惯例；

7. 在欧美，被邀请到朋友家去做客，献花给夫人是件愉快的事，但在阿拉伯国家，则是违反了礼仪。

(四) 外事礼仪食品禁忌

1. 伊斯兰国家和地区的居民不吃猪肉和无鳞鱼；

2. 日本人不吃羊肉；

3. 东欧一些国家的人不爱吃海味，忌吃各种动物的内脏；

4. 叙利亚、埃及、伊拉克、黎巴嫩、约旦、也门、苏丹等国的人，除忌食猪肉外，还不吃海味及各种动物内脏(肝脏除外)；

5. 阿拉伯人忌饮酒、吸烟。

(五) 外事礼仪馈赠禁忌

1. 现金和有价证券，以免有行贿之嫌；

2. 贵重的珠宝首饰；

3. 药品与营养品；

4. 广告性的宣传用品；

5. 容易引起异性误会的用品；

6. 为受礼人所忌讳的物品；

7. 涉及国家或商业机密的物品；

8. 不道德的物品。

(六) 外事礼仪其他禁忌

1. 在使用筷子进食的国家，不可将筷子垂直插在米饭中；

2. 在日本不能穿白色鞋子进房间，这些均被认为是不吉利之举；

3. 佛教国家不能随便摸小孩的头，尤其在泰国，认为人的头是神圣不可侵犯的，头部被人触摸是一种极大的侮辱；

4. 住宅门口上也忌悬挂衣物，特别是内衣裤；

5. 脚被认为是低下的，忌用脚示意东西给人看，或把脚伸到别人跟前，更不能把东西踢给别人，这些均是失礼的行为；

6. 欧洲国家，新娘在婚礼前是不试穿结婚用的礼服的，因为害怕幸福婚姻破裂；

7. 还有些西方人将打破镜子视作运气变坏的预兆；

8. 另外西方人不会随便用手折断柳枝，他们认为这是要承受失恋的痛苦的；

9. 在匈牙利，打破玻璃器皿，就会被认为是厄运的预兆；

10. 中东人不用左手递东西给别人，认为这是不礼貌的；

11. 英美两国人认为在大庭广众中节哀是知礼，而印度人则相反，丧礼中如不大哭，就是有悖礼仪。

实训任务

案例分析

案例一　跳海

一群商人在一艘船上谈生意，船在中途出了故障，只有跳水逃命。船长命令大副快通知各位先生穿上救生衣，从甲板上跳下去。可是，大副怎么劝说也无济于事，大家谁也不愿意跳下去。船长经验丰富，对各民族的不同文化个性了如指掌，于是他转过身来对一名英国商人说："跳水是一种体育运动。"英国商人听罢，纵身跳入水中，因为英国人一向喜爱体育运动。

他对法国商人说："跳水是一种时髦，你没看见英国人已经跳下去了吗?"法国人爱赶时髦，也随之跳入水中。

船长面对德国人，表情非常严肃："我是船长，现在你必须跳水，这是命令!"德国人一向遵守纪律，服从了船长的命令，也跳进水中。

于是，船长走到一向具有逆反心理的意大利人面前大声地说："乘坐别的船遇险可以跳水，但今天你乘坐的是我的船，我不允许你跳水!"对于意大利人来说，你越不让我跳，我非跳不可。于是也纵身跳入水中。

现在剩下的是一个美国人和一个中国人。只见船长对美国商人说："我这只船已经办理了人寿保险，跳吧没你亏吃!"美国人一向非常现实，听罢也跳进水中。

最后，船长转向中国商人说："先生，你家里不是有一位 80 多岁的老母亲吗? 你不逃命对得起她老人家吗?"中国商人听罢也跳入水中。

这样，船长依据不同民族人们所具有的鲜明文化特性。让所有的人都按他的意图做了。

问题讨论：这个案例告诉了我们什么?

案例二　严于律己的周总理

周恩来总理虽然已经离开我们三十多年了，然而他那崇高的品格，伟岸的风范，却将流芳百世。

人们至今还津津乐道周总理青少年时代对镜自勉的故事。那时，他家的大立镜旁，就贴着他亲笔写下的警句："面必净，发必理，衣必整，纽必结；头要正，肩要平，胸要宽，背要直；气象勿傲勿怠，颜色宜和宜静宜庄。"每天早晚都走到大镜子前照一照。

晚年周恩来总理即使在病重的时候，仍然坚持着一贯严于律己的风格。当时，他的工作照样很忙，每天带病工作，还要接待外宾。到后来，总理的双脚已浮肿，原先的鞋子都穿不进去了，平时在家中只能穿拖鞋。然而，当他需要出席一次重大的外事活动时，却为穿鞋问题犯难了。他身边的工作人员见状，就劝总理："总理，您就穿着拖鞋接待外宾吧，那样做，外宾也是能理解的。"

总理立刻摆了摆手，委婉而又坚决地拒绝了工作人员的建议："不行! 不行! 接待外宾，要讲究礼貌嘛! 你要懂得：在社交场合，就是不能放纵自己，不能太随便! 我不能为了自己的舒服，而忽略了应有的礼节啊!"

后来，工作人员专门为他特制了一双很大的鞋，让他在接待外宾时穿。

问题讨论：结合所学礼仪知识分析周总理的礼仪风范。

案例三　小姜错在哪里？

在一次商务接待中，公司秘书小姜穿着得体的西装，代表总经理在饭店门口迎接来访的TOPE公司总经理及夫人一行。一辆白色的高级轿车向饭店驶来，司机熟练而准确地将车停靠在饭店豪华大转门的雨棚下。小姜看到后排坐着TOPE公司的总经理和他的儿子，前排副驾驶座上坐着一位身材较高的外国女宾。小姜一步上前，以优雅的姿态和职业性动作，先为后排客人打开车门，做好护顶姿势，并注目客人，礼貌亲切地问候，动作麻利而规范，一气呵成。

关好车门后，小姜迅速走向前门，准备以同样的礼仪迎接那位总经理夫人，但女宾满脸不悦，使小姜茫然不知所措。

问题讨论：通常后排座为上座，优先为重要客人服务是礼仪的常规，这位总经理夫人为什么不悦？小姜错在哪里？

项目十
相关礼仪常识

一、中华人民共和国外交部关于涉外升挂和使用国旗的规定

（1991年4月15日发布施行）

第一条 为确定涉外升挂和使用国旗的范围和办法，根据《中华人民共和国国旗法》第四条第二款、第九条和第十五条第四款，制定本规定。

第二条

（一）下列外国贵宾以本人所担任公职的身份单独或率领代表团来华进行正式访问时应当升挂国旗：

国家元首、副元首；

政府首脑、副首脑；

议长、副议长；

外交部长和国防部长、总司令或总参谋长；

率领政府代表团的正部长；

国家元首或政府首脑派遣的特使。

（二）接待外国国家元首（含副元首）和政府首脑时，在重大礼仪活动场所，如欢迎仪式、欢迎宴会、正式会谈、签字仪式等，升挂中国国旗和来访国国旗。

（三）接待外国政府副首脑时，在重大礼仪活动场所，如正式会谈、签字仪式等，升挂中国国旗和来访国国旗。

（四）接待本条第一款中其他外国贵宾时，在重大礼仪活动场所，如正式会谈、签字仪式等，可以悬挂中国国旗和来访国国旗。

（五）接待本条第一款中所列的外国贵宾时，可以在贵宾的住地升挂来访国国旗，在贵宾乘坐的交通工具上悬挂中国国旗和来访国国旗。

（六）外国国家元首如有特制元首旗，可按对方意愿和习惯做法，在其坐车和下榻的宾馆升挂元首旗。

第三条 下列重要国际活动场所可以悬挂国旗：

国际条约和重要协定的签字仪式可以悬挂中国国旗和有关签约国国旗；

国际会议，文化、体育活动，展览会，博览会等，可以升挂中国国旗和有关国家的国旗；

外国政府经援项目以及大型中外合资经营企业、中外合作经营企业、外资企业（以下简称外商投资企业）的奠基、开业、落成典礼以及重大庆祝活动可以同时升挂中国国旗和有关国国旗；

民间团体在双边和多边交往中举行重大庆祝活动时，可以同时升挂中国国旗和有关国国旗。

第四条 各省、自治区、直辖市人民政府外事办公室，如与省、自治区、直辖市人民政府不在同一建筑物内办公，可以在工作日升挂国旗。

第五条 外国驻中国使、领馆和其他外交代表机构可以按照《中华人民共和国外交特权与豁免条例》和《中华人民共和国领事特权与豁免条例》升挂派遣国国旗；

其他外国常驻中国的机构、外商投资企业，凡平日在室外或公共场所升挂本国国旗者，必须同时升挂中国国旗；

外国公民在中国境内平日不得在室外和公共场所升挂国籍国国旗。遇其国籍国国庆日，可以在室外或公共场所悬挂其国籍国国旗，但必须同时悬挂中国国旗。

第六条 中国国家领导人和各种代表团出国访问，根据东道国的规定和习惯做法升挂中国和东道国国旗。

第七条 出国参加各种国际会议，文化体育活动，展览会，博览会等，可以按东道国或有关主办单位的规定和习惯做法悬挂中国国旗。

第八条 中国派驻外国的外交代表机关和领事机关，按照《维也纳外交关系公约》和《维也纳领事关系公约》可以在馆会和馆长官邸升挂中国国旗。各馆可以根据当地习惯每日或在重大节庆日（即中国国庆日、国际劳动节、元旦、春节和驻在国国庆日）升挂中国国旗。

新开馆或闭馆时应该举行升旗或降旗仪式。

在馆会以外开设的办公处不升挂中国国旗。

外交代表机关的馆长乘用的交通工具可以悬挂中国国旗，领馆馆长在执行公务时乘用的交通工具可以悬挂中国国旗。

中国派驻外国的外交代表机关和领事机关的馆长举行国庆招待会，建交庆祝活动和为外国领导人访问举行的重大活动时，可以在活动场所悬挂中国国旗和驻在国国旗。

中国常驻各国际组织的代表团或代表处可按照以上办法升挂中国国旗。

第九条 中国派驻外国的外交代表机关和领事机关以外的其他常驻机构，中国在外国的投资企业和旅居外国的中国公民，根据所在国的规定和习惯做法升挂国旗。

第十条 遇中国由国家成立的治丧机构或国务院决定全国下半旗志哀日，外国常驻中国的机构和外国投资企业，凡当日挂旗者，应该降半旗。

第十一条 中国派驻外国的外交代表机关和领事机关遇下列情况降半旗：

（一）中华人民共和国主席、全国人民代表大会常务委员会委员长、国务院总理、中央军事委员会主席逝世，中国国内发生特别重大伤亡的不幸事件或者严重自然灾害造成重大伤亡，国务院决定降半旗；

中国外交部通知降半旗。

（二）驻在国国家元首和政府首脑逝世，可以根据驻在国的规定降半旗；

在驻在国因发生严重自然灾害造成重大伤亡决定降半旗志哀时，可以降半旗。

其他驻外机构，凡平日挂旗者，参照上述规定降半旗。

第十二条 中国国旗与外国国旗并挂时，各国国旗应该按照各国规定的比例制作，尽量做到旗的面积大体相等。

第十三条 在中国境内举办双边活动需要悬挂中国和外国国旗时，凡中方主办的活动，外国国旗置于上首，对方举办的活动，则中国国旗置于上首。

第十四条 在中国境内，凡同时悬挂多国国旗时，必须同时悬挂中国国旗。在室外或公共场所，只能升挂与中国建立外交关系的国家的国旗。如要升挂未建交国国旗，必须事先征得省、自治区、直辖市人民政府外事办公室批准。

第十五条 在中国境内，中国国旗与多国国旗并列升挂时，中国国旗应该置于荣誉地位。

并排升挂具体办法：

一列并排时，以旗面面向观众为准，中国国旗在最右方；

单行排列时，中国国旗在最前面；

弧形或从中间往两旁并列时，中国国旗在中心；

圆形排列时，中国国旗在主席台（或主入口）对面的中心位置。

第十六条 中国国旗与联合国国旗并挂，参照本规定第十三条办理。

第十七条 悬挂国旗一般应以旗的正面面向观众，不要随意交叉悬挂或竖挂，更不得倒挂。有必要竖挂或者使用国旗反面时，必须按照有关国家的规定办理。

第十八条 多国国旗并列升挂，旗杆高度应该划一。升挂时必须先升中国国旗，降落时最后降中国国旗。同一杆上不能升挂两个国家的国旗。遇有需要夜间在室外悬挂国旗时，国旗必须置于灯光照射之下。

第十九条 外国驻华机构、外商投资企业、外国公民在同时升挂中国和外国国旗时，必须将中国国旗置于上首或中心位置。

外商投资企业同时升挂中国国旗和企业旗时，必须把中国国旗置于中心、较高或者突出的位置。

第二十条 各省、自治区、直辖市人民政府外事办公室负责监督管理本地的涉外挂旗。

第二十一条 本规定由外交部负责解释。

第二十二条 本规定自发布之日起实施。

二、中外节日一览

1. 中国主要传统节日

春节——农历正月初一，是民间最盛大、最热闹的传统节日，又称过年。春节民间习惯贴剪纸、贴年画、贴春联、贴“福”字，互相寄赠贺年片，点花烛。除夕夜守岁，放爆竹，互相走访拜年。

元宵节——农历正月十五，又称“上元节”或“灯节”。民间风俗有扎彩灯、猜灯谜、耍龙灯、舞狮子、踩高跷、划旱船、吃元宵、放风筝等。

清明节——每年公历 4 月 5 日前后，是中国民间相沿数千年而具有深刻意义的一个古节。

清明节人们有祭祖、扫墓、踏青之俗。

端午节——农历五月初五，又叫重午、重五、端阳节，是我国传统的三大节日之一。端午节原是中国古代民族的“龙子节”，又据说是纪念伟大的爱国诗人屈原逝世的日子。这一天，家家户户要吃粽子，南方还有赛龙舟等习俗。

女儿节——农历七月初七。相传那天是牛郎织女天河相会的日子，人们又称其为“中国的情人节”。

中秋节——农历八月十五。民间有祭月、拜月、赏月之风俗，吃月饼，饮桂花酒，以示祝福，喜庆团圆。

重阳节——农历九月初九。九月重阳，天高云淡，五谷飘香，人们登山游玩，喝菊花酒，吃重阳糕。

腊八节——农历十二月初八。每到这一天，民间家家户户都吃别具风味的“腊八粥”（五谷杂粮加各种干果、糖煮成的粥）。

2. 中国现代重要节日

元旦（1月1日）

国际劳动妇女节（3月8日）

植树节（3月12日）

国际劳动节（5月1日）

中国青年节（5月4日）

国际儿童节（6月1日）

建党节（7月1日）

建军节（8月1日）

教师节（9月10日）

国庆节（10月1日）

3. 外国节日拾零

巴西狂欢节——每年2月下旬，为期3天。节日期间，在巴西的主要城市，到处张灯结彩；无论老幼，不拘平日礼节，尽情欢乐。

印度泼水节——每年阴历12月（公历二、三月间），人们要欢度一年一度的泼水节。印度的泼水节又叫洒红节，这是庆祝丰收的佳节。这一天，无论在城里或农村，人们都打破种族、宗教的界限，尽情玩乐。

情人节——这是欧洲和大洋洲一些国家特有的节日。在每年的2月14日，情侣们一起郊游，许多大学和社会上的俱乐部发起种种引人入胜的情人舞会。熟人之间（一般为异性）都喜欢在这天互相赠送小礼物，并附上写有祝词的小卡片等。

缅甸泼水节——每年4月中旬，缅甸人民要过这一传统节日。泼水节通常举行三、四天。节日期间，城市乡村载歌载舞，男女老少，互相泼水，表示涤旧迎新之意。

护士节——5月12日。这天是英国女护士、护理学奠基人南丁格尔的生日。南丁格尔作为近代护理学和护士教育的创始人之一，其影响早已超出她生活的时代和她所在的国家。因而许多国家相继做出决定，在这一天纪念她的卓越贡献，感谢护士对社会所做出的功绩。

美国母亲节——5月的第二个星期日。每到这一天，人们就要在胸前佩戴一枝石竹，以示对母亲的敬意，如果母亲已经谢世，则要佩带白色的石竹。这天每个家庭和教堂都要举行各种仪式和活动。

保加利亚玫瑰节——保加利亚人民把玫瑰誉为“花中之王”，敬为国花。每年6月的第一个星期天，种植玫瑰的花农们都要举行具有民族特色的盛大的喜庆活动，共祝玫瑰丰收。

尼罗河泛滥节——每年6月17日或18日尼罗河水开始变绿的时候和8月尼罗河涨潮的时候，埃及人民举行庆祝活动，感谢尼罗河给两岸的田地带来沃土。

美国父亲节——每年6月的第三个星期日。这一天，子女们都亲手做一些有意义的贺卡和小礼物送给父亲，以表示崇敬的心意。

瑞典仲夏节——每年6月24日，是瑞典规模最大、最具群众性的传统节日。仲夏节前后是这个国家这一年中阳光最充足的季节，过了仲夏之后，白天将逐渐缩短。

日本敬老节——每年9月15日。节日中人们纷纷到退休老人家中拜贺。

美国老人节——老人节又叫(外)祖父祖母节。在1978年7月，美国总统卡特正式签署了《将每年九月份美国劳动节后第一个星期日定为(外)祖父祖母节》的提案。老人节定在9月，是因为它象征人的一生正逢秋时。

印度十胜节——每年九、十月份，印度各地要连续十个晚上度过这个隆重的节日，内容是庆祝罗摩战胜十道魔王。罗摩是印度人心目中的保护之神。

愚人节——每年4月1日，这是一个专门开玩笑的节日。这一天你不论外出听人说话还是在家接电话，都得十分小心，否则就会受骗上当。

感恩节——美国每年11月的第四个星期四为感恩节。这个节日原是北美特有的民间传统节日，是喜庆丰收，增进团结的佳节。感恩节习惯吃烤火鸡。

泰国水灯节——泰历12月15日(公历11月间)，是敬河神、庆丰收的节日。

三、工作礼仪一百条

第一条 上班应提前三十分钟

提前半小时上班可以看出你对工作态度认真，也可以使你有时间坐下来从容地整理一下今天一整天工作的头绪，分清轻重缓急。

第二条 整理办公室

擦抹办公桌椅、电话听筒，将日历翻至当日，准备好文具用品，倒掉废纸屑，扫地，擦玻璃窗，冲开水。用过的资料放回原处，文件妥善保管。使桌面、抽屉永远保持整洁。同时，若工作需要，要养成整理领导办公室的习惯。

第三条 穿着要得体

干净、简洁、明朗、庄重。服装颜色不能太艳，款式不要太奇，饰品不要太多，化妆不能太浓。鞋跟不要太高，领口、袖子必须干干净净，穿着一定要合乎身份。

第四条 见面要问好

早晨见面大家都要互相问候，预示着一个良好的开端。不仅对领导、同事都问好，而且对勤杂人员也要问候。对领导的问好要正式、精神饱满些，对同事可以打手势、点头。距离较远的可以行注目礼、点头和微笑。说话音量不能太低或太高。

第五条 迟到时的道歉

先不要为迟到辩解，真诚地道歉："我迟到了，真对不起。"当被问及迟到原因的时候，再予以说明与解释，并尽快进入工作状态。

第六条 请假礼仪

及时、直接地向办公室主任请假。不要请同事代为请假，让家人代请假则更不好。早退则尽量不要引起别人的注意。

第七条 迅速地处理一切事务

上班后，根据领导的指示，分清轻重缓急，迅速开展工作。无论是拟写文稿、接打电话、接待来访还是复印、打字、传真,都应满腔热情、仔细认真。

第八条 保持办公室良好的工作氛围

上班时间,不要一边喝茶、一边看报,即使是有关介绍本单位的小册子也要带回家里去看。更不能串门聊天。

第九条 公私分明

有关个人信件,不使用单位的信笺、信封、邮票;有关个人私事也不要使用单位电话。

第十条 外出办事要说明去向

外出办公务应说明去处和回单位的时间,以便让同事了解你的去向,一旦有紧急公务,能够和你联系。

第十一条 养成微笑的习惯

养成微笑的习惯,对领导、同事、职工、来访者都应如此。微笑是促进人际关系的信号,能较容易获得对方的信任。美丽的笑容是女性魅力的发源地,是美好仪态的基础。据说,好莱坞女演员这样练习微笑;她们把对着镜子念"cheese"时的口形作最佳笑容时的唇形练习。

第十二条 克服不良习惯

办公期间打呵欠、哼小调是工作疲软松弛的表现,应加以克服。同事的办公室有人来访不要在门口探望;与陌生人交谈不要夹带外文单词,这样的卖弄只能显得很笨拙。

第十三条 走廊里的礼节

在门口、楼梯口、电梯口以及其他通道走廊遇上女士,男士宜侧身站在一旁,让其先行。如在走道里遇到来人时,要稍稍侧转身并向对方轻轻点头致意。

第十四条 化妆扑粉应去盥洗室

禁止工作期间在办公室扑粉化妆。这样会使别人认为你是个生活散漫的人,而且你的单位也会被认为是纪律松弛的单位。因此,化妆扑粉之类的事应到盥洗室去做。

第十五条 不可在人前抓自己身体

别当着人面摆弄身体,这儿痒痒,那儿挠挠,或摆弄头发.这样会使人感到你没有教养。

第十六条 禁止在背后议论人

该说的话不当面说,却在背后议论人、发牢骚,容易造成同事间关系不和,是一种非常无聊的行为。

第十七条 递物原则

需要递物给别人,如剪刀、笔等时,应把尖头一面对着自己;递茶杯给客人时,要将茶杯柄朝向对方,这样方便客人使用。

第十八条 自觉做好保密工作

不该说的不说,不该听的不听,不该问的不问,不随便发表意见。不能利用工作便利的条件把内部资料公开发表。与外人谈及单位的事,只透露众所周知的事情,其他的一律闭口不谈。严格遵守涉密微机不上网、上网微机不涉密的规定。

第十九条 老老实实做人

认认真真做事,老老实实做人。能力再强,本事再大,不张扬。

第二十条 仔细、认真的工作态度

粗心大意的人一定不会做好工作,做工作特别需要仔细,尤其在处理零碎杂务时,要动脑子,想周全。自以为随手办妥了,但很多时候不上心、不经意,便会出错,并且是意料不到的大错误。

第二十一条 不要忘记随时带好名片

名片是最得体大方且详细而又便捷地介绍自己的方法，也令人比较容易记起自己。

第二十二条 注意自己的形象

不卑不亢、落落大方、潇洒自如、自然诚恳。不喧哗，不放声大笑，不在远距离大声喊人。走路不要搭肩膀，脚步要轻，遇急事可加快步伐，不可慌张奔跑。

第二十三条 注意个人卫生

适时理发，经常梳理，胡须要刮净，鼻毛应剪短，指甲要修剪，头皮屑太多要洗干净。内衣、外衣经常保持整洁，特别是衣领袖口要干净，皮鞋要擦亮。在参加活动前要适度化妆。不要吃葱蒜韭菜等辛辣食品，必要时可含上一点茶叶，以除臭味。

第二十四条 合作第一的精神

规模越大的单位，互相合作显得尤为重要，工作是靠大家相互配合进行的，只有不忘记这一点，一切才能正常地运转。

第二十五条 努力寻找妥协点

努力发现和尊重对方任何一点可信赖之处，这样就可以找到妥协点。分歧实在无法消除时，也不要说不负责任的话。

第二十六条 学会保持冷静

对方情绪激动时，自己不要跟着激动，而应该冷静化解。

第二十七条 学会关心他人

要学会关心他人，这样，你在别人心目中才能占有一席之地。

第二十八条 不厚此薄彼

对领导之间、同事之间、员工之间做到不厚此薄彼，一视同仁。

第二十九条 切忌嫉妒和妄自尊大

在诸多同事中，经常有人被提拔，你应及时调整心态，不埋怨领导、不迁怒同事，保持宁静之心；即使在许多同事中只有你被提拔了，也不要认为这是个人力量所致，而应该感到这是大家配合、合作的结果，不要忘记“谦虚使人进步，骄傲使人落后”这句格言。

第三十条 不要独占功名

争抢功名的心理要不得，堂堂正正地尽忠职守，大大方方地谦让才是有度量的表现。

第三十一条 注意尊重前辈

无论亲密、一般还是生疏的关系，都要尊重前辈，对前辈说话的态度应掌握分寸，既不过分亲昵，也不要冷漠。

第三十二条 保持友谊

与单位、公司内各个部门或首长的秘书打好交道，建立深厚的友谊。这对推进工作相当有利。

第三十三条 不窃窃私语

同事之间，尤其男女之间在办公桌上用手撑着脸颊，或者倚在椅子上窃窃私语，这可算得上是一种旁若无人的行为，它会影响单位或公司的形象。

第三十四条 和职工交朋友

即使你升职了，也不能与基层的职工有距离，应趁在食堂、娱乐场所、路上偶遇的机会多交朋友、了解下情。不仅树立了自身的形象,无形中也为领导树立了形象。

第三十五条 认真倾听他人的谈话

认真聆听领导的指示,真正领会他的意旨和言外之意。仔细倾听他人的发言或建议,不要只装样子,否则,便会在不该点头时点头,不该摇头时摇头。不随便打断他人的谈话,目光应该注视对方,以示专心和尊重。

第三十六条 充分听取他人意见

工作上与同事意见不一致的事常常会发生,不要固执己见,如果能充分听取对方意见往往会出乎意料地找到共同点,使工作做得更好。在任何场合下都需要有这种气度。

第三十七条 热情地帮助员工

细心倾听对方要拜托的事情,然后选择一些你能力范围内可以立即替他办妥的,马上着手去干,在短时间之内给他回音。至于那些无能为力的委托,就不妨好意向对方解释,或指引他寻求别种方法解决。

第三十八条 坦率地认错致歉

工作出了差错,有主观客观的原因。责任在自己的,要坦率地承认失误,狡辩往往适得其反;责任不在自己的,也要有容忍领导和不明真相人的指责的度量,等以后有机会再加以说明。

第三十九条 在领导面前

在领导面前,以双目注视,正确站立,不要点头哈腰,也不要过分紧张,认真地听取领导指令,必要时,拿笔记下要点,并复述确认一遍。

第四十条 汇报工作

向领导汇报工作,要直截了当、简洁、提纲挈领。领导想听你个人想法和意见时应该陈述清楚。

第四十一条 避免冲突

善于克制忍耐,避免与领导发生冲突。

第四十二条 受到批评后不要哭泣

在受到领导批评后觉得委曲、哭泣,并不能成为辩解的武器,只能使人感觉到其挫折承受力差,对本人不利。

第四十三条 接受领导任务时

接受领导委派的任务时,不要当场询问要去地方的详细地理情况,或经领导确定邀请宾客的通讯地址,而应首先自己想办法去查找。

第四十四条 纠正领导的错误

领导读错字,或在会谈中说错话时,不要在人前纠正,但如果领导引用数据出现较大错误时,要适当地更正。

第四十五条 正确领会领导的暗示

要熟悉领会领导常用"口头禅"的含义,在非常情况下及时而正确地领会领导的暗示,绝对不能把领导的暗示当做"错误"进行纠正。

第四十六条 领导意气用事时

当领导感情失控、意气用事时,不要当场劝谏,应在其心平气和时再提出自己的意见、建议。要想方设法为领导挽回负面影响和损失,并若无其事地开展工作。

第四十七条　领导成员之间发生误会

当领导之间发生误会和纠葛时，不必一会儿劝这个，一会儿劝那个，应尽快找到对双方都适合的领导或找办公室主任进行劝解。

第四十八条　当领导与职员发生纠葛时

领导与职员在办公室发生冲突时，尽快找办公室主任调停。若当场不能找到，秘书可以劝说双方冷静下来，并力劝职员离开办公室。

第四十九条　要适当为领导分担一些家庭杂务

领导忙于公务无暇顾及某些需要办理的家务时，可主动地去适当分担。但不能动用公家的财物为领导办私事。

第五十条　出入电梯

乘电梯时，看到领导和来宾时应退下一步相让，装作不认识抢先冲进去使电梯内拥挤的做法有失礼仪。如果是自己陪同客人，在有专人服务的电梯里，先让客人进，到达时也应让客人先出；如电梯无人服务，自己先进去，再让客人进，到达时则让客人先出。

第五十一条　不随便插话

领导或宾客在讲话过程中，除非涉及非你说话不可的问题，一般不可随便插话。

第五十二条　要控制好自己的表情

在跟随领导外出谈判时，要控制好自己的表情。对方的出价之低也许出乎你的意料，但如果这时你的脸上不经意地洋溢出笑意，则很可能会中止本该成功的买卖。

第五十三条　不轻易告诉领导的行踪

领导的住处、电话号码、去向，陌生人来查询，要婉转地拒绝；相识的人员来找领导，也要郑重小心，不轻易告诉；对于单位员工提出想见领导的要求，要遵守预约制度，但要尽量地予以满足。

第五十四条　做领导的资料库

为领导搜集意见、听取意见、贮存资料、分析形势，应记在脑子里或用笔写下，待领导要用时可以随时提供，但不需要主动发放信息，用耳多于用口。

第五十五条　及时提醒，减轻领导精神负担

要记住领导在一天中的各项工作安排，到了预约时间，及时提醒领导做好准备。别看轻这些提醒，它可减轻领导的精神负担，不占用他大脑的空间，使领导集中精力考虑重要的事务，而不担心失约或忘记重要事情。

第五十六条　领导出差要为他准备清单

每逢领导外出公差，要为领导预备一份要携带的物品、文件清单，然后按着清单，把需要的都收拾好。准备的文件清单，要根据他的访问对象以及业务目标，并尽可能多考虑一些意外业务所需要的有关文件资料。

第五十七条　工作要有始有终

如果你的工作相当繁杂，然而十分重要，你就要千方百计、千辛万苦地做好。每天查看记事簿上还剩下多少尚未完成，然后一定要克服困难，最终完成它。一旦工作完成，就拿笔把那项工作划掉。

第五十八条　要认清自己的工作职责

不要因为和领导工作关系过于亲近而产生错觉，自以为工作范围很大，有很多公事都可

以由自己替他办妥。这种自动自觉的操守不一定会备受赞赏，因为不同的职责由不同的部门处理，很有可能在你不知道的情况下领导已把要做的工作亲自向有关部门作了交代。所以，不要只知道主动工作而忘记协调的重要性。

第五十九条 不能随意私拆领导的信件

领导没有授权，不随意私拆领导信件，误拆时要致歉；领导授权的，也应两个人在场监拆，以示郑重。

第六十条 起立、离席接待来客

接待来访者时应起立、离席、问明来意。

第六十一条 接待来客应主动热情

必须有一个良好的精神状态，待人要主动热情、落落大方，冷冰冰地接待来客会影响单位的形象。无论何时何地都要想到自己是单位的代表。但不要频频鞠躬、点头哈腰，过分卑屈很不雅观。

第六十二条 根据来客的身份和来意，请客人到办公室或接待室交谈

如手头忙于其他事务，一时难以脱离，应向客人说明情况，请其稍候，或联系其他人协助接待。切忌让客人坐"冷板凳"，长久等候，无人问津。

第六十三条 接待客人时，妥善保管好有关文件

有客进门，应将办公桌上的文件、资料合起来；送客离开办公室，要将文件、资料放置好，以免泄密或丢失。

第六十四条 需领导接待，应适时退场

如需请领导或其他人与访客交谈，应将客人请到适当的交谈场所并倒好茶水（或咖啡）后见机离去。离去时要向客人致意。

第六十五条 对等接待原则

在有客人来访需领导出面接待时，一般要按照对等接待原则安排。

第六十六条 正确递送名片

给对方名片时，要双手递送。将文字正的一面对着对方；接受对方名片时，也要双手捧接，并道谢。接过别人当面递过的名片后，一定要看一遍，看不清楚的应及时请教，然后慎重放好。

第六十七条 沏茶礼仪

同样的来客中应从身份高的开始沏，如不明身份，则应从上席（即离开门口较远的座位）者处开始沏起。上咖啡时要把咖啡杯放在托盒里，杯里放上调羹，双手托盒，咖啡杯的杯柄和调羹杯应向着客人的右边。

第六十八条 上下楼梯

若男女同行，上楼梯时，女性应让男性先走；下楼梯时，女性应走在前面。

第六十九条 进屋须敲门

进客人所在房间里必须轻轻敲门，待听到回答时才进房门。敲门一般敲三下，门铃则按一下。陪客人进领导办公室，也要先敲一下门再进。要注意：如门往外开，应请客人先进；如门往里开，要自己先进去，按住门，然后再请客人进。

第七十条 介绍时要用手示意

介绍客人与领导，要有礼貌地以手示意，而不能用手指指人，更不能用手拍打。

第七十一条　引见介绍顺序

客人与领导、同事见面，通常要由秘书介绍。简要说明被介绍人所在单位、职务及姓名。介绍的顺序为：先把本单位的领导介绍给外宾、外单位的领导；先把身份比较低的、年纪较轻的介绍给身份较高、年纪较大的；先把男同志介绍给女同志；先把未婚的介绍给已婚的。如果是几位客人同时来访，应按照职务高低依次介绍，职务相同时，则先介绍年纪大的。

第七十二条　握手姿势

正确的握手姿态应当是五指齐用，稍微一握，并轻轻上下摇动，时间以两三秒为宜。双眼注视对方，含笑致意。握手之时，掌心向下显得傲慢，掌心向上显得谦恭，而伸出双手去捧接对方的手更显得谦恭备至了。一般来说，手心朝上的伸手方式受人欢迎，这样不但亲切，而且优雅大方。

第七十三条　握手顺序

主人、年长者、身份高者、妇女可先伸手握手，客人、年轻者、身份低者见面可先问候，待对方伸手再握。男女握手不能太重或太轻、太久。女性要注意握手的轻重，很轻的搭一下，会被对方认为没有诚意的表现。如果对方先伸手，也要马上把手伸过去，免得对方尴尬。

第七十四条　陪同客人的位置

陪同客人，一般应请客人位于自己的右侧，以示尊重；如自己承担主陪任务，应与客人并排不能落后；如果自己属于陪访随同人员，应走在客人和主陪人员的后面。走到路口或走廊拐角处，应走在客人左前方数步的位置，用手示意方向，并有礼貌的提示："请这边走。"进门时主动拉门，请领导、客人进去。

第七十五条　与客人非正式会谈(1)

与客人谈话要表情自然，语言和气亲切，表达得体。谈话时可以适当做些手势，但动作不要过大。不宜与对方离得太远，也不要过近。不要唾沫四溅。现场超过三人时，应不时地与在场的所有人攀谈几句，不要只与一两个人说话。善于聆听对方谈话，不轻易打断别人的发言。相互交谈时，目光注视对方的鼻唇处，以示专心和尊重；不左顾右盼，或注视别处，也不要老看表，或做出伸懒腰、玩东西等漫不经心的动作。

第七十六条　与客人非正式会谈(2)

国外有五不问，即：不问年龄、不问婚否、不问经历、不问收入、不问地址。一般来说，不涉及疾病、死亡等不愉快的事情；不询问妇女的年龄、婚姻情况；不径直问对方履历、工资收入、家庭财产、服饰价格等私人生活方面的问题；与妇女谈话不说长得胖、身体壮、保养好等等。

第七十七条　正式的站姿

脸部朝正前方，不抬头，不低头，下颚与地面平行，脊背挺直，脖子用力向上伸长，耳朵比肩部更靠后，肩膀要放松，手臂下垂。收腰，臀部向上抬，但不要往外翘。膝盖并拢，伸直，脚跟并拢，脚尖之间约分开一个拳头。这是属于礼节性的，给人以紧张感，但时间不易长。

第七十八条　非正式站姿

与人交谈时，采用此站姿。头不可摆动太大，脸朝前方，不能抬头伸下巴，脊背要挺直，脖颈自然伸长，肩、臀不要用力，可以放松胸部，手臂可以自由摆动，收腰，缩小腹肌，膝盖不能弯曲，双脚可以分开，间距不能超过肩的宽度。

第七十九条　不正确的坐姿

双脚张开，摆成八字形；双脚交叉，一副懒散的样子；足尖翘起；露出衬裙。

第八十条 正确、优雅的坐姿

落座时，双足要尽量并拢；把右脚尖向前斜伸出，显得悠闲；把脚斜放的坐法可以保持女性身段均衡的自然美；把左腿跷在右腿上，给人高贵大方的感觉，但不能翘提过高，不然有失风度；坐沙发不要太靠里面，否则小腿紧靠沙发的边沿，有损美观。

第八十一条 优美的步态

步态反映了人们对生活的态度、情绪状态。秘书的步态应该自信、敏捷、从容稳健。具体说来，即是：上身正直不动，两肩相平不摇，两臂自然摆动，步幅适中均匀，两脚落地一线，以显优美。

第八十二条 蹲姿

在取低处文件或其他物件时，不要弯腰曲背，低头翘臀，而是两脚稍分，屈膝下蹲，慢慢低下腰部拾取，才显得优雅。

第八十三条 不要双手交叉在胸前听人说话

双手交叉在胸前听人说话是很不礼貌的行为，尤其是嘴衔香烟、双手交叉在前胸的姿势必须摒弃。

第八十四条 乘车礼仪

上车要让领导和客人先上，自己后上。要主动为领导、来宾打开车门，并以手示意，待领导或来宾坐稳后再关门。车到目的地，自己要先下，为领导、客人打开车门。在乘车的座位方面也有讲究，习惯的坐法是“右为上，左为下，后为上，前为下”。也就是说，要请来宾坐在汽车后排右侧的座位上，自己坐在来宾的左侧。尤其是忌讳客人进座后自己随后从同一车门进座，应从另一车门进座。如果有领导人员主陪，应让领导坐在客人的左侧，自己坐在司机的旁边。

第八十五条 女性坐车法则

中式坐法：上车，先坐入车内，再把并拢的双腿一起抬入车内；下车，双脚先着地，再起身。西式坐法：上车，侧身一脚先进入车内，人坐后再收起另一条腿；下车，先伸出一只脚，侧身站起，再收起另一只脚。

第八十六条 宴会礼仪(1)

出席宴会应正点或提前两、三分钟或按主人的要求到达。出席酒会。可按请柬上注明的时间抵达。通常情况下，在宴请活动中，确实有事需提前退席，应向主人说明后悄悄离去。也可事先打招呼，届时离席。宴会结束，在主宾退席后再陆续告辞。

第八十七条 宴会礼仪(2)

宴请外国人吃中餐，也有中餐西吃的，既摆碗筷，又设刀叉。刀叉的使用是右手持刀，左手持叉，将食物切成小块，然后用叉送入嘴内，每道菜吃完后，将刀叉并拢并排放盘内，以示吃完。如未吃完，则摆成八字或交叉摆，刀口应向内。

第八十八条 宴会礼仪(3)

取菜时，不要盛得过多。盘中食物吃完后，如不够，可以再取。如由服务员分菜，需增添时，待服务员送上时再取。对不合口味的菜，勿显露出难堪的表情。吃东西要文雅，要细嚼慢咽，喝汤不要啜，不要呼噜出声。如汤、菜太热可稍待凉后再吃，切勿用嘴吹。嘴内的鱼刺、骨头不要直接外吐，应用餐巾掩嘴，用手(吃中餐可用筷子)取出；或轻轻吐在叉上，放在菜盘内。

第八十九条 电话铃响后马上接

在铃响三遍之前摘机，否则就是失礼；铃响四遍以上，要致歉。

第九十条 接通电话后要问好

接通电话后，首先要向对方问好，然后报出自己的办公室及姓名。如，“你好，××公司总经理办公室王秘书”。

第九十一条 和气、亲切、得体

对方讲话粗野、脾气很大时，不要以同样的方法回敬，应有以柔克刚的涵养。

第九十二条 语速要适中

电话中讲话的速度不可太快，否则对方不容易听清。语速过缓也不好，容易使对方产生厌烦情绪。

第九十三条 电话交谈时注意保密

通话中如对方询问涉及有关单位秘密或领导个人的私事时应婉言谢答，以免给单位带来损失，给领导增添不必要的麻烦。

第九十四条 自己打电话时

打电话之前先把内容要点写下，在心里作好整理，电话接通后不要吞吞吐吐，丢三落四，要讲得明确，使对方能得要领。

第九十五条 能辨别声音

在电话内能辨认对方的声音。一方面易于建立人际关系，它能起到给人好感的作用，对提高领导的声望也有帮助；另一方面也就不会错误地把很多领导不愿意接听的电话接过来，否则浪费领导的时间和精力。

第九十六条 电话结束时

电话交谈临近结束时，要使用“麻烦了”、“谢谢”、“再见”之类的礼貌用语。如果你是拨电话的一方，在讲完话后，隔一个呼吸的时间再放下话筒；如果你是接电话的一方，在对方没有放下电话时，不可喀嚓一声就放下。

第九十七条 自行过滤讯息

将外界的消息与口讯转达给领导时，要先行过滤，把不必要让领导知道的情况删掉。当然，其中要遵守一个原则，即被删掉的是一定起到不良作用的讯息。如一些员工激动起来说的牢骚话之类。

第九十八条 宴客技巧

领导或老板确定宴客的名单后，要跟对方的秘书或有关人员接洽，而不要自己直接邀请。以两个平辈身份去转达这份邀请的诚意，那就不会令对方有只从主人秘书口中听到邀请的感觉了。

第九十九条 不经常抬腕看表

从下班前三十分钟起便经常抬腕看表是心神不安、不雅的表现，只有那些不去注意时间始终埋头工作的人，才会得到人们的肯定。

第一百条 下班时间应向主任打招呼

到了下班的时间，自己完成了一天的工作任务，领导又没有新的工作要求，就可以向领导告辞：“如果没有其他的事情，我先走了。”

（根据王守福《秘书礼仪》附录部分整理而成，高教出版社，2003）

参 考 文 献

[1] 周芙蓉.礼仪教程.北京:中国长安出版社,2003
[2] 王守福.秘书礼仪.北京:高等教育出版社,2003
[3] 北京全品教育研究所组编.面试.北京:光明日报出版社,2004
[4] 王义宁.人际沟通与社交礼仪.北京:北京石油工业出版社,2005
[5] 张岩松.现代交际礼仪.北京:中国社会科学出版社,2006
[6] 李荣建.社交礼仪.北京:清华大学出版社,2007
[7] 马小丽.实用社交礼仪.重庆:重庆出版社,2007
[8] 张锡东.社交礼仪.北京:清华大学出版社,2008
[9] 卢如华.社交礼仪.大连:大连理工大学出版社,2009
[10] 赵影,郝建萍.服务礼仪.北京:中国人民大学出版社,2009
[11] 夏雷震,刘敏.现代社交礼仪.北京:中国人民大学出版社,2010
[12] 周朝霞.商务礼仪. 北京:中国人民大学出版社,2010
[13] 柏莹.秘书人际沟通.北京:中国人民大学出版社,2011
[14] 王祥林.现代礼仪实用教程.成都:电子科技大学出版社,2011